JN059544

スタートアップ/ベンチャーの経営強化書

持続的成長のための"次の一手"の考え方

公認会計士 三浦 太 著

中央経済社

はじめに

　スタートアップ／ベンチャーはどうすれば生まれるのか？

　日本には株式会社が250万社以上も存在しますが，そのうちの99％が資本金１億円に満たない中小企業です。その中から，スタートアップ／ベンチャーが生まれ，毎年IPOを実現する企業が登場し，今では日本の上場企業は4,000社弱まで増加してきています。

　このように大半の企業は中小企業のままですが，その中からスタートアップ／ベンチャーに抜け出す企業は，他の中小企業と何が異なるのでしょうか？おそらく，起業家がスタートアップ／ベンチャーを目指さなければ，永遠に中小企業として存在する可能性があります。実際にスタートアップ／ベンチャーになっていく起業家は，創業当時から事業構想に対して強い想いがあり，成長して業界内で大きな影響力のある立場に躍り出ることを目指している場合がほとんどです。そして，そのようになれるかは，起業家の考え次第といえます。

　本書では，スタートアップ／ベンチャーの異同，それらの起業家となる条件，最近の起業事情，事業展開における考え方や留意点，成長を支える管理体制の整備などについて説明をしています。

　例えば，IPOをするのか，M&Aが必要であるか，プライベートカンパニーのままがいいのか，単一事業のままでいいのか，海外進出すべきかなど，起業家はさまざまな経営上の選択判断をする必要があります。それらに対する判断および実行の巧拙によって，将来的な事業規模や成長性に大きな差が生じてしまうといっても決して過言ではありません。

　本書では，起業家がそれらの経営判断をする際に役立つ周辺知識を念頭に置いて，全体を構成しています。したがって，本書をお読みいただければ，スタートアップ／ベンチャーの起業家が事業展開をする際に重要な経営判断の参考になると考えています。

　わが国も直近10年間で，IPOやM&Aがかなり盛んになってはいますが，まだまだ海外主要国に比べて世界に影響力を持つ目立ったスタートアップ／ベンチャーの台頭がほとんどないのが現状です。筆者としては，このような現状を打破する起業家の登場を願っており，起業時から正しい判断，思考の整理をして，スタートアップ／ベンチャーとしての順調な事業展開および経営の強化をしてほしいとの一念から本書の執筆に至った次第です。

　筆者は30年間以上，IPO，M&A，内部統制，事業計画，資本政策などに関係したアドバイザリーや監査の実務を一貫して行ってきました。その中で，300人以上の起業家とのコミュニケーションを経験し，IPOを実現した30社以上の企業に関与しました。それらの経験を体系的にまとめ，集大成したのが本書です。また長年の実務を通じて，メガバンク，大手証券，VC，投資ファンド，東証，弁護士，公認会計士ともさまざまなコミュニケーションを図ってきており，こうした専門家の方々の発言の主旨，考え方，行動パターンなども理解しています。本書では，専門家の用いる用語や展開する実務の流れについても可能な限り説明してますので，読者の皆様が専門家と交渉や相談をする際，その話の内容を理解するために本書は必ず役立つはずです。

　今後，起業家が事業展開をしていく中で選択判断が迫られるポイントについて必要な経営上のエッセンスを，最近の実務動向を加味し，厳選して取り上げています。スタートアップ／ベンチャーのさまざまな事業展開の局面に参考となる内容になっていますので，起業家自らの経営における思考の整理に役立つものと考えています。同時に，成長段階で必ず経営課題になるマネジメント上の留意点にも触れながら，成長を支える管理体制の整備に関する解説も加えています。

　さらに，IPO後の上場企業としてのあり方や，上場企業となっても評価され続ける稀代の起業家を取り上げ，企業寿命30年説を超えてもなお持続的成長を続けるとともに株式市場で存在感のある企業の実相についても説明しています。その意味で，スタートアップ／ベンチャーが永続的に成長を続けるための処方箋となりうるロングスパンの経営強化書として，上場企業となった後も本書を繰り返しお読みいただければ幸甚です。

　本書を通じて，スタートアップ／ベンチャーとして歩む方向を正しく見定めていただき，1人でも多くの起業家がその他大勢の中小企業から飛び出し，社会的に影響力のある大きな企業や海外にも雄飛する企業になっていくことを願っています。

　最後に，本書の発刊にあたり大変お世話になりました株式会社中央経済社の坂部秀治様には心から御礼申し上げます。

　2023年7月

三浦　太

CONTENTS

第3章　起業家の条件

第4章　マネジメントの主要論点

第6章　成長のためのM&A戦略

第**7**章　プライベートカンパニーとして展開する選択

第 8 章　上場企業としての経営上の留意事項

第9章 著名経営者の起業からの歩み

Keywords

第 1 章

起業をめぐる論点を
理解する

１ 日本における起業事情

　日本における起業とはどのようなものか。過去から受け継がれるその流れを
まずは簡単に振り返ったうえで，現在の起業環境について概説してみたい。
　明治維新（1868年〜）以前は，企業に当たるものといえば財閥系や各地域の
豪商が営む商店などが中心であったが，渋沢栄一などの尽力により明治以降，
日本は**資本主義へと大転換**していった。
　1869年に大蔵省（現・財務省），1873年に第一国立銀行（現・みずほ銀行），
1882年に日本銀行が発足し，国内の資金供給のインフラが整い，1872〜1882年
には官営企業が多数設立された。これらは財閥等の民間企業に随時払い下げら
れ，また，財閥や資産家は自ら民間企業を続々と立ち上げていく。
　それらの企業は，今では各業界の大手企業といえる民間銀行，生損保，電
力・ガス会社，船舶・輸送会社，製鉄会社，製紙会社，印刷会社，製薬会社，
百貨店，総合商社などであり，先進国として不可欠といえる産業が振興されて
いった。現在のように，何もバックボーンがない若手や脱サラした経営者が起
業できる環境にはまだなかったといえる。

渋沢栄一　Keyword

　1840年３月16日，現在の埼玉県深谷市血洗島で出生。家業を手伝う一方，幼
少期から父から学問を受け，従兄弟の尾高惇忠から論語を学ぶ。尊王攘夷思想の
影響を受けて従兄たちと高崎城乗っ取りの計画を立てたが中止し，京都へ向かう。
郷里を離れ，一時は一橋慶喜（後の15代将軍・徳川慶喜）に仕え，一橋家の家
政の改善に実力を発揮する。その後，徳川慶喜の実弟であり後の水戸藩主・徳川
昭武に随行し，パリ万博ほか欧州諸国の実情を見聞し，先進国の内情を知る。
　明治維新になると，商法会所を静岡に設立。その後，明治政府に招かれて大蔵
省の一員として新しい国づくりに深く関わった。
　1873年に大蔵省を辞した後，一民間経済人として活動し始め，第一国立銀行を
皮切りに，数多くの株式会社の創設・育成に関与した。同時に，道徳経済合一説
を説き，生涯に約500の企業の設立に関わるとともに，約600の教育機関・社会
公共事業の支援や民間外交に尽力した。1931年11月11日，91歳で生涯を閉じた。

　今でいうベンチャー企業が勃興したのは，第2次大戦を経た経済復興，高度
経済成長時代，その後のバブル経済に至るまで，物不足や旺盛な需要となる購
買層の台頭を背景に日本経済が拡大していく時代の中であった。庶民のニーズ
を捉えたアイデア製品やサービスをお手頃な価格で拡販して販売機会を一気に
増大させ，**IPO（新規株式公開）** によって上場企業となり，さらに事業展開を
加速して大企業化していった。

　20世紀前半には，今では知らない人がいないパナソニック（1918年創業），
ソニー（1946年創業），ホンダ（1948年創業）など，現在も各業界を牽引する
リーディングカンパニーが生まれた。20世紀後半も，各業界で専門特化した事
業展開を進める新たなベンチャー企業が登場し，京セラ（1959年創業），ファー
ストリテイリング（1963年創業），日本電産（1973年創業）などが大企業化し
ていった。

　さらに2000年前後からは，**情報通信の発達**に合わせて，もともとは公社で
あったNTTのほか，NEC，富士通，シャープなどがさらに台頭するとともに，
新たなベンチャー企業のソフトバンク，楽天，DeNA，サイバーエージェント，
GMOなどが存在感を高めていった。この流れはその後も続き，インターネッ
トの本格普及によってソフトウェア関連のベンチャーが次々に生まれ，現在の
ように大小のIT企業が群雄割拠する時代となった。

　このように，明治維新以降の約150年の中で各産業のリーディングカンパ
ニーは生まれ，今でも最前線で活躍している。一方で，相変わらず新たな起業
家が登場し，時流に乗って各業界で事業展開をする企業も出てきている。

　以下では，先進国として十分成熟化している状況の中でも新たに起業が進む
時代背景を説明する。また，日本も以前よりは起業がしやすくなっているが，
それでも諸外国と比べるとまだまだ少ないのはなぜかなどについても説明し，
起業を取り巻く課題を浮き彫りにする。

（1）起業がしやすい時代

　2000年前後から，未上場企業を支援する国や自治体の施策や制度が導入され，
創業間もない段階でも有望と判断すれば投融資するベンチャーキャピタル
（VC）や投資ファンド等（後述）が数多く設立されたほか，新興企業向けIPO

市場なども次々に整備されてきた。そのため，ここ20年間は，創業間もない企業がまだ完全に事業拡大をしていなくても資金調達を実現し，必要な設備投資，研究開発投資，人員拡大を進められる環境になってきている。IPOも毎年100社前後が実現する時代であり，多くのベンチャーに資本市場デビューのチャンスがあるといえる。

　また，目先の企業活動を考えても，会社の資本金は1円でもよく，取締役も1人でよくなったため，開業資金や人脈をさほど持っていない起業家であっても会社設立が可能になった。会社形態についても，株式会社でなく，まずは合同会社という簡易な会社形態でスタートし，軌道に乗ってから株式会社に移行するというパターンもある。さらに，**情報通信社会の真っ只中**にあって，組織として欠かせないインターネット，各種情報機器，レンタルサーバー，クラウドサービス，各種業務アプリなどがリーズナブルに利用でき，それらの最先端の情報通信環境をフル装備で格安で提供してくれるインキュベーション施設も充実してきた。

　このように，最近は起業時に資力がさほどなくても，ヒト・モノ・カネ・情報システムなどについて整備しやすい環境にあるため，起業のハードルはかなり低くなっている。そのため，事業展開のアイデアや何らかのテクノロジー開発の目途があれば起業してみようと現実に検討する人が，確実に増加してきている。すでに勤めている人であっても，最近では年功序列，終身雇用という日本独特の職場環境はなくなりつつあり，公務員や大企業の社員といった職業としての安定神話が崩れる中で，失敗のリスクをとってでも起業にトライする有能な人材が結果として増加しつつあるといえる。

資本金　　　　　　　　　　　　　　　　　　　　　　　　　　　Keyword

　会社設立の元手であり，最低1円でも法律に沿って会社を設立することができる。ただし，実際には設立手続で10万円程度の費用がかかるので，資本金が10万円以上になるのが通常である。資本金は開業資金や運転資金に使われるが，資本金の多寡で金融機関や取引先に対する信用が異なってくるので，そうした観点からも，金額をいくらにするか検討すべきである。

　会社設立時に必ず生じる費用には，登録免許税，印紙税，印鑑代などがある。

株式会社の場合は登録免許税が最低で15万円，定款作成のための定款謄本手数料に2,000円，定款認証に5万円，収入印紙代に4万円程度かかる。合同会社では，登録免許税に6万円，定款作成のための定款の認証手数料は不要だが定款謄本手数料として2,000円，収入印紙に4万円程度かかる。

　なお，株式会社でも合同会社でも，電子定款なら収入印紙代は不要である。ただし，専門家に依頼した場合は別途費用がかかる。

取締役　　　　　　　　　　　　　　　　　　　　　　　　　**Keyword**

　会社運営上の意思決定をする人で，会社法上，設置が義務づけられるが，1人だけでも株式会社を設立できる。取締役会は当然なく，すべて1人でこなすため，意思決定スピードが早く，コスト負担も少ない。

　ちなみに，会社の設立時には，会社名（商号），定款目的，本店の所在地，発起人，資本金額，事業年度，取締役，その他をあらかじめ決めておく。そして，法務局にて商号や定款目的に問題がないかチェックし，作成した定款は公証人役場で認証してもらう。そのうえで，資本金（出資金）を払い込み，設立登記を申請する流れとなる。

（2）諸外国との起業事情の違い

　わが国の起業事情としては，**開業率**も**廃業率**も諸外国と比べて低いことが大きな特徴といえる（**図表1-1参照**）。特に，世界一のベンチャー数を創出している米国と日本を比べると，開業率，廃業率とも，過去から一貫して倍以上の開きがある。日本は開業率そのものが低いため，起業は当然追いつけない状況にある。

　一方で，日本は廃業率も低い。これは，負け組でも生き残っていける経営環境になっていることを意味すると思われる。廃業率は起業に直接関係ないように見えるかもしれないが，低収益や赤字に甘んじて事業を継続し，結果として税金も納めず細々と経営している企業が多いということであり，同じ業界内で競争しようとしても，収益性の高い企業は生まれにくい。

　このように日本には，諸外国に比べて新陳代謝の激しい競争が起きにくく，成長企業を生み出しにくい背景がある。

図表1-1　国別の開業・廃業率

開業率 (%)	2015	2016	2017	2018	2019
日本	5.2	5.6	5.6	4.4	**4.2**
米国	9.9	10.1	9.5	9.2	**9.2**
英国	14.2	14.6	12.9	12.7	13.0
ドイツ	7.1	6.7	6.8	8.0	9.1
フランス	9.4	9.8	10.0	10.9	12.1

廃業率 (%)	2015	2016	2017	2018	2019
日本	3.8	3.5	3.5	3.5	**3.4**
米国	8.7	8.3	9.0	8.7	**8.5**
英国	10.4	9.9	11.9	10.8	10.8
ドイツ	7.8	7.9	7.8	8.7	12.5
フランス	5.3	4.7	4.9	4.7	4.6

出所：中小企業庁「2022年版「中小企業白書」」より筆者加工。日本は2020年度の数字も公表されているが，各国のデータ入手状況に差があるため，2019年（度）で比較している。

　これを打破するために，開業率を上げ，それと同時に廃業率ももっと高くし，業界全体を活性化できれば，収益機会を求めて新たな起業が促進される可能性が高くなるはずである。日本は国や自治体の施策として，より一層，起業のための環境整備をすべきであろう。

（3）起業における日本の課題

　開業率や廃業率は上述のとおりであるが，2020年版「**中小企業白書**」の第1部第3章第3節「多様な起業の実態」で示されている総合起業活動指数の推移（国別）を見ると，起業活動者の割合が2018年においてトップの米国の15.6％に比べて日本は5.3％と3倍程度の開きがある。また，総務省「平成29年**就業構造基本調査結果**」によっても，2017年時点でわが国の就業人口に占める起業家の割合は全国で7.2％と低水準であり，相対的に起業マインドを持っている日本人は諸外国よりも少ない結果となっている（**図表1-2**参照）。

　筆者が都内の某私立大学でIPO基礎学習の講師を務めた際，参加した約300人の学生にアンケートした結果，起業したいと答えたのは数人，全体の1％未

図表1-2　人口に占める起業家の割合

	就業人口① (人)	うち起業者② (自営業主) (人)	うち起業者③ (会社などの役員) (人)	起業家割合 (②+③)÷①
全国	66,213,000	3,430,100	1,340,800	7.2%
首都圏	19,967,700	934,900	485,700	7.1%
東京都	7,886,600	416,200	241,400	8.3%
神奈川県	4,900,600	197,400	102,200	6.1%
千葉県	3,273,900	148,500	61,900	6.4%
埼玉県	3,906,600	172,800	80,200	6.5%

※2017年就業構造基本調査 全国結果及び都道府県結果より抜粋して著者自ら加工（5年ごとに公表されており，2022年データは現在未公表）

出所：総務省統計局「平成29年就業構造基本調査結果」の全国結果および都道府県結果より抜粋して筆者加工（当該調査は5年ごとに実施されており，令和4年データは執筆現在未公表）

満しかいなかった。これは，それまでの筆者なりの経験を踏まえても，若手の現実的な傾向と考えている。

　理由はいろいろ記載があったが，多くは，親や家族が安定した公務員や大企業社員になることを望んでいるから，といったものであった。また，学生本人もリスク回避の意識が高いためか，起業は苦労するというイメージが強いようである。

　前述のとおり，現実の社会はすでに年功序列，終身雇用という枠組みを失いつつある。実際にはサラリーマンの多くが，中流家庭を形成して何事もなく定年を迎えて，退職金と年金で安心した老後を過ごせる時代は過ぎ去っている。しかし，多くの日本人の意識は，まだ団塊世代の一億総中流社会の幻想が残っているように思われる。

　こうした安定志向を反映して，世界で勝負できるようなビッグビジネスを実現できる企業の数も米国に比べると桁外れに少ないことは，日本の大きな課題といえる。1980年以降に起業された米国企業には，GAFAMを代表格として世界経済に大きな影響を与える企業が多いが，日本には起業はしたものの，世界をリードするほどまでに成長する企業はほぼないのが実情である。

GAFAM

　グーグル（親会社はアルファベット），アップル，フェイスブック（親会社はメタ），アマゾン・ドット・コム，マイクロソフトというIT巨大企業5社の頭文字を合わせた用語。IT革命や社会の情報革命を牽引する企業群として用いられ，その他，ビッグテック，テックジャイアンツ，ビッグファイブなどの呼び名もあり，米国の情報技術を支える巨大企業を総称する表現になっている。

　各社の時価総額は数兆ドルになっており，他の産業に属する伝統的な米国巨大企業をも圧倒する評価を得ている。

　2022年後半から，これらGAFAMの業績低迷やリストラが喧伝されるようになり，一時代の終焉とも囁かれたが，2023年3月末の時点でもGAFAM5社の時価総額は急激に落ち込むようなことはなく，圧倒的な財務力や持続力な成長力は健在であると見られており，将来への投資家の期待は続いているといえる。

　これは，後述するように，急成長する**スタートアップ企業**，**ユニコーン企業**が世界に比べて圧倒的に少ないことにも起因していると考えられる。この結果，資本市場を牽引するような時価総額を付ける新興企業も，海外の株式市場と比べて極端に少ない。象徴的な話としては，2023年3月末で見て，東証の時価総額は，GAFAMの5社だけを合計した時価総額よりも小さいという衝撃的な事実がある（**図表1-3**参照）。

図表1-3　GAFAMと東証の時価総額比較

2023年3月末実績値（兆円）　1\$=132.53円3月末TTB換算

GAFAM各社の時価総額		
①アップル	345	GAFAMの時価総額
②マイクロソフト	284	（①②③④⑤計） 1,019兆円
③グーグル（アルファベット）	176	
④アマゾン	140	
⑤フェイスブック（メタ）	72	
東証の時価総額	743	兆円

　GAFAMは，**高い成長力**があるだけでなく，日本企業を圧倒する**盤石な財務基盤**とそれをベースにした**手厚い株主還元**などを実行している。他の米国企業も同様な動きをする傾向が強いため，世界のマネーを米国市場に導いている。

　日本における起業家が極端に少ないという課題を是正するには，起業マインドを高める環境作りや起業およびその後の事業展開を支援する枠組み作りが必要不可欠といえる。

$$\boxed{\text{図表1-4}}\quad\textbf{日本における起業環境と諸課題}$$

起業において，海外，特に米国と比べて差が大きい
- 起業家になりたい人がそもそも少ない。
- 赤字や低収益の企業でも業界内で淘汰されず生き残る会社が多い。
- 起業しやすい国や自治体の制度や施策がまだまだ少ない。
- 短期間で急成長できる企業が圧倒的に少ない。

結果として，
- スタートアップ企業が極端に少ない。
- 世界，業界をリードするような企業を輩出しにくい。
- 資本市場を牽引するような新興企業が少ない。
- 時価総額が高い企業がまだまだ少ない。
- 日本の株式市場全体4,000社弱の時価総額＜GAFAMの時価総額5社合計

② 成長の障壁と資金調達

　①では起業そのものの課題を見てきた。低いようで低くないハードルはあるが，それを飛び越えて起業したとして，その後の成長過程も当然課題は横たわっている。本節では，成長の初期段階で克服すべき**デスバレー（死の谷）**について見ていく。

　デスバレーとは，モノやサービスを事業化する際，応用研究，試作，市場投入などの事業展開がうまく進まない段階での成長の障壁である。極度の資金難，

モノやサービスの完成度の低さ，顧客への認知度の低さ，起業家の経営スキル不足，人材不足，営業をはじめとした主要な事業活動の脆弱さ，業界規制への対応力の低さなどが目立ち，事業展開が停滞しやすく，企業努力をしても業績向上に結びつかない状況が続き，**成長への突破口**が見出せないことが多い。たいてい，創業から成長が本格化するまでの間に生じる現象であり，ここでデスバレーを突破できないと事業が停滞し，最悪の場合は**事業撤退**や**倒産**に至る。

　そのため，デスバレーをうまく，かつ，できるだけ早期に乗り越えられるかが次の成長ステージに進むためのポイントであり，いち早く抜け出した起業家だけが業界トップを目指す切符を手に入れられる。

Keyword

成長の障壁

　成長の障壁について，デスバレーの前後で「魔の川」や「ダーウィンの海」という段階を認識する場合もある。

　魔の川は，創業からデスバレーが生じるよりも前段階で生じる成長の障壁であり，基礎研究や企画アイデアが実務的に軌道に乗らない初期段階の壁である。

　ダーウィンの海は，デスバレーを突破した後に，事業化や製品化が軌道に乗り，事業拡大した段階で生じる成長の障壁であり，競合激化，人事や組織の停滞や軋轢，人材不足，不効率なオペレーションなどで事業が進まない諸課題が山積する局面をいう。

　いずれにしても，マネジメント・チームが一丸となって乗り越えていかなければ，次の成長は実現できない。

　デスバレーは業種業態を問わず，大半の起業家が体験する。「谷」というより，事業展開が一歩も前に進めない「**壁**」のようなものであり，研究開発の壁，製品企画の壁，製造技術の壁，サービス定着の壁，取引先確保の壁などさまざまな壁が立ちはだかる。

　そうした壁を乗り越えるために必要なものとして共通するのは，資金（**カネ**）である。といっても，研究開発段階や事業展開の計画立案段階にあるため，まだ支援者も少ないだろう。そこで，政府系機関の補助金や助成金，エンジェル税制を活用した個人投資家からの投資，国や自治体が制度化した各種支援策

などで何とか資金を確保していくことになる。

　もちろん，外部資金を入れずに内部留保である自己資金を使って乗り越えられる場合もある。この場合，毎年稼ぎ出す内部留保には限りがあるため，その少ない資金の範囲内で**ヒト**，**モノ**を手当てして事業に投入することになる。しかしこの場合，外部資金を得て必要なヒト・モノをすぐに集めて一気に突破するよりも相当時間がかかり，競争に遅れをとり，かつ，時流にも乗り遅れる可能性が高くなる。

　よって，スピードアップのために，外部の支援を得られる環境であれば活用すべきであり，VC，投資ファンド，CVC，公的助成・補助，エンジェル投資家，金融機関融資など，多様な資金調達を可能な限り試みるべきである。

　もし，資金を早めに確保できれば，そのカネを活用してヒト・モノを整え，喫緊の課題を早期解決して成長の障壁を乗り越えることができるだろう。そうして次のステージに進み，1日でも早く成長を加速させ，競合よりも有利に事業を展開していくのである。

多様化する資金調達の担い手　　`Keywords`

VC

　Venture Capitalの略。スタートアップやベンチャーなどの企業に投資して，将来的にIPOやM&Aを通じて持株を売却し，キャピタルゲイン（値上がり益）を確保する投資会社である。投資期間，1社に対する投資規模，投資対象の業種を特定するなど投資方針を持っているVCも多い。

　一般的に，投資だけではなく，経営助言や経営関与をし，少しでも企業価値が向上することを目指す。すべての投資先でキャピタルゲインを得られることはなく，投資先が経営破綻や業績不振で株価が逆ザヤになる場合もあり，ハイリスク・ハイリターンな投資活動を行っているといえる。銀行融資の対象になりにくい創業間もない企業であっても成長可能性が高いと判断すれば，VCの投資対象になる。

投資ファンド

　多くの投資家から集めた資金をもとに投資事業組合などとして基金を組成し，投資を行い，そのリターンを資金提供者に分配する仕組み。

ファンドマネージャーが投資方針に沿った投資先に投資し，そこから上がる配当や売却益などを投資家に分配する。投資先の企業価値を最大に高めることを目的に投資先の経営に関与したり，または優秀な経営陣をコーディネートすることもある。最終的には，IPOやM&Aで投資を回収する場合が多い。

CVC

Corporate Venture Capitalの略。コーポレートVCは，投資事業を主体とするVCと異なり，モノやサービスを販売する本業を持ちながらスタートアップやベンチャーなどの企業に出資する。

業界発展のための支援の側面もあるが，自社の事業とのシナジーも考え，資金提供だけでなく技術やサービスの連携なども模索しながら総合的に支援するケースも多い。

エンジェル投資家

創業間もない企業に資金を出資する投資家。銀行融資もVC投資もままならない企業であっても，起業家の事業構想を信じて，天使のように温かく手を差し伸べて資金提供するところから，このように呼ばれる。

数多くのエンジェル投資家が存在する欧米に比べると，日本は投資自体がライフプランに根付いていないためまだまだ少ないが，政府もベンチャー育成のために個人投資家の増加を促進する目的で，個人の投資に関する優遇税制として「エンジェル税制」という制度を拡充してきている。エンジェル投資家と起業家を結びつけるイベントやSNSも増えつつある。

このように，正しいタイミングで資金を確保することは，デスバレーを乗り越えるうえで非常に重要である。そのために，外部資金を得られるだけの実力を磨くべきである。

前述したように，自己資金の制約の中で時間をかけて事業展開するだけでは，業界内で一気に躍り出るような成長は無理である。起業家としての志を高く持ち，**事業構想**を固め，必要なヒト・モノを考え，それらを得るために事業構想に賛同してくれるステークホルダーを集め，事業資金を調達する努力をするという流れ，発想が大事となる。

実際に外部に事業構想を説明し賛同を得て，事業資金をタイムリーに確保できたら，必要なヒト，モノに積極的に投資して大きく成長できる**事業基盤**を一

刻も早く構築する。そうすることで，成長の障壁も短期間で突破する可能性が高まる。次章で説明するスタートアップ企業は，それを実践できた企業である。

ステークホルダー Keyword

　スタートアップ企業のステークホルダー（利害関係者）は広範である。内部では創業者，経営幹部，従業員，そして外部ではVC，投資ファンド，CVC，エンジェル投資家，クラウドファンディング投資家，金融機関，政府系スタートアップ支援機関，大学，研究機関・財団などが主な関係者といえる。

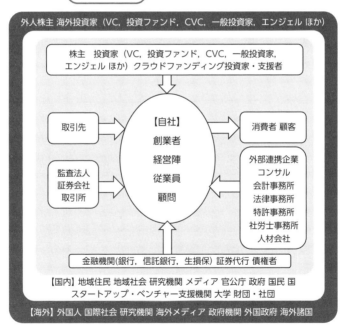

図表1-5　　マルチステークホルダー

また，実際の事業展開では，**図表1-5**のようなより多くのステークホルダーとの関係を良好に保ちながら，必要な協力や支援を受け，企業成長に寄与してもらう必要がある。それぞれとの関係は事業展開で多かれ少なかれ影響が

生じてくるので，切っても切れないものといえる。企業が単独で自助努力するだけでは，イメージどおりの成長はできないのである。

　したがって，より多くのステークホルダーとの関係を多面的に重視して，つまり**マルチステークホルダー**を意識して，成長の各段階で適時に関わりを持ってもらえるように事業展開することが，事業成功のポイントになる。

③　成長の障壁を突破する体制作り

　成長を中長期的に進めていくためには，成長の障壁を少しでも早く抜け出す必要がある。この成長の障壁を抜け出すプロセスで適切に体制作りを行うことができれば，次の成長の準備となり事業基盤にもなりうる。

(1) マネジメント・チームの確保

　経営資源のうち，ヒトについては，業務を分担作業してくれる従業員を適時に増やすことも大事であるが，それよりもまずは，**各主要業務の適切なリーダー**を獲得し，そのリーダーに管掌業務についての権限を集中させるべきである。そのうえで，起業家の下にフラットな組織を作ることが肝要である。そういったリーダーを配置できれば，あとは事業展開の拡大に沿って必要に応じて配下のスタッフを増やしていき，規模に応じた組織にしていくことになる。

　通常，企業に必要なリーダーは，**CXO**（最高××責任者）と表現される。起業家自身がCEO（最高経営責任者）であれば，事業推進を二人三脚で進めるCOO（最高業務執行責任者）が必要となる。そして，生産や研究開発が事業の柱である場合は，CTO（最高技術責任者）も重要である。

　実務上，CEOがCOOもCTOも兼ねているような企業もあるが，起業家自身も万能ではない。役割分担をしないと1人では各役割に集中できず，デスバレーでアイドリングする可能性が高くなりやすい。例えば，起業家自身が営業に長けている，または技術開発の中心であるなどの場合には，別の優秀な人材をCEOに迎え入れ，起業家は大株主ではあるが事業展開上は自身の得意な役割分担に集中するという考え方も必要なケースがある。つまり，起業家は必ず

CEOとするのではなく，自社はどう**チームビルド**するべきかを冷静に判断するべきである。

　また，CFO（最高財務責任者）も重要な人材である。以前は，初期段階での人材不足も絡み，起業家自身がCFO業務を兼任する企業や，会社がかなり大規模になってから配置する例も多かったが，最近は起業からかなり早い段階で選任する場合が増えている。起業家は本来，CEOとして事業に集中すべきであり，CFOも兼ねながらスタートアップとして変身，成長を遂げるのは難しい。また，デスバレーを短期間で越え，大規模化を1年でも早く進めるために多額の増資を第三者から受ける例が増えているが，そのためには事業構想を定性的に説明するだけでなく，**中長期経営計画**などを数値化してプレゼンする必要がある。この役割をCFOが担う。

　実際に資金調達をする際，起業家が夢を語るだけでは十分な投資はなかなか受けられない。CFOがCEOに代わって冷静に経営数値を用いながら事業説明をし，かつ，仮に投資を受けた場合，その事業資金を活用してどのような事業展開をするかについて，中期経営計画や**キャッシュフローの推移**等を数値データで示して的確にプレゼンする。それによって，効果的・効率的な資金調達が

（　図表1-6　）　マネジメント・チーム

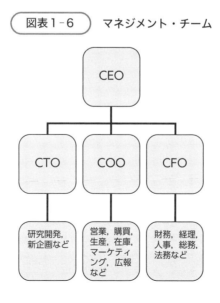

可能になるのである。

　このように，組織を機動的に動かすリーダーたちの人員配置は最も重要な検討事項である。起業家は役割分担をよく考え，孤独に悪戦苦闘するのではなく，マネジメント・チームを早めに組成して成長の障壁を乗り越えるべきである。早い段階からリーダーを適正配置できれば，それぞれが最高のパフォーマンスを発揮し，他社よりも成長できる可能性が出てくる。

（2）適時の事業インフラの手当て

　CFOを中心としたアプローチで資金を確保できたら，その事業資金を活用して，販売するモノやサービスを滞りなく提供できる体制を準備する。例えば，販売の仕組み，購買の仕組み，物流設備，生産設備，外注先，情報システム，教育訓練・人材開発の仕組みなどの**事業インフラ**について，事業展開を考慮して**優先順位**を付けて整えることになる。

　また，事業運営に必須な特許などの知的財産，サービス・システム，アプリケーションなどがある場合には，競争優位を確立するために不可欠であれば，優先的にコストをかけて，コア技術の確立や権利確保を早期に行う必要がある。

　いずれにしても，業種や業態の違いによって必要な事業インフラはまったく異なるので，自社の事業展開において何を手当てすればいいかをよく吟味し，タイミングよく整備することが，事業の成長を加速するためには重要である。事業インフラの選択を間違えると事業展開が滞るケースもある。よって，マネジメント・チームだけですべてを判断できない場合，周辺の**専門家や有識者の助言**を得ることも考えるべきである。

Keyword

知的財産

　人間の知的活動によって生み出されたアイデアや創作物など，財産的な価値を持つものをいう。特許をはじめとした知的財産は，会社の競争力を高め，業績に貢献する場合が多い。最近では，キャラクターやビジネスモデルなどによって競争力を向上させる会社もある。知的財産は会社を特徴づけるものであるので，特に事業計画上は，どのような知財があり，それをどう活かすかを簡潔に記載し，事業の確からしさを説明する根拠とすべきである。また，その根拠説明によって

他社がキャッチアップしにくい度合いもわかるので，事業への参入障壁の程度を把握するポイントになる。

　しかし，特許などは登録すると公開されるので，競争相手に重要な情報を見られることにもなり，その次の競争に向かってキャッチアップされやすいリスクが生じる。そのため，事業展開の状況に合わせて，特許等を取得すべきか，内容をブラックボックス化してキャッチアップされるスピードを弱めるかなど，重要な判断が経営者には求められる。

図表1-7　　知的財産権の内容

種類	保護対象	保護期間
特許権	発明と呼ばれる比較的程度の高い新しいアイデアに与えられる。「物」「方法」「物の生産方法」の３つのタイプがある。	出願から20年
実用新案権	発明ほど高度なものではなく，言い換えれば小発明と呼ばれるもの。実用新案権は無審査で登録される。	出願から10年
意匠・デザイン権	物の形状，模様など斬新なデザインに対して与えられる。	登録から20年
商標権	自分が取り扱う商品やサービスと，他人が取り扱う商品やサービスとを区別するためのマークに与えられる。	登録から10年（更新あり）
著作権	文学，学術，美術，音楽の範囲に属するもの。コンピュータプログラムも含む。	創作時から著作者の死後50年（法人著作は公表後50年）
半導体等	独自に開発された半導体チップの回路配置。	登録から10年
商号	営業上，法人格を表示するために用いる名称，社名。	期限なし

（3）外部協力支援

　他社に先駆けてデスバレーを乗り越えるためには，まずは早期に経営資源を整え，自社で努力を行うべきではあるが，自社だけの努力では難しい局面もある。

　このような場合には，デスバレーを早く突破するための各種施策が，国，官

庁，自治体，財団，大学，研究機関などでいろいろ用意されているので，手当てできた経営資源の早期投入に加えて，これらをうまく活用したい。

　施策としては，**補助金**や**助成金**をはじめ，インキュベーション施設の提供，必要人材やアドバイザーの紹介，研究設備や生産設備の賃貸などを無償または低廉な価格でサポートしている例が多い。

インキュベーション

Keyword

　Incubation（インキュベーション）は，英語で卵などの孵化を意味する。つまり，起業家やその事業を卵に見立てた言葉である。起業家の育成や新しいビジネスを支援するため，起業に役立つあらゆるフェーズを包括的にサポートし，さまざまな施設，設備，ネット環境などを起業家に提供する。それによって，起業家が多くの経営課題をクリアし，長期的かつ継続的に存続できる体制や仕組み作りができるよう支援する。

　なぜ，**国や自治体の支援**がスタートアップ／ベンチャーになされるかといえば，支援対象となる企業が成長することで，支援する側が力を入れている活動エリアで支援対象企業が事業拠点を拡充し，雇用拡大や納税増加などが見込まれるからである。つまり，支援する側にもメリットがあるということだ。さらに，国レベルでは，急成長するスタートアップを支援することで，国家間の競争にも寄与する将来の有望企業が増加する可能性が高まることにつながるため，最近は税制も含め，いろいろな**産業施策**を打ち出しつつある。

　米国は，ネット社会の到来を早い段階で予想し，国内のネット企業やネット・インフラに関係するメーカーを育成・強化し，現在のGAFAMなどの優良企業を米国が独占する状態を作った。その意味では，日本もいろいろな施策を実現しているものの，勢いよく成長し，世界に打って出るスタートアップ／ベンチャーの輩出に遅れがあるのは事実なので，さらなる産業施策や各企業の努力が必要な段階といえる。

　今後の日本企業の成功につながる施策としては，iPS細胞関連の動きが参考になる。ノーベル生理学・医学賞を受賞した山中伸弥教授が初代所長を務めた

京都大学iPS細胞研究所は，数十億円を確保して先端研究がなされているが，産業界と同様にデスバレーは当然存在する。それを世界に先駆けて乗り越えるため，国費や寄付金によってiPS細胞研究財団が併行して運営されており，研究機関や民間に対して細胞や技術の無償または低廉な価格での提供などを行い，**研究成果を共有できる環境**を整備し，デスバレーを日本全体で早く乗り越える仕組みを構築している。

　これは，スタートアップ／ベンチャーがデスバレーを突破するためにVCや投資ファンド，CVCなどから早い段階で大規模な資金や人材を提供してもらうとともに，必要な事業インフラを無償または格安で提供してくれる外部支援者を多く作ることと同じである。要するに，投入する資金水準のボリュームや支援する枠組みの多様さをいかに確保できるかで事業展開に大きな差が生じ，結果も大きく変わってくることになる。

　米国では，このような枠組みの構築について公的にも民間でもさまざまに取り組まれており，世界に先駆けて成長企業や研究成果が生まれやすい環境が存在している。日本でも同様に，官民を問わずに資金規模や支援範囲も圧倒的に増強して，短期間で大きく成長する事業分野や個別の成長企業を増やすべきである。

（4）事業領域の選択

　成長の障壁を効率的に突破していくためには，当初構想したモノやサービスの事業領域をさらにブラッシュアップして中核事業を再考し，確実に成長できる事業展開を明確にすべきである。そうすることで，経営資源を無駄なく効果的に活用することができるようになり，結果として競合優位を確保でき，成長軌道に乗りやすくなるからである。

　その際には，「市場創造できる領域は何か？」「世の中にイノベーションを起こせるか？」「他社と比べて競合優位に立てるか？」等を徹底的に考え，**独自性を見出せる事業**（図表1-8参照）に集中すべきである。

　さらに，CS経営とコア・コンピタンス経営を見極めることが重要となる。

　CS（Customer Satisfaction）経営とは，継続的に**顧客満足度**を高めて企業努力をすることであり，長期的にステークホルダーである顧客からの支持を得

図表1-8 　独自性を見出せる事業を検討する項目

各項目について自社の状況を見極めたうえ，競合他社との比較で強みがあるかも含めて独自性を検討し，実際の事業展開をどうするかを見出す。

事業基盤							コアコンピタンス				顧客満足度		
事業環境	リスク要員	ビジネスモデル	経営資源（ヒト）	経営資源（モノ）	経営資源（カネ）	管理体制	アイデア・企画力（魅力度）	研究開発力	供給・生産能力	営業力	品質	納期	価格

て，結果として安定した利益を獲得する力を得る経営である。

　CS経営においては，顧客に受け入れてもらえるように全神経を集中する必要があるが，販売によってどの程度の満足を顧客が得たかを測定するマネジメントがカギとなる。これはマーケットインの考え方であり，マーケットに評価されるものを見出して，それを中心に販売することになる。

　また，企業として持続可能性をさらに高めるには，既存の顧客のみならず，より広範なステークホルダー（マルチステークホルダー）から見ても不満を持たれない企業行動を常に考えるべきである。広範なステークホルダーを意識して社会に貢献できる企業になれば，結果として既存の顧客にも支持され続け，長期間の継続的な成長につながる可能性も高くなる。

　一方の**コア・コンピタンス（Core Competence）**経営とは，他が真似できない**競合優位**の源泉となる成功を生み出す核（コア）を事業の中核に据えた経営である。他社では得られない利便性や快適性を顧客にもたらす技術やスキル，サービスが何であるかを自社として認識し，かつ，世の中から後ろ指をさされないように**ESG**にも配慮した内容にすることが事業を継続しやすくする。そして，それらに適う事業内容に経営資源を集中することで，成長の源泉を手に入れる。

　コア・コンピタンス経営では，自社の持つ強い技術やサービスに経営資源を

集中することで企業の競争力を強化する必要がある。これはプロダクトアウト
の考え方であり，自社が持つ独自性のあるものをマーケットに周知し，顧客に
も役立つ，楽しめるものであることを理解，気づいてもらい，結果として販売
機会を創出することである。

マーケットインとプロダクトアウト

マーケットイン

　会社が商品開発・生産・売上活動を行ううえで，顧客や購買者の要望・要求・
ニーズを理解して，顧客や購買者が求めているものを求めている数量だけ提供し
ていく経営姿勢であり，競争相手がいる場合などに適する考え方。顧客は価格の
みならず，品質，レスポンス，接遇態度など広範な目線でニーズを持つので，
ニーズを重視した売上計画が必要になる。

プロダクトアウト

　世の中にまだないものを提供する場合などに適する考え方。顧客が喜ぶ，さら
には社会に新たな生活や仕事や趣味のスタイルなどを提案するようなシーズを見
つけ出して提供していくため，自社のシーズを反映したモノやサービスを重視し
た売上計画が必要になる。例えば，メーカーであれば，製品の発表やPRを通じ
て，初期ユーザーの賛同を得た口コミなども織り交ぜて，徐々に世の中に浸透さ
せて新たなマーケットを作っていく。そのマーケットが拡大し，最終的には世の
中に当たり前に存在する，顧客にとって不可欠なモノやサービスとして普及でき
れば，成功といえる。

ESG

　Environment（環境），Society（社会），Governance（ガバナンス）の頭文字
をとった言葉で，2006年，当時のアナン国連事務総長が「責任投資原則（PRI）」
の中で，投資判断の新たな観点として紹介したのが始まり。
　経営において，持続的成長のためにはESGの3つの観点が必要という考え方で，
気候変動問題や人権問題などの世界的な環境や社会における課題が顕在化してい
る中，企業が長期的成長を目指すうえで重視すべきESGの観点での配慮ができて
いない企業は，投資家などから企業価値毀損のリスクを抱えているとみなされる

ため，ESGに配慮した取組みを行うことは，結果として長期的な成長を支える経営基盤の強化につながると考えられるようになっている。

企業や個人が経済的な豊かさを優先して発展してきた結果として生じた環境課題の解決に向けた取組みを強化することで，環境（E）問題に対応する。企業や個人が利益を追求する際に社会課題を引き起こす可能性がある行動を見直すことで，社会（S）問題に対応する。企業が健全な経営を行うための自己管理体制を整え，社会のルールを守り，社会全体に悪影響を及ぼす企業不祥事を防ぐことで，ガバナンス（G）問題に対応する。このように，企業がESGに配慮した経営をすることで，SDGs達成に少しでも多く貢献できるようになる。

最近注目のESG投資とは，投資先の環境（E）や社会（S）への取組みや，ガバナンス（G）などの非財務情報を考慮して投資先を選ぶ投資行動であり，従来の経営成績や財政状態などの財務情報だけに注目しない方針に特徴がある。

なお，コア・コンピタンス経営のもとでは，いったん販売機会を得ると一定期間独占的に販売しやすいが，そもそも本邦初の市場投入となる場合も多く，顧客が自分たちに役立つモノやサービスであることに気づいてもらえない可能性も高い。そのため，当初からしっかりマーケティング活動をしないと，どんなにいい内容でも販売機会を広げることはできない。このように，販売のためのハードルはCS経営よりも高いため，一層の企業努力をすべきである。

いずれにしても，CS経営とコア・コンピタンス経営は，当初構想した事業領域をブラッシュアップしていく際には双方ともに重要な考慮事項といえ，どちらが欠けても事業展開に支障をきたす場合が多くなる。2つの観点をバランスよく判断し，的確な成長を推進していくことが肝要である（**図表1-9**参照）。

また，企業としての持続可能性を高めるには，顧客のみならずマルチステークホルダーに共感されるモノやサービスであるかを吟味すべきだが，現在ではさらにESGも考慮すべきである。ESGに適う事業内容であれば，競合優位な立場であるばかりでなく，社会にも貢献できる企業となり，盤石な経営体制となり，**継続的な企業成長**に進みやすくなる。

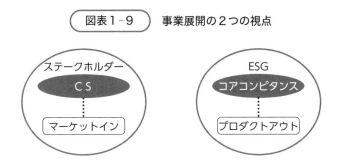

図表1-9　事業展開の2つの視点

④　起業から成長していく事業展開ステップ

　ベンチャーが成長していく過程ではさまざまな経営課題が生じるが，それら
を解決する際に必要なポイントもさまざまである。ここでは，**成長ステップご
とに生じやすい課題**を認識して，解決のためにどのような経営資源を確保する
のか，どのような管理体制を整えればいいのかなどを説明する。

(1) 創業段階（デスバレー突破前）

　創業時は，起業家の事業構想，アイデアを事業化できるかの検証段階にある。
この段階では企業としての対外的な信用は皆無なので，事業資金は起業前に貯
めた自己資金か人的信頼関係のある特定の親戚・知人など最も狭い範囲でのス
テークホルダーの支援で始まる。
　事業化の検証の際には，米国発の経営スタイルであるリーン・スタートアッ
プやPIVOT（ピボット）経営のやり方で，事業構想やアイデアを仮説検証し
て事業展開の方向性を決めていくとよい。そのときには，次の課題を主に検証
すべきである。

①　創業段階でも製造できるか？　サービスできるか？　必要な準備は何
　か？
②　低いコストでの試作の手段や効果的なマーケティングをどうするか？

③　同業他社がいるか？　勝算はあるか？　真正面から対抗するか，独自路線で展開するか？

④　他社が追随できるか？　独自性があるか？

⑤　本格的な事業の開始時期はいつにすべきか？

⑥　メイン顧客は誰か？　顧客ニーズを理解しているか？

⑦　市場の拡大可能性はあるか？　顧客ニーズと合っているか？

⑧　暫定的な事業計画を作成できるか？　仮説検証後の代替案はあるか？

　ただし，ここであまり時間をかけすぎると，成長ステップへ移行するタイミングを逃しやすい。できるだけ短期間で猛烈に考え抜き，事業内容をどうすべきか経営判断するべきである。

　そして，起業家の判断能力として，事業展開の**仮説**を立てられるか，それを**検証**して適切な**修復**を可能な限りできるかなどが非常に大事な点である。つまり，経営判断をスピーディにできることも起業家としての大事な資質であり，自身の起業家としての向き不向きを見極めるポイントかもしれない。

　この資質は，投資家が起業家を見るポイントにも通じる観点であるので，上記の8つの課題を常に意識しつつ，迅速に経営することが肝要である。

リーン・スタートアップ　Keyword

　シリコンバレーのベンチャーの起業や大手企業の新規事業立ち上げなどに活用されている，事業進捗を見える化する手法。一般的には，モノやサービスの内容については，その提供開始の最終段階まで，顧客に隠したまま開発や企画を進める。リーン・スタートアップでは，モノやサービスの提供を行う前に仮説を立て，あまりコストをかけずに最低限のプロトタイプやコンセプトを作り，それを特定の顧客にトライアルで提供して反応を見て，もともと立てた仮説を検証し，適時適切に改良を加えて最終的なモノやサービスに仕上げていく。

PIVOT（ピボット）経営

　短期間に方向転換（ピボット）する事業展開。仮説を検証して間違っていたら，ピボットを何度も繰り返すことで，モノやサービスを確実に顧客に満足してもらえるようにブラッシュアップして短期間で最終形に仕上げていく。顧客が求めるゴールを目指すために必要と判断すれば，大胆に方向転換することをいとわない発想であり，最終的な事業構想をしっかり持っていれば，そこに向かうためにピボットするほうが，計画的に，より明確にパーパス，ビジョンに向かうことができる。仮説検証は経験となり，小さな成功が方向性を決めていく。寄り道が多いように見えるが，結果的に短期間で顧客が満足するモノやサービスに仕上げていける可能性が高く，リーン・スタートアップの極意ともいえる。

（2）開業からの数年間（デスバレー突破直前）

　創業後，開業準備が整い，**事業化の実践過程**に進むが，デスバレーが突然現れることが多い。これを突破するには現状の経営資源のままでは難しいので，ヒト・モノ・カネのいずれか，またはすべてを強化・拡充する経営判断が必要になる。研究開発，技術開発，サービスの差別化などを推進するために設備やシステムなどのモノを整備するとともに，それらを推進する管理者やスタッフなどの必要な人材としてヒトを確保することになるので，一定の事業資金としてカネを調達することになる。

　しかし，まだ無名のベンチャー企業なので，資金調達に苦労する段階といえる。通常は，起業家の自己資金や自社の内部留保のほか，金融機関や国・自治体などの公的融資，事業構想に賛同してくれる特定の個人的な出資者などを見出せるかがカギとなる。

　最近は，この段階であっても，将来的に急成長したり業界上位になる有望ベンチャーであると目を付けてもらえれば，VC，投資ファンド，CVCなどが登場し，スタートアップ企業として認められて多額の増資を引き受けてもらえるケースも増えている。そのため，繰り返しになるが，起業家は創業時から自らの事業構想やアイデアを対外的に説明できて初めてファイナンスが実現するので，創業段階から中長期経営計画を必ず策定し，対外的に事業説明ができるよ

うにしておくべきである。

　なお，この段階から実際に事業化を実践していくので，販売計画，販売管理なども徹底することで，顧客満足度を高める努力も必要である。ここで行う**創意工夫**，顧客に対する**ホスピタリティー**が将来の信用につながっていくことになるが，販売の際に留意する主な事項は**図表１-10**のとおりである。

（　図表１-10　）　販売の際に留意するポイント

①　製品・サービスをどのように市場投入するか，周知・広告宣伝するか？
②　顧客ニーズを満たす品質チェック体制をどうするか？
③　順調に販売が進んだ場合に事業拡大できる体制は準備できるか？
④　儲かる仕組み，価格設定はできているか？　収益構造を分析できるか？
⑤　販売する顧客層は合っているか？　新たな顧客層を獲得する余地はあるか？
⑥　事業展開を踏まえ，創業時より詳細な事業計画を立案できるか？

（３）市場での事業定着段階（デスバレー突破後）

　デスバレーを突破すると成長の障壁の多くが解消され，市場でも一定の存在感を出せるようになる。しかし，今後も成長できるかどうかは，自社の成長努力や市場環境，競合状態などにより大きな差が生じてくる段階ともいえる。

　この段階においては，市場における自社の認知度を上げ，業界上位になれるように，競合先にはない**独自性**や**差別化要因**をさまざま考え，実行すべきである。つまり，自社の事業展開を体系化し，**自社のブランド**を明確化していく段階にあるといえ，自社に有利な**参入障壁**を他社に対していかに作れるかという課題を解決する必要がある。

　仮に，この時点で努力して一定の企業ブランドを確立できないと，その後の成長段階で事業展開の苦労が多くなる可能性が高い。とはいえ，企業ブランドを確立するのは容易ではない。市場の中で一定の存在感を示す，自社が何を売る企業なのか言い当ててもらえるくらいまで定着できるかどうかがポイントである。

つまり，企業努力として少しでも**ブランディング**ができている段階に至ることが成長のために必要であり，確固としたブランドが定着するのは次の段階のマーケティング活動で行えば十分である。この段階で最低限の企業ブランドを磨くための主な留意事項は**図表1-11**のとおりである。

<table>
<tr><td>図表1-11</td><td>ブランディングの際に留意するポイント</td></tr>
</table>

① 販売する製品・商品・サービスなどの標準化や宣伝フレーズはあるか？
② 差別化できる品質基準の確立を行えるか？
③ 市場シェアで上位となる事業拡大の実践施策はあるか？
④ さらなる成長の投資原資となるような収益力の確保ができているか？
⑤ 顧客のリピートや継続を確保できる差別化要因はあるか？
⑥ 顧客のリピートや継続を確保できる顧客満足要因はあるか？
⑦ 月次の予算実績の検討にもつながる現実的な事業計画になっているか？

まだ成長途上ではあるが，デスバレーを越えたあとは一定の評価をされる機会も増え，金融機関による融資が実現する場合もあり，VC，投資ファンド，CVC，さらには取引先の大手企業などから投資の打診も増える段階といえる。その際には，資金手当てのことだけを考えるのではなく，**第4章4**「資本政策に関する経営知識」の説明にある株主構成，経営支配権，IPOなどをどうすべきかなどを総合的に判断して，投融資の実行スキームを検討すべきである。

（4）有望ベンチャーに至る段階（≒スタートアップ企業の仲間入り）

企業努力が実り，自社が販売するモノやサービスの市場導入が進み，成長軌道に乗る段階に至ると，事業展開もかなり安定してくる。

その前段階までに苦労して磨いたブランディングによって企業イメージが確立し始め，提供するモノやサービスが市場で定着し，安定成長する段階まで達する場合もある。そうなれば，**認知度**や**市場シェア**なども上がり，自社に有利な参入障壁をある程度確立できているともいえる。

ここに至ると，日常的に本格的な事業展開を繰り返すことになるため，確実に収益を上げて資金を確保できるような事業構造を意識すべき時期になる。業

界での存在感を高める施策も考えながらキャッシュフローの増加に取り組むことが，さらなる成長のために重要となる。

しかし，ここで安心して企業努力が停滞すると，ベンチャー企業であってもいわゆる大企業病や起業家のワンマン経営に陥るリスクがあるので十分留意すべきである。スタートアップ企業になれるかどうかの分水嶺といえる。

大企業病 Keyword

　組織や社員の間に，社内で生じるあらゆる事象にネガティブな意識や態度が蔓延すること。大規模な企業だけでなく，人員増，機能分化，組織拡大等を契機に中小企業でも発生する可能性は十分あるため，留意が必要である。自部門のことを優先するほか，失敗を恐れて新たなチャレンジをしなくなり，非常に保守的で非効率な経営体制や組織風土に陥って，組織の硬直化を招き，事業展開が機動的に行えなくなる。

その後，業界上位の状態が続くと，金融機関やVC等から**IPO**や**M&A**の話が舞い込んでくることも多くなる。その際，いろいろ高い評価の言葉をかけられるかもしれない。しかし，外部からは限られた情報でしか企業を見ていないし，現実的な評価はその後本格的になされる。話に踊らされず，冷静に受け止め，判断すべきである。

実際には，利害に絡まない第三者的な立場である専門家などのアドバイスを参考にして，起業家自身が自社をどちらに導くべきか，または**プライベート・カンパニー**を継続するかなどを決めるべきである。これらの判断については，それぞれ**第5章**，**第6章**，**第7章**で詳述しているので参考にしてほしい。

その際，IPOやM&Aの経験のある経営者仲間に助言を求める場合も多いが，そういった人たちの一度しかない経験や感想を参考にするのは一定のバイアスがかかる可能性がある。やはり，いくつも案件を手掛けたIPOやM&Aの専門家の客観的な助言を参考にするのが肝要である。

いずれにしてもこの段階においては，組織的な経営を目指さないと事業展開に支障をきたす不備が露呈することになるので，**企業ブランドやマネジメント**

の強化が不可欠である。図表1-12のような事項の点検見直しが重要になる。

図表1-12　企業ブランドやマネジメントの強化の点検見直しポイント

① 企業ブランドの内外での浸透ができているか？　見直しが必要か？
② 既存・新市場での販売機会を拡大する施策をさらに考えているか？
③ 顧客の継続，新規顧客開拓，販売品目追加などができているか？
④ 現状に甘んじずに市場評価の維持拡大のための投資（設備・R&D・人材投資，設備拡大，新規事業など）ができているか？
⑤ さらなる収益の拡大策，内部留保の再投資，M&Aなどを考えているか？
⑥ 優良固定顧客の確保や顧客基盤のさらなる強化ができる施策はあるか？
⑦ 成長のためのファイナンス，IPO，M&Aも考慮した事業計画か？

第 2 章

スタートアップ企業に
なるには

① スタートアップとベンチャーとの異同

世の中でスタートアップやベンチャーと呼ばれる企業についていろいろな説明がなされているが，区別が明確になっていない場合が多い。ここでは，スタートアップ企業とベンチャー企業の異同について明らかにしておきたい。

ただし，2つの用語に明確な区分や要件定義があるわけではなく，専門家の間でも捉え方がいろいろある。本書では以下のように共通点と相違点を挙げることで，全体の説明をしていくことにする。

（1）スタートアップとベンチャーの共通点

スタートアップ企業もベンチャー企業も，当初の経営規模は小さく，中小企業に分類される。ただし，通常の中小企業よりも新たなビジネスを常に考えて実行している企業といえる。また，それまでの経験をもとにした単純な独立ではなく，独自の技術やアイデアを通じて，顧客の日々の生活や仕事を変えるような新しいモノやサービスを事業展開するケースが多い。そのほか，顧客にさまざまな利便性や快適性，娯楽性などを与えることで，満足度を増加させる展開をしていることが多い。

そのような中で，スタートアップ企業とは，もともとはベンチャー企業として創業し，そのベンチャー企業群の中から一歩抜け出して，**急成長**と**大規模化**を短期間で実現していく企業と位置づけられる。ベンチャーからスタートアップに至る企業は，新たなビジネスが極めて斬新で，広く世の中に影響を与える可能性が高く，比較的知名度も高い。特に，多くのステークホルダーからの支援によって多額の資金調達を実現し，創業から早い段階で経営資源を一気に拡大して急成長と大規模化を実現する場合が当てはまる。

（2）スタートアップとベンチャーの相違点

スタートアップ企業とベンチャー企業の違いを明確にするためには，ベンチャー企業からスタートアップ企業へ抜け出すための条件を浮き彫りにするとわかりやすい。スタートアップ企業のよくある事業展開の傾向を掲げてみると，

次のようなことがいえる。

① 新規性の高い何らかのイノベーション，新たな商流を伴う事業展開
② 大規模な資金調達を創業から早い段階で実現する事業展開
③ かなり速い成長スピードで先行者利益を得られる事業展開
④ 今までにない創意工夫で圧倒的な効率性や生産性を実現する事業展開
⑤ 研究開発で世の中に革新的な技術やサービスを提供する事業展開
⑥ 起業家自身が創業時から私利私欲ではない事業展開
⑦ 世の中にイノベーションを起こすことを目的とする事業展開

　起業家としては上記のような事業展開を広く内外に訴えかけ，それに賛同した優秀な経営幹部を集め，大々的に支援してくれる外部協力者を得て，早い段階で経営資源を整えることができたら，ベンチャーからスタートアップに抜け出すことができる。

② ベンチャー企業を取り巻く実態

　最終的にスタートアップ企業を目指すとしても，まずはベンチャー企業として成長しなければならない。未上場企業かつ中小企業で，例えば家業や商店，町工場なども含め，自ら起業して事業展開し，現状に甘んじず将来成長する可能性がある有望企業であれば，ベンチャー企業と呼ばれる。よって，ベンチャー企業といってもさまざまな業態があるので定義は定まらないが，成長可能性（**図表2-1**参照）のある企業をイメージした定義づけはできる。
　本書では，ベンチャー企業とは，画期的または革新的なアイデアや技術，サービスを**コア事業**にして，現在は小規模または中規模な段階であるが，顧客に対して**新しい価値**を提供する事業を将来は大きく展開していく可能性を持つ新興企業と位置づけておく。よって，起業家が独立して何らかのビジネスをしたいだけの企業は含まれない。

<figure>

図表2-1 成長可能性の考え方

成長可能性は自社として吟味すべきものであるが，客観的に説明できることがベンチャー企業では重要になる。東証が公表している以下のような事項については，検討して説明ができるようにすべきである。

項目	主な記載内容
ビジネスモデル	●事業の内容：製商品・サービスの内容・特徴，事業ごとの寄与度，今後必要となる許認可等の内容やプロセス ●収益構造：収益・費用構造，キャッシュフロー獲得の流れ，収益構造に重要な影響与える条件が定められている契約内容
市場環境	●市場規模：具体的な市場（顧客の種別，地域等）の内容及び規模 ●競合環境：競合の内容，自社のポジショニング，シェア等
競争力の源泉	●競争優位性：成長ドライバーとなる技術・知的財産，ビジネスモデル，ノウハウ，ブランド，人材等
事業計画	●成長戦略：経営方針・成長戦略，それを実現するための具体的な施策（研究開発，設備投資，マーケティング，人員，資金計画等） ※事業計画の対象期間については，上場会社各社の事業内容に応じて異なることを想定。 ●経営指標：経営上重視する指標（指標として採用する理由，実績値，具体的な目標値など） ●利益計画及び前提条件：（中期利益計画を公表している場合）その内容及び前提条件 ●進捗状況：前回記載事項の達成状況，前回記載した事項からの更新内容，次に開示を行うことを予定している時期
リスク情報	●認識するリスク及び対応策：成長の実現や事業計画の遂行に重要な影響を与えうる主要なリスク及びその対応策

出所：東証「グロース市場における「事業計画及び成長可能性に関する事項」の開示について」（2021年2月15日）
</figure>

（1）日本のベンチャー企業の状況

わが国におけるベンチャー企業は，戦前戦後，高度経済成長時代から現在まで多く生まれてきた。これは，敗戦による財閥解体や基幹産業への大打撃によって国力が弱体化した中で，既存の大手企業だけでは圧倒的な需要を満たすことはできないため，民間活力に期待すべく**規制緩和**や**民間金融**が進み，新進気鋭の起業家が主要都市で創業してきたためである。起業家の自助努力や創意工夫により，ベンチャー企業が数多く創業し，その後は，国内および欧米で成

功したベンチャー企業を参考に新興ベンチャーが毎年設立されてきている。

　国内だけを見ると，過去と比べれば，それなりに有名な新興企業も徐々に登場しているようにも見えるかもしれない。しかし，**第1章**で説明したとおり，米国に比べて日本国内における企業の新陳代謝は決して多くない。しかも，中小企業の多くは赤字のままで大半が生き残っており，同じ業種業態の中で過当競争が生まれ，多くの企業が低収益に甘んじている。その結果として，資本市場（株式市場）における各企業の時価総額も伸び悩んでいるのが現状である。

　やはり，力のない企業は業界から撤退・退場してもらい，健全なマーケットの中で**成長可能性**のある新興のベンチャーがもっと生まれるべきである。そして，その中から有望企業が生まれ，しっかり成長して企業価値を向上させるような環境を整備すれば，日本経済も活性化するはずである。日本においても，GAFAMのような急成長かつ時価総額ランキング最上位を短期間で実現する企業の生まれる環境が望まれるところである。今後，開業したい起業家がもっと生まれるために，発想の転換，啓蒙活動，教育，起業支援策などさまざまな創業支援の動きが活発になることも望まれる。

（2）エコシステムという周辺環境

　何を成功と思うかは人それぞれ異なるとは思うが，起業家として創業した以上は，将来的に自社の成長を望んでいるはずである。しかし，誰もが成長できるわけではなく，日本全体の企業数の3％以上が確実に毎年廃業している（**第1章**参照）。成功できない要因は，**運**や**経営環境**なども含めていろいろあるはずだが，単純に起業家の実力や見識のなさ，志の低さなど**自業自得**の場合も多い。また，成長の障壁が事業拡大前に生じるのが大半であり，そこを自力で突破できずに鳴かず飛ばずのまま低迷する場合もかなり多い。

　一般にベンチャー企業は，軌道に乗るまでは，とかく孤独な戦いに陥りやすく，経営資源が不足したまま事業展開を余儀なくされるものである。創業間もない頃になかなか販売機会を見出せず，事業構想のとおりに成長へ向かえないこともよくあるうえ，その段階で諦めてしまう起業家も実に多い。

　そのような中で，**第1章**でも再三述べたとおり，成長の障壁を短期間で突破するためには起業家の自助努力だけでは難しい場合も多いので，**第三者のさま**

ざまな協力支援が必要になる。その際，支援の枠組みとして，欧米並みの資金の出し手の登場や企業を適時・適切にさまざまな協力を惜しまないエコシステムの実現が日本でも必要不可欠といえる。エコシステムとは，ビジネスの周辺環境を生態系的に捉えて，多数のステークホルダーが関係性を持ち，分業，協業，支援などによって成長軌道へ向かうように共存共栄していく仕組み全体のことをいう（**図表2-2**参照）。

図表2-2　エコシステム

シリコンバレーでは，ベンチャーを取り巻く利害関係者が一体となって，ベンチャーが起業するインフラを提供して，ヒト・モノ・カネ・情報・パッションの循環サイクルを創出している。

　一般的にエコシステムでは，個々のステークホルダーとの良好な関係を通じて，次のような**経営環境の整備や支援**が行われる。そして，これらを事業の進展に合わせてタイミングよく臨機応変に循環的に用意できる仕組みを整えることで，起業家は事業に集中することが可能になり，成功を手に入れやすくなる。

- ●オフィス等の拠点や必要設備（PC，ネット環境など）の提供
- ●企業や研究機関との連携による技術的ネットワークの提供
- ●オープンイノベーションやビジネスマッチングによる外部連携

- 必要な人材の選定や各種の支援サポートを行う人的ネットワークの提供
- 協力支援の適時かつ適切な経営資源の提供
- 投資に関する専門家の育成・増強（ファンドマネージャー，弁護士，会計士等）
- 起業家を支援する組織，大学，官庁，自治体の枠組みの整備，増強，連携
- 官庁や東証による成長段階で活用しやすいIPO，M&Aの制度整備
- 海外の標準的かつ効果的な仕組みの導入（税制，会計制度，法規，契約など）
- 外部資金を得やすい窓口の整備（事業説明会開催，紹介ポータルサイト開設等）
- 海外の著名なVCや投資ファンドの日本誘致
- 海外VCや投資ファンドの投資行動や知見と同水準の国内勢の育成・増強

　以上のように，エコシステムを日本でも適切に整備して総合的に支援することができれば，事業展開に必要な経営資源を機動的に整えて成長の障壁を早期に突破して，成長へのジレンマを解消できるベンチャー企業が増えるはずである。そして，成長の障壁を突破できる企業が増えれば，その後は成長軌道を手に入れ，自社の努力に応じて業績向上ができる企業がもっと増えるはずである。

オープンイノベーション

　外部の開発力やアイデアを活用することで自社の課題を解決し，今まで以上の価値を生み出せるという考え方で，ヘンリー・チェスブロウ博士によって提唱された。
　各企業が持つ技術や知財は門外不出であり，今は社内で使わなくても，他社を利する可能性があれば使用させないことは過去から行われてきた。しかし最近は，事業の選択と集中，技術移転，ロイヤルティー収入拡大などが，結果として主要事業の競争力向上，経営資源の有効活用となると考える企業が増え，オープンイノベーションが積極的に行われつつある。つまり，オープンイノベーションの発想を各社がするようになれば，必要な技術や知財を活用または外部連携したい他社が取得するケースが増え，逆に，自社では有効活用されていない技術や知財を活用したい他社に有償で拠出してロイヤルティー等を得ることや，外部連携に使

うなどして，事業展開を促進する可能性が増えることになる。

ビジネスマッチング

企業と企業が技術やアイデアで連携できるように，国・自治体，金融機関，コンサルティング・ファーム，研究機関，VC，投資ファンド，大学，それらの外郭団体やSNSなどが各企業の連携先を見つける支援をビジネスマッチングと呼ぶ。

従来，大企業はほぼすべての事業機能を自社（グループ）単独で事業展開する場合が大半だった。しかし，失われた30年を経て状況は一転し，大手企業といえども自社だけで事業展開する体力はなく，また最新の技術やアイデアが次々と生まれてくる中で，すべてを迅速にキャッチアップすることが難しくなってきた。そのため，大企業同士で共同研究開発や事業提携をする機会が増加し，大企業と最新の技術やアイデアを持つ中小・ベンチャー企業との事業提携も珍しくない時代となった。さらに，ニッチではあるが特定の技術やアイデアに秀でたスタートアップ同士が連携して大企業の特定分野の事業を脅かす可能性もある。

上記の事例はすべてビジネスマッチングといえ，各社は，お互いの事業領域を少しずつ重ね合わせると事業シナジーの出る可能性があると見込まれれば，積極的に利用している。上述のオープンイノベーションの流れとも符合する動きといえる。特に，資本関係などがないためお互いに知らなかった他社同士がビジネスマッチングを通じて急速に近づき，親密な連携を進め，新製品や新サービスを展開することがいろいろな業界で起きつつあり，結果として，以前よりもイノベーションの機会が確実に増えつつある。

（3）参考となるシリコンバレー事情

米国は有望なベンチャー企業を多く作り出しているが，米国の起業家だけが優秀だからそうなっているのではないだろう。**シリコンバレー**という世界一のエコシステムと**ウォール街**という世界一の資本市場を持ち，それらに支えられているため，多くの起業家を輩出できると思われる。その必然として，GAFAMのような世界規模の有望企業が生まれるといえる。よって，日本も同様な仕組み，土壌を形成していくことができれば，優れた多くの起業家を現在よりも輩出することはまだまだ十分できる。

今後，エコシステムの仕組みを日本でもスムーズに手に入れられるようにな

れば，もっとベンチャー企業が増えて，その中から急成長するスタートアップ企業が輩出される確率も高まり，米国並みに世の中に強い影響を与える企業が増えるだろう。その際には，エコシステムだけに頼るのではなく，日本の起業家も**シリコンバレー的な経営判断や事業展開**を志向する必要がある。例えば，次のような経営スタイルに変えるべきである。

- 経営スピードの重視（成長の障壁を早期に突破）
- 経営の朝令暮改への理解，実践（リーン・スタートアップ，PIVOT経営）
- 早期の海外への展開（海外人材，現地バイリンガル幹部の登用）
- ネットワーク化の重視（自前の経営資源と外部連携の合理的な使い分け）
- 経営幹部のダイバーシティの重視（女性，外国人などの幹部登用，キープヤング）

　さらに，日本経済全体に影響するような成長企業を多く生み出すためには，起業家自身の努力に加えて，米国では当たり前の**ベンチャーに対する考え方**を日本全体で持つことも必要である。例えば，挑戦者への賛美，リスクテイク，敗者復活する起業家への称賛など，今までの日本的発想には馴染まないマインドを持つことが大事な点である。このような考え方を日本人の多くが共通認識として持てるようになれば，新たに登場してくる起業家の事業に対する挑戦意欲の後押しに必ずなるはずである。

Column　起業を後押しする米国の強み

　米国での起業のしやすさは，個々の企業の自助努力が秀でているというより，シリコンバレーを代表とする，起業を支援する社会システムが充実していることも大きな要因と考えられる。例えば，資金提供者や自治体・大学・研究機関における起業家育成制度の充実，インキュベーション施設や設備などの安価での提供，国による産業育成のための規制緩和措置などが，日本とは桁違いに整備されている。
　そして，マネジメントを担う各専門人材が流動的に行き交う社会構造が定着していることも大きな要因である。1人の起業家では兼ね備えるのが難しい専門能力を持つ人材が比較的見つかりやすいので，起業後に順次，必要な専門人材を段階的に増強していくことができる。スタートアップが急激に事業を拡大しても高度人材を

比較的確保しやすい経営環境にあることが，米国の最大の強みである。

③　ベンチャー成長への課題整理

　ベンチャー企業はさまざまな経営課題を抱えるが，各局面で試行錯誤を繰り返しながら課題解決をして成長するしかない。その際，いい成長を実現するにはどうすればよいかを経営課題ごとに説明する。

　なお，成長のための当初の課題である成長の障壁についての解決策は**第1章**で説明しているので，ここでは割愛する。

（1）参入する市場の選択

　スタートラインとして最も重要な課題は，事業展開をする市場をどう決めるかである。

　有望なベンチャーの特徴としては，規模の大きい企業では実現しにくいフットワークの軽い経営を身上とし，新しい商品・サービス・事業を迅速に展開する場合が多い。一般に大手企業は，既存の枠組みに縛られる場合が多いので，大手企業よりも機動力を発揮して勝負することで**競合優位になる事業展開**ができる。

　また，既存の事業分類の中でも，細かく事業内容を分けると，大手が手を出さない事業領域を見出せることがよくある。通常，ニッチ市場と呼ばれ，その事業領域の顧客層にニーズのあるものを販売することで，小さいながらも競争が激しくない市場で優位に立つことができる。

　さらに，市場環境によっては，一定期間独占的に事業展開できる場合もある。一般に大手企業は，一定以上の市場規模がないと効率性やスケールメリットがないなどの観点から参入しない傾向がある。よって，ベンチャー企業は，**大手企業が参入しない市場**をうまく探すことが重要である。

ニッチ市場　Keyword

　大手企業が手掛けない隙間にある事業領域のことをニッチ市場などと呼ぶ。最近の消費動向を反映して，多品種少量生産の経営スタイルが多くなり，大手企業が全方位で対応できなくなっているため，ニッチ市場が成立しやすい時代になりつつある。そのような事業分野であれば，中小企業であっても，モノやサービスの供給・提供が行いやすく，その特定市場で上位となり，販売機会を得られる可能性がある。

　中小企業の中には，日本全体が低成長の時代にあっても，ニッチ市場で業績が良好な企業が一定程度存在する。競合他社が少ないことや新規性のあるモノやサービスを顧客に提供することで，価格競争に陥らずに顧客に満足してもらえる経営環境を獲得している例が多い。

　そのほか，既存市場，既存業界における事業であっても，**新たなアイデア，技術，サービス**などを投入することで，市場で徐々に存在感を出すこともありうる。この場合，大手企業も事業展開しているので競争にさらされるが，すでにある市場であるので，新市場を開拓するよりは成長の障壁は低く，ミドルリスクといえる。市場で独自の創意工夫をして差別化し，大手が変われなければ販売機会を獲得できる可能性が十分ある。

　一般に，大手企業は過去の成功体験を判断軸としがちであり，自社の既存のモノやサービスを大きく変革しにくい弱点がある。したがって，市場動向として顧客ニーズが既存のモノやサービスと合致しない段階に至ると，新興ベンチャーが新たなアイデアや新技術・サービスを市場投入することで勝算が出てくる。

（2）金融機関，VC，投資ファンド等との具体的な早期の交流強化

　通常，大手企業にはメインバンクが存在していて，そこから融資を受けるばかりでなく，収益獲得した自社の事業資金を預金等で管理してもらう相互依存関係にある。そのうえ，金融機関は自らの豊富な取引ネットワークを活用して取引先や提携先を紹介するなど，企業にとっていろいろ役立つ存在である。

　ベンチャー企業も，まだ事業規模の小さい段階からメインバンクにしたい金

融機関と集中的に付き合うことを意識的に進め，融資の有無にこだわらず，預金管理を任せるなどして関係を構築し，**金融機関の取引ネットワーク**を有効活用できるように努力することも重要と思われる。

　また，VCや投資ファンドなどについても，すぐには投資を受けられる段階ではなくても，情報交換や事業説明を先行して行うことで良好な関係を早くから構築し，自社の事業内容を理解してもらうことが肝要である。いざ資金調達をする段階で，一から事業説明するよりも日頃から事業内容を理解しておいてもらえば，実際の投資交渉をする際にスムーズに協議を行える可能性がある。

　よって，事業展開に応じて機動的にファイナンスできるように，**普段から時間をかけて事業構想を説明し，関係構築**を行うことが重要となる。

　さらに，これらのファイナンスに関連したステークホルダーと意見交換を頻繁にする中では，自社の経営課題や取り組む検討事項に対して何らかの参考になる指摘を早めにもらえる場合も多い。そこで指摘された内容を早い段階で改善できれば，投融資前に課題解決が進んでいる可能性が高くなり，実際の投資時点での課題が減って投資判断を前倒しで進めてもらえる可能性も生じる効果がある。

　実務的に，投融資先が指摘することは，どの企業に対しても比較的似通った場合が多いので，その内容を把握しておくことは有意義である。

（3）成長のためには顧客ニーズをキャッチアップ

　企業経営においてプロダクトアウトとマーケットインの双方の考え方をバランスよく検討すべきであることは**第1章**で説明した。

　ベンチャー企業では，マーケットインについてさほど考慮してない場合が多い。一般的にいって，ベンチャー起業家はどうしても**技術偏重，研究開発中心，サービス内容への過信**などがあり，優れたモノやサービスであれば必ず売れると自己中心的に考えがちになる。しかし，顧客ニーズがなければ販売機会を増やせないので，**顧客を常に意識**して，単なる独りよがりな事業展開にならないよう留意すべきである。

　そして，顧客ニーズを探りながら事業展開する場合，トライ・アンド・エラーを繰り返しながら，顧客ニーズをキャッチアップすることが重要である。

マーケットインの観点から顧客ニーズを理解したうえで，プロダクトアウトの観点から生み出される独自性のあるモノやサービスを顧客ニーズとすり合わせることを心掛けるべきである。そのため，双方の観点を加味した事業展開の落としどころを見出すことが肝要である。

(4) 幹部・ミドルの育成・採用

　ベンチャー企業の場合，大手企業のような重厚な組織は必要ではなく，かえってスピード経営の弊害になるので真似をしないほうが賢明である。

　しかし，**組織的経営に最低限移行**しなければ，起業家個人の許容範囲でしか事業展開できないため，成長の障壁の１つとなる可能性が高い。そのため，起業家以外に業務執行（COO），技術開発（CTO），財務・経営企画（CFO）などのリーダーを確保して経営チームを早く組成することが重要であることは，**第1章**で説明したとおりである。

　さらに，その他の重要な経営機能として，マーケティングやブランディング，またメーカーなら製品企画や生産などのリーダーも必要になる場合が多い。しかし，ベンチャーゆえにすべて確保するのは難しく，コスト負担のため困難な面もある。上記のCXOのいずれかが当面兼任するのが現実的な場合が多いので，自社のリソースの状況で検討するべきである。

マーケティング

　売るための仕組み作り。顧客がモノやサービスの情報をタイミングよく，正確に得られるようにする事業活動全般を表す概念である。顧客が真に求めるモノやサービスを提供し，その内容を効果的に周知し，顧客が欲求を満たすためにその価値を効果的に得られるようにするとともに，企業側としても効率的にモノやサービスを販売する仕組みを作る企業活動を表す。

　販売するモノやサービスに関して，顧客ニーズを探るための市場調査分析，それらに基づく企画および開発，周知するための広告宣伝活動およびプロモーションなどの具体的な行動もマーケティングに含む。製品，流通，価格，販促・広告，これらすべての要素をいかに組み合わせていくのかを考えて事業展開を進める。

　各リーダーが決まったら，起業家はリーダーごとに定めた役割分担，業務管掌に沿って思い切って権限を移譲し，起業家自身はCEOとしての役割に集中することで事業展開を加速すべきである。その後，成長段階に応じて各リーダーの下に必要なミドル人材，その下にスタッフを揃えていき，人材の過不足が生じないように事業展開をしていくことが重要である。

　なお，本格的に成長が始まったらコスト負担力もついてくるので，上記の兼任していた役割については新たなリーダーを確保（内部登用やヘッドハンティング）し，組織をさらに機能分化させていくことで効果的な組織作りができる。

　いずれにしても，順調に成長していくためには起業家はワンマンプレーを早期に解消することである。**各セクションのリーダーの採用・育成**を心掛けることが組織的運営に移行する早道であり，成長に応じた上記のような組織作りをタイムリーに行っていくべきである。

　以上のように，ベンチャー経営の課題については，解決に向けて早めに着手すべきであろう。課題としては，ほかにも管理体制などいろいろ説明すべき事項はあるが，マネジメントの主要論点については**第4章**でまとめて説明するので，ここでは割愛する。

４　スタートアップになるための大事な要素

　スタートアップ企業になるためには，自社の事業展開によって，ビジネス，技術やサービス，社会の流れを大きく転換できるといった事業構想のもと，創業時から志を高く持つ必要がある。実際には，それを実現するやり方もイメージできる潜在能力が重要である。その事業構想に沿って事業展開することで社会にイノベーションを起こし，**人々の仕事や生活や遊びを変革**することになる。

　一般にスタートアップ企業は，これまでも述べてきたとおり，創業から早い段階で大規模投資を受け，急速に成長，拡大する。世界を見ても，現在の時価総額トップ10の大半がVCや投資ファンド等による支援を創業初期段階に受けた企業である。やはり，有望企業になるには自助努力だけでは難しく，強力な

ステークホルダーが不可欠になっている。

　また，スタートアップ企業は通常，起業家の事業構想を短期的に実現させており，その劇的な経営環境の変化に合わせて急速にマネジメントも強化しなければならないという課題がある。さらに，一気に大規模経営に移行するとか，他社の求めに応じて会社を売却する，または，大手企業のグループに入るなどの重大な経営判断が求められることも多い。当然，経営資源の確保や損益の大きな変化などに対する非常に難しいコントロールが必要となり，その中でも事業展開を的確にマネジメントしなければ，事業の停滞や撤退を招きかねない。

　スタートアップ企業は，組織の規模や設立年数はさまざまであるが，いずれにしても急成長を実現するために，手堅く活動していく必要がある。スタートアップの事業展開の中で，「起業」「助言」「努力」「行動」の4つの局面において大事なことがあるので，以下で説明する。

（1）「起業」において大事なこと

　創業間もない時期であっても起業家の志や熱意があることが重要であり，スタートアップとしてのマインドを十分発揮して事業構想を描くべきである。また，企業行動としては，起業家の打ち立てた事業構想を実現するための中長期経営計画や各年度のアクションプランを早い段階で用意して，それに沿ってスピーディに事業展開を行うことが重要である。

　事業展開に没頭するだけでは，ステークホルダーのダイナミックな協力を得る必要があるスタートアップ企業にはなれない。事業内容についての説明を尽くすことが不可欠といえる。**説明責任の重要性**は，起業当初から上場企業並みと考えたほうがよい。

（2）外部からの「助言」に関する大事なこと

　自社が打ち立てた事業構想を実現していく中で，現実には想定外の事象が頻繁に生じるのが普通といえる。稀に起業家自身の努力で事業構想どおりに事業展開が進むこともあるが，たいていは外部の助言がないと急激な経営環境の変化への対応に追われ，急成長は望めなくなる。

　そのため，**事業構想を練り上げ，事業展開をモニタリングしてもらう助言者**

が必要になる。一般的に，創業期にはインキュベーター，事業を促進する際にはアクセラレーター，事業資金の手当ての際にはベンチャーキャピタリストが適任者として存在する。

　こうした助言者が関与するかどうかで，その後のスタートアップ企業の運命が決まることも多いので，これらのステークホルダーとのタイミングのよい出会いが非常に大事になる。これらのよい出会いが糧になって，創業当初のドリームが事業構想となり，事業展開がうまく繰り返され，策定した中長期経営計画がリアルになっていき，成長することにつながっていく。

スタートアップ／ベンチャーを支援する専門家　

インキュベーター（Incubator）

　創業間もないスタートアップ，ベンチャー，起業家等の起業から事業の創出までに発生するさまざまな課題の解決をサポートし，事業が立ち上がるところまでの基盤作りを支援することで，その後の急速な成長促進を後押しする個人，企業，組織，団体。

　創業時は経営資源が足りないケースが多いことに対応し，起業および事業の創出をサポートするサービス・活動をワンストップで提供する場としてインキュベーション施設を運営するのが典型例である。その対価は格安で，株式やストックオプションを受け取る例も多い。

アクセラレーター（Accelerator）

　スタートアップやベンチャーだけでなく，既存企業の新規事業部門等からの起業などを対象に，サービス開始準備の時期に，短期間でビジネスの成長や拡大が加速できるように協力，支援する個人，企業，組織，団体。

　支援の際には，人材育成，組織整備，知識・スキル，設備・システム，顧客基盤，取引先紹介，ビジネスマッチングなどあらゆる成長のためのリソースを提供し，独自展開するよりも事業展開が促進されるように後押しする専門サービスを得意としている。資金面はVC，投資ファンド，CVCなどが主体となるが，それらがアクセラレーターまで行う場合もある。

ベンチャーキャピタリスト

　高い成長を見込めるスタートアップ，ベンチャーに対して出資を行い，成長後のIPOやM&Aによってキャピタルゲインの獲得を目的とする投資事業の専門家。

主には，VCや投資ファンドに所属する投資担当者であるが，欧米ではVCや投資ファンドから独立して個人で活動する専門家も多い。単なる投資家と異なる面は，投資後に株主として組織作り，経営支援，事業モニタリング，人的ネットワークの紹介などにも可能な限り携わり，投資前よりも企業価値を高める支援を積極的に行う場合が多い。実際に事業展開を行うのはあくまでも起業家なので，起業家が自社の急成長を実現させるために強力なサポートを提供する役割といえる。

（3）企業の「努力」として大事なこと

事業展開をする際，順当に成長するには失敗を極力しないようにすべきだが，失敗がゼロということは現実にはありえない。軌道修正しやすい小さな失敗は頻発してもやむなしだが，**大きな失敗は絶対にしないような努力**をすることは非常に重要といえる。また，最初のうちは経営資源も限られているので，無駄がないように効果的にヒト・モノ・カネを投入する必要がある。やみくもに行動するのは愚策である。

よって，自社の事業構想が世の中に受け入れられるか，できる範囲でマーケティングのための情報収集として市場調査とマーケティングリサーチを行い，事業展開として勝算はあるか，進めてよいかなどを判断する機会をいったん作るべきである。

ただし，大企業のように高いコストをかけて調査をする余裕は当然ないはずである。そのため，販売対象と考えている顧客層に近い判断ができる周辺の人材や紹介を受けた人材の意見，素朴な疑問などを集め，その中で必要と判断した事項をモノやサービスの見直しに反映させる活動をすべきである。そうすれば，顧客満足を得られる確率を高めることができる。

見直しを検討する内容としては，販売対象とする顧客のニーズに合致しているか，妥当なプライスか，適切な満足度になっているか，好印象を得られるかなどがある。よって，これらを地道に泥臭くマーケティングすることで，販売機会を高められるようにすべきである。

その際，調査やリサーチや意見収集する相手を間違えないことが重要になる。自社のモノやサービスの顧客層について，「ファミリーか単身か」「学生か社会

人か」「Z世代，ミレニアム世代，バブル世代，団塊世代，シニア世代など」「男，女，ユニセックス」などの特徴があれば，その販売対象に属する人を代表的に抽出すべきであり，それに沿ったインフルエンサーや有識者の意見や連携も重要になる。

　なお，これらの調査結果を活用して確証を得るまでは，事業展開を大々的に行うのはリスクが高い。そこで，トライ・アンド・エラーを繰り返す展開で**失敗リスクを小さくする経営**に徹するべきである。つまり，事業構想に沿って企画した試作品や，MVPでまずは小さく事業展開してみて仮説検証し，想定どおりではない場合にはただちに内容を改善し，再度実行して仮説検証し，必要な改善を行うことである。

　このように，トライ・アンド・エラーを繰り返すことで大きな失敗をする前に経営をコントロールし，想定どおりの方向に近づけるように努力することがカギとなる。これは再三説明しているリーン・スタートアップ，PIVOT経営の実践といえる。

タートアップやPIVOT経営においては，必ず何らかのMVPを活用する事業展開が多い。

（4）企業の「行動」において大事なこと

　スタートアップ企業の経営者は，事業構想を内外にわかりやすく説明し，それに賛同するステークホルダーと良好なコミュニケーションをとりながら事業展開することが重要である。例えば，早期の資金調達だけでなく，必要となる陣容，研究開発投資，設備投資などを，ステークホルダーの支援，協力を取り付けたうえで，短期間でタイミングよく成し遂げることである。それによって，通常のベンチャー企業よりも極めて短期間で必要な経営資源を手当てし，急成長と大規模化を実現することができる。

　資金を得たら，当初の事業構想の実現に向かって邁進することになるが，単純に事業拡大を目指すのではなく，自社の属するマーケットで新たな事業を創造したり，必要に応じて事業を大きく見直し，再構築するようなダイナミックな動き（**事業の再定義**）が重要となる。

　また，社会に対して大きな影響を与えるためには，**マーケットシェアが大きいことが重要**である。シェア拡大のためには，既存マーケットの創造と破壊，事業エリア拡大のための早い段階での海外進出の検討と実行などを，必要に応じて迅速に行うことが肝要となる。

　さらに，事業規模を拡大するためには，**第三者からの資金調達**という手段だけでなく，**IPO，M&A**も視野に入れるべきである。IPOは資本市場から資金を調達するものだが，M&Aには新たに安定的な資金提供者（買い手）を得るものと，事業規模や事業領域を拡大する買い手側としてのものがある。最終的な事業構想を確実に実現するためにどうあるべきかを入念に吟味して，実行すべきである。

5 スタートアップとしての成長ストーリー

　スタートアップ企業といってもさまざまな業種業態があり，事業展開もそれぞれかなり独自性がある。それらの中でも，スタートアップを目指す企業がどのような行動を心掛けるべきかが明確になるように，起業から成長していくストーリーを5つの観点で説明する。

（1）足元の赤字先行を恐れない

　赤字を恐れるあまり，売上に見合ったコストしかかけないような小さい採算を重んじて経営するのは，堅実ではあるものの，スタートアップ企業にはなれないベンチャーになってしまう可能性が高い。成長の障壁を短期間で乗り越えるためには，必要な経営資源を早い段階で投入して，一気に事業展開を軌道に乗せることが肝要である。

　そして，先行した大きなコストに見合う売上水準を獲得できる時期までは，最低限，事業計画を作成し，モニタリングすべきである。

　つまり，まずは**赤字覚悟**で多額の初期投資を行い，他社に先駆けて一気に**シェア・売上を拡大**することで，先行者利益を獲得して黒字転換し，当初の累積赤字を一掃して成長軌道に向かう事業展開である。

　起業家にとっては，身構えてしまうほどの膨大な赤字を計画して，その後の大きな果実を得るという大それた事業展開であるので，これを冷静に浮足立たずに行えるかどうかでスタートアップ企業を経営できる器かどうかが決まってくる。

　なお，**成長が途切れない適時の資金調達**を行う必要があるため，この成長の流れと資金確保の時期や金額規模のバランスが非常に重要になる。仮にバランスが悪いと，事業が停滞，最悪の場合は事業が頓挫するので，資金調達に関するCEOとCFOの力量が大変重要になる。

（2）大胆なビジネス・イノベーションを目指す

　スタートアップ企業は，多くのステークホルダーの賛同を得るために，社会

的な課題の解決や利便性・快適性の向上を担うモノやサービスを提供することにより，自社が対象にする事業分野の**イノベーションを大胆に生み出す仕組み**を作り出すことが重要である。また，それらを実現するために新たな考え方や技術，仕組みを導入し，新たな価値を創出し，結果として社会変革をもたらすような事業展開を行うべきである。例えば，競合大手のいないマーケットの創出や，既存マーケットの破壊などである。

　新事業創出や**顧客の新たなニーズに対応**することは未知なる部分も多いので，先行きが非常に見通しづらい面がある。しかし，新たな試みが成功すれば，次に続く他社にとっては1つの参入障壁にもなるはずなので，自社にとっては収益確保をしやすく，急成長できる可能性が出てくる。

　なお，スタートアップの概念は，ベンチャー企業だけに当てはまるものではない。例えば，大企業が本業，コア事業以外のノンコア事業を切り離すことで新規設立した企業が，元の企業からの独立性を高め，新たな投資家から多額の資金調達をしてスタートアップへ変身する場合もある。このように，大企業のグループの中では日陰のままに終わったかもしれない事業が，ピカピカのスタートアップ企業に変身する可能性もある。

コアとノンコアの事業展開

コア事業

　事業を展開するうえでの中核事業のことであり，複数事業を展開している場合の中心に位置し，相対的に競争力のある事業。事業の選択と集中を行う際に，集中的に経営資源を投下する事業であり，それ以外をノンコア事業と呼ぶ。

　なお，現在は成長途上にある事業でも，事業方針として今後の中核事業にする意向があればコア事業と位置づける場合もある。業界での競争の激化や市場が低成長に陥る場合などは，コア事業を何にするかを特定して，当該事業に経営資源を優先的に投入して生き残る戦略が必須になる。

ノンコア事業

　コア事業に位置づけられていない非中核事業のこと。採算がとれているかどうかが判断基準ではなく，コア事業に経営資源を集中するために黒字事業であっても非中核事業と経営判断すれば，撤退や他社への事業売却を行う。

Column　コア事業への集中展開

　グループ全体の成長のためには，事業別損益を把握する方法を確立して事業別の利益管理を徹底し，継続する事業（コア）を明確にして，儲からない事業（ノンコア）は継続するか否かを検討し，改善できなければノンコアは撤退もしくは縮小し，事業の選択と集中を図ることが不可欠である。

　ただし，コア事業も永遠とは考えず，栄枯盛衰であることを理解し，一定の期間が経ったら事業の選択と集中をあらためて検討し，事業の入れ替えなどを繰り返す経営判断が，企業の持続可能性を高めることになる。

　つまり，現状に満足せずに危機意識を持ち続け，コア事業に盲目的に依存度を高め過ぎず，常に新規事業の開発を怠らずチャレンジして次の成長事業を見出し，時代ごとに儲かる事業へ経営資源を集中することで，企業として持続可能性を高めていくべきである。

（3）成長段階に沿った人材獲得，組織変革・陣容拡大の促進

　先にも触れたように，まずは経営幹部としてCFOを確保し，対外的な事業説明のための中長期経営計画や経営データ作りを行い，外部のステークホルダーの理解が進むように尽力してもらうべきである。起業家自らが資金調達のための対外交渉をすることもあるが，本業の事業展開に集中できなくなるおそれもあるので，右腕としてCFOを配置するのが，役割分担として適切であると思われる。最近は，海外の投資家からの資金調達も多いので，CFOや管理部門の語学力も重要になっている。

　次に，研究開発投資や設備投資への資金投入と同時に，各部門を管掌する経営幹部を確保すべきである。有能な人材を配置できるか否かで急成長できるか否かが決まるといっても過言ではない。

　急成長のためには，**短期間で多くの幹部人材を適時に獲得**する必要があり，他社で部門責任者を経験してきた即戦力をスカウトすることも，実務としてよくあることである。

　他社から経験豊富で有能な人材に実際に転職してもらうためには，やはり起業家による事業構想の明確な説明が必要であり，事業の魅力や成長性に関する理解をしてもらうことが先決である。これに賛同してもらえれば，現時点の待

遇が多少低くても，将来の可能性を期待して移籍してもらえるケースも多い。その際，報酬に加えてストックオプションなどのインセンティブを付与してメリットを感じてもらう方法も併せて検討すべきである。

　いずれにしても，有能な人材に現在の安定した他の企業から移籍してもらうには，成長期待を共有してもらうことが重要であり，いわゆるバンドワゴン効果への期待が生じれば参加してくれる可能性が出てくる。つまり，事業構想を確認して納得し，将来の有望企業を皆と一緒に盛り上げて，自分自身のキャリア形成にもプラスになるという希望を持つことができれば，移籍に応じることも十分ありうる。

バンドワゴン効果　　　　　　　　　　　　　　　　　　　`Keyword`

　時流に乗る，多勢に与する，勝ち馬に乗るという意味。定年まで同じ企業に在籍するのではなく，スタートアップやベンチャーがIPOなどで成功する状況を見て，転職の選択肢にしたい人も増えつつある。経営幹部になるには，創業間もない段階で入社し活躍することも重要になるので，次に伸びるスタートアップやベンチャーに転職したい人も多い。

　誰しも，人生の負け組になりたくない，成長する企業に入りたいという願望はあるはずである。多額の資金調達や大手企業とビジネスマッチングを実現したスタートアップやベンチャーは，たとえ今は赤字でも勝ち組になる可能性が感じられ，人が集まり，人気や支持が加速する状況が作り出される。

　また，実際の事業展開において，スタートアップ企業が成長する際に，有名人や大手企業からの評価，利用実績や取引先リストへの掲載などによって自社のモノやサービスの信頼性を高める手法も，バンドワゴン効果を活用しているといえる。

　こうして，各機能を担える人材が揃い，各部門のリーダーとして組織を牽引していくと，短期間で**各部門が自律的に動く組織的経営**を実現していく可能性が高まる。また，各部門の人数が増え，組織全体の中で当該部門の重要性が増してきたら，現責任者を取締役に抜擢することや，必要に応じて経験豊富な取締役候補を外部から招聘することを検討し，組織的経営をさらに幅広に推進していくことになる。

（4）投資の実行は資金回収（エグジット）の期待で成立

　VC，投資ファンド，CVCなどの投資家が創業間もない企業に大規模な投資をするのは，有望なスタートアップは成功確率が高く，かつ投資リターンも高いと思うからであり，決してボランティアではない。つまり，投資家にとっては事業内容が魅力的で成長性を期待できる企業であれば，投資銘柄として魅力を感じ，増資を引き受ける可能性が高い。

　ただし，実際にはまだ成長途上であり，業績も赤字の段階での投資であるので，信頼の源泉は**起業家の事業構想の実現への期待**だけともいえる。そのため，起業家の志や熱意を十分確かめ，それに加えて事業構想を実現させる経営能力があることを見極めて投資判断がなされる。

　将来的には，投資家はIPOやM&Aを通じて，回収のために株式を売却して利益を獲得する，つまり，**出口（エグジット）としてキャピタルゲイン**を得ることが想定されている。

　IPOの場合，東証または海外資本市場などで新規上場し，一般投資家向けに株式を売り出すことで投資を回収することになる。その際，スタートアップ企業のIPOでは，通常，未上場時の数倍の株価になるので，かなりのキャピタルゲインを得る可能性があり，非常にダイナミックなファイナンス行為といえる。

　M&Aの場合，他の事業会社や新たな投資会社に株式を売却することで投資回収することになる。スタートアップ企業の起業家にとってはM&Aされることも成功の1つの形といえ，欧米ではかなり多くの事例がある。

　IPOにせよM&Aにせよ，株式を売却した起業家は，キャピタルゲインで得た豊富な資金を活用して，次のスタートアップ企業を創業するシリアルアントレプレナーになる場合も多い。

Keyword

シリアルアントレプレナー（serial entrepreneur）

　2社以上を起業し，新しい事業を連続して立ち上げる起業家のこと。英語のシリアルとは「連続的な」という意味である。
　新しい事業を起業すれば，当然に成功か失敗か，いずれかの結果が出る。仮に

事業を軌道に乗せた場合，IPOやM&Aによってキャピタルゲインを得ることになるが，その後，起業家自身はその事業から手を引き，別の新しい事業を起業することでシリアルアントレプレナーになる。しかし，たとえ起業が不成功に終わっても，その経験を糧として次の起業にトライするシリアルアントレプレナーもいる。

　米国では日本と異なり，次のような理由により，シリコンバレーを中心に多くのシリアルアントレプレナーが存在する。

- 成功すると破格のキャピタルゲインを得られることで，第2の創業がしやすい。
- 起業で失敗しても，経営者保証などがないため金銭的リスクが小さい。
- 起業を支援するVCや投資ファンドなどのリスクマネーが集まりやすい。
- 最初の起業の失敗を事業経験として評価されるケースが多い。

　以上のように，新たな投資資金を提供した投資家は，次の出口（エグジット）として，やはりキャピタルゲインを期待しているのが通常である。

　よって，スタートアップ企業自体は，常に現在の株主の期待に応え，新たな投資家を呼び込むために，当初打ち立てた事業構想の最大化を目指し，さらなる成長を目指す事業展開に全力投球することが必要不可欠となる。

（5）ステークホルダーとの良好な関係

　スタートアップ企業の創業時は，すべてがないない尽くしで事業を始めるので，目指す事業構想を具体化していくためには，ステークホルダーのさまざまな協力や支援が不可欠である。中長期経営計画を策定する際も，**自助努力だけでは急成長は難しい**のは明らかなため，ステークホルダーの協力や支援を踏まえた経営資源の手当てを織り込んだアクションプランになっている必要がある。

　当然，想定どおりのステークホルダーの動きが実際にあるかどうかで事業構想の実現可能性の確度が大きく変わってくるので，良好な関係作りを早めに心掛けるべきである。

　特に投資家は，単に資金提供をするだけでなく，自らの知見を活かせる範囲で経営に対して支援やモニタリング助言，今後の幹部人材の紹介，新たな取引先のマッチングなどにも関与することもある。よって，インキュベーター，ア

クセラレーター，ベンチャーキャピタリスト，VC，投資ファンド，CVC，事業会社などについては，それぞれの立場やノウハウから**適切な助言や紹介**をしてもらうべきであり，そうすることで失敗を減らせる可能性が高くなる。

　そのほか，政府や自治体や研究機関などの支援も研究開発型ベンチャーを中心に最近は増えつつあり，その動向を注視すべきである。特に，VCや投資ファンドの出資前の創業段階や成長ステージにまだ到達していない段階において，政府などのスタートアップ支援施策が大変役に立つので，さらに新たな施策を打ち出してほしいところである。

Column　最近の政府等の施策

　政府などのスタートアップ支援施策としては，各種手続の簡素化や金銭的な優遇，負担軽減が挙げられる。例えば，登記，許認可，届出，物品調達，各種入札，特許費用，弁護士等専門家費用，諸税などでの適用が実現または検討されており，事業展開しやすい施策を進めている。

　また，公共調達（官公需）の年間8兆円のうち，設立10年未満の企業への発注は現在1.3％しかないため，創業間もない企業も公共関連の販売ルートの機会を増やすべく，政府目標として3％台に引き上げる施策を打ち出している（「令和4年度中小企業者に関する国等の契約の基本方針について」（令和4年8月26日閣議決定））。

　さらに，起業家やその企業のために，(1) 経営者保証の軽減，(2) 事業成長担保権のベンチャーデットファイナンス，(3) スタートアップ企業への投資促進税制などが制度化されている。

(1) 経営者保証

　最近，日本独特の経営者保証が起業の阻害要因としての問題視され，起業しやすい環境を整備するため，債務保証軽減として「個人保証の原則廃止」が施策として浮上している。

　メガバンクや地域銀行，信用金庫といった預金取扱金融機関は，保証の必要性など理由を具体的に説明しない限り，経営者保証を要求できない。経営者保証を取らない要件としては，①法人・経営者の関係が区分・分離されていること，②財務基盤が強固なこと，③適時適切な情報開示をしていることなどがあり，仮に保証が付く場合には，保証が必要な理由，保証の解除や軽減の可能性が高まる改善すべき内容等を金融機関が当該各要件に照らして説明する義務が生じるようになる。

　これによって，経営破綻時も経営者は私財で返済する必要がなくなるので，第2の創業を行って再起しやすくなる。また，個人保証のリスクがなければ起業も現在

よりも促進されるとともに，事業承継時も後継者が前向きに考えやすくなる効果が生じると思われる。

(2) 事業成長担保権

　事業成長担保権は，事業用の土地や建物といった有形資産だけでなく，企業の独自技術やブランド力といった無形資産までを含む事業全体を評価し，事業に関わる将来のキャッシュフローすべてを担保に設定するものである。そのため，金融機関は，担保価値が目減りせず，融資先の将来キャッシュフローが増えるように，金融機関のノウハウや取引ルートを提供，紹介するなどして全面的な支援をするとともに，密接なコミュニケーションを通じて情報を収集し，事業会社へのモニタリングの強化，改善助言を積極的にするはずなので，金融機関と融資先は共通の利益を持ちやすくなる。この取組みにより，両者の関係は従来よりも強固になると思われる。

(3) スタートアップ企業への投資促進税制

　スタートアップ企業に対する優遇税制が整備され，スタートアップ企業を支える投資家が増加する可能性が高まることが期待されている。

　エンジェル税制は，初期のスタートアップ企業に再投資する場合や創業者自らが起業する場合における非課税措置であり，保有する株式を売却して得た所得への課税が20億円を上限として繰り延べられる。

　また，スタートアップ企業の従業員や外部高度人材に対するストックオプションについて，一定の要件を満たせば，付与決議時点から15年の優遇税制が受けられる。

　その他，オープンイノベーション促進税制についても課税の繰延べが受けられる。

　以上により，国内におけるスタートアップ企業への投資規模を，現在の年間8,000億円程度から，5年後には10兆円に拡大する政府目標が掲げられている。

各投資促進税制の投資先要件の主な特徴

エンジェル税制	・設立5年未満かつ営業C/F赤字企業（営業利益が零未満） 　（設立10年未満で優遇される要件もあり）
ストックオプション税制	・ストックオプション行使期間の原則は，付与決議日後2年経過日後10年まで ・設立5年未満かつ未上場企業は行使期間が15年まで延長
オープンイノベーション促進税制	・設立10年未満の株式会社，かつ，すでに事業を開始している未上場企業 ・投資側とオープンイノベーションを実施又は予定している

新オープンイノベーション促進税制（現状，2024年3月までの措置）

• 投資する側（対象法人）が受けられる税制優遇措置

項目	要件
オープンイノベーション目的	• 対象法人がスタートアップ企業の革新的な経営資源を活用して，高い生産性が見込まれる事業や新たな事業の開拓を目指す事業活動 • 対象法人自身が，上記の事業活動を行うこと • 上記の事業活動で活用するスタートアップ企業の経営資源が，対象法人においては革新的で，不足しているものであること • 上記の事業活動の実施にあたり，対象法人がスタートアップ企業に必要な協力をすることで成長に貢献するものであること
対象法人	• 純投資ではなく，スタートアップ企業とのオープンイノベーションに向けた出資 • M&Aによるスタートアップ企業の50％超の新規株式取得 ※投資先について5年以内の成長率や投資規模等の一定要件あり • 株式会社かつ青色申告法人 • 対象法人が過半数を出資するCVCも含む ※投資事業有限責任組合（LPS）または民法上の組合 • 投資先の売却益や配当を目的としていない
投資先企業 ※エンジェル税制と定義は異なる	• 対象法人とのオープンイノベーションを行っているまたは行う予定である • すでに事業を開始している未上場で設立10年未満の株式会社への出資 • 研究開発費率10％以上かつ国内赤字未上場の株式会社への出資の場合，設立15年未満まで延長（ただし，5年以内の成長要件達成が条件） • 1つの法人グループに株式の過半数を保有されていない法人 ※上記は，子会社，孫会社，曾孫会社までグループ算定対象 • 法人以外の者（LPS，民法上の組合，個人投資家等）による3分の1超の株式保有 • 公序良俗に反するような業種（風営法，暴対法など）ではないこと
優遇税制対象限度	• 出資金額の25％まで所得控除 ※5年間の出資およびオープンイノベーションの継続 • 所得控除上限額は新規出資の場合，1件12.5億円以下，年間累計125億円が上限（M&Aの場合，1件50億円以下，年間累計は上記の新規出資の場合と合算して125億円が上限） • 対象法人1社・1事業年度の所得控除上限は125億円以下 （1事業年度内の出資額500億円が上限） ※上記500億円は，1件100億円を超える案件は100億円で計算
1件当たりの規模	• 大企業は1件1億円以上（中小企業は1件1,000万円以上）の現金出資 • 海外企業への出資は1件一律5億円以上の現金出資

第 3 章

起業家の条件

1 起業家として知っておくべき考え方や必要な能力

起業家にとって何が必要かを考える際に，名高い有能な経営者の共通する考え方や能力といった観点から判断すると，以下のような内容や傾向がある。もちろん，そうではない成功した経営者もいるので，必ずしも必須条件とまではいえないが，起業する際に照らし合わせて検討する材料にはなるはずである。

起業を目指す方が，これらの考え方や能力を持っているようであれば，本当に起業を意識するべきかもしれない。また，自社の経営者に将来を託して付いていくべきかを経営幹部の方々が判断する際の指針にもなるはずである。

(1) 創業の明確な信念

創業当時から事業展開を構想し，**ぶれない独自の存在意義**，つまりはパーパスを持つことが極めて重要である。なぜなら，会社とは創業者の事業構想を実現する器といえ，パーパスから導き出された事業構想が会社経営の基本となるからである。そして，独自の将来の方向性が事業構想として決まったら，それに向かって一歩ずつ事業を展開していくことで中長期的なビジョンも定まり，パーパスを実現していくことができる。

パーパス（Purpose）

　社会にとっての企業の存在価値，今持つべき企業としての志。自分たちは何のために存在しているのか，一体何ができるのかという問いに対する答えがパーパスとなるともいえる。自社の価値観そのものともいえる。

　パーパスを明確にすることで企業の独自性やブランドが確立しやすくなり，事業の立ち位置を明確にできるばかりでなく，従業員も自分がその会社で働く意味や自らの存在意義を把握しやすくなる。そのため，企業文化が全員に浸透しやすく，当該パーパスの実現によって社会貢献をしたい従業員が集まりやすくなる。

ビジョン（Vision）

　パーパスを実現させるための将来の企業としての姿。パーパスに合致した形で，長期的な社会への価値提供に向けて目指すべき姿について一定の方向づけをして，いつまでに達成するかを構想することをいう。

　自分たちが何を目指すのか，あるべき最高の姿とはどのようなものか，自分たちはどこに向かうべきなのかを考え，その方向に向かって段階的に進む。パーパスに照らし合わせることで進むべき方向が明確になり，新商品の開発，既存サービスの改良，業務フロー改善，事業展開の見直しなどを行いやすくなり，時代の変化に柔軟に対応できるようになる。

　例えば，創業時における起業家の信念をパーパス，ビジョンに含めることができれば，それが企業全体の考え方として形成されるため，その信念は社内に浸透することになる。実際に創業時の信念を共有することができれば，同じ価値観の人間が集まり，結果としてビジョンに沿った事業展開となり，パーパスを具現化していきやすくなる。したがって，創業者が情熱，熱意，執念を持って社内外に創業の思いを語り，従業員をはじめ利害関係者の共感を得たうえで，全社的に日々の業務を行うことが重要となる。

　そして，パーパス実現のための事業の方向性をビジョンで示したうえで，その将来の姿を具体的な中期経営計画，アクションプラン，事業計画に落とし込み，それらをもとに予算管理を実行し，実際の企業行動として展開することで，マネジメント力を高めていくことができる。

　ちなみに，京セラの稲盛和夫氏は，人生や仕事の結果を「**考え方×熱意×能力**」と述べている。熱意と能力はそれぞれ0点から100点まで幅があるので，いくら能力が高い起業家でも，熱意がゼロなら結果は出ないということになる。逆に，能力は普通でも熱意が高ければ，能力が上の起業家にも勝てる可能性があり，熱意を最高レベルに保ち頑張り続ければ勝つ確率は上がるはずである。

　一方，考え方については，マイナス100点からプラス100点まで幅があると述べており，起業家の考え方次第で結果が180度変わることになるので，パーパス，ビジョンを打ち立てる際に，社会に対して正しい考え方を持つべきだということになる。

図表3-1　パーパス実現のためのマネジメント

パーパス ：自社の存在価値／SDGs，ESGとの関連性
⇑
ビジョン ：自社が進むべき方向／最高のあるべき姿
⇑
中期経営計画&アクションプラン ：パーパス，ビジョンの実現プラン
⇑
事業計画 ：中計実現に向けた年次プラン（事業別，部門別）
⇑
予算管理 ：年次プランの達成状況を予実比較分析（月次，四半期，年次）
⇑
内部統制に基づく経営データ ：予算と実績の正確かつ網羅的な集計

　なお，SDGsやESGへの対応が昨今は企業評価の基準になりつつあり，企業として実務的にはESGを意識した事業展開を心掛け，結果として，SDGsで問われている社会的な課題の中で何か解決，貢献できる可能性があるものを見出し，パーパス，ビジョンとの関連性を検討すべきである。

　SDGsやESGとの関連性がわかるパーパス，ビジョンを対外的にも示すことができれば，企業としての社会での存在価値が理解されやすくなり，従業員だけでなく，顧客，さらには投資家をはじめとしたステークホルダーにも自社の事業展開が共感を得やすくなる。つまり，ESGは事業展開するうえで**持続可能性を高めるためには重視すべき要素**であり，実際にESGに対応して事業を進めれば，SDGsで定められている目標のいくつかを達成しやすくなるのである。

Keyword

SDGs

　Sustainable Development Goalsの略で，持続可能な開発目標のこと（17のゴール，169のターゲット，232の指標）。2015年国連サミットで世界共通の目標として採択された「持続可能な開発のための2030アジェンダ」であり，世界中にある環境問題・差別・貧困・人権問題といった課題を誰1人取り残さないで，2030年までに世界のみんなで解決する計画・目標。5つのP（「人間（People）」「豊かさ（Prosperity）」「地球（Planet）」「平和（Peace）」「パートナーシップ（Partnership）」）に対する17のゴールがある。

企業は，人類の持続可能性に関する世界的な目標に合致する事業展開をすることで，社会に受け入れられ，より多くの人々に選択されやすくなり，結果としてサステナブルな企業になっていくことができるという考え方が増えつつある。

（2）継続する力

　創業から一定の成果を上げる段階に至るまでは，長期的な目標に向かって，めげずに一歩ずつ前進する強い覚悟が必要といえる。そのため，他人からの心ない陰口や親しい人からの心配する言葉がたとえあったとしても，諦めず，途中で挫折しない情熱，熱意，執念などが事業を継続するための重要な創業者としての資質となる。

　名経営者に事業の成功の秘訣を聞くと，多くの方が「**事業が成功するまで続けること**」と答える。これは単純明確な答えであり，誰でもそうありたいと思うかもしれないが，なかなか現実的には難しいことである。あらゆる苦難，ヒト・モノ・カネが不十分な中でも何とか事業を続けることは相当大変なことであり，やり続けられた人だけが成功に到達する。やはり，パーパス，ビジョンに向けて諦めずに挑戦する努力とともに，実現のための創意工夫を常に心掛けることが，新たな事業をブレークスルーするために重要である。

（3）経営チームビルド

　一緒に働く人たちには，厳しいだけでも優しいだけでも事業はうまくいかないものである。創業者としての一貫した強い主張を伝えつつも，**チームワーク重視**をいかに浸透させていくかが重要といえる。

　その際，強い自己主張が必要になるが，説得力がありつつ独善的ではないことが，**社内の賛同**を得ることにつながる。仮に，私利私欲が見え隠れして，経営者のためだけの事業展開と思われたら，人心は離れていく。

　将来の方向性を社内で共有できたら，決めたことを実践するためにリーダーシップを発揮するとともに，一緒に動けるよいチームメンバーを組成できれば，事業を良好に推進でき，成功する確率を高められる。そのためには，起業当初から社内での人間関係作りに注力し，各自の個性，性格に沿ってコミュニケー

ション方法を工夫しながら，目標に向かって**ワンチーム**となるように協調体制を築き，**チームプレー**を大事にして事業に臨むことが重要である。

（4）マーケット感覚

　一定の技術力やサービス力があっても，自己満足だけでは事業の成功は難しく，事業展開において「市場創造力」と「市場突破力」が必要になる。

　「**市場創造力**」とは，特定の市場を見出して集中的に短期間で事業展開を拡大することで，一定の存在感をマーケット内で確立し，競争優位を確立していく企業努力である。

　その特定の市場とは，例えば，既存市場は歴然と存在しているが，その中で顧客ニーズが満たされていないモノやサービス，または大手企業が手掛けていないニッチな新しい事業領域などである。従前から上位企業の存在する既存の安定市場であれば，スタートアップ／ベンチャーがそこで成長するのは通常困難であるが，何らかの競合優位を確立するような市場創造ができる事業構想を起業家が持っているのであれば，勝算がある場合も出てくる。また，ニッチ市場が見つかったのであれば，積極果敢に事業展開することは十分ありうる。

　もう1つの「**市場突破力**」は，短期間で創意工夫を行い，事業領域や経営資源の配分を切り替える経営判断を即断即決していく力である。

　中長期的には，パーパス，ビジョンに沿う行動が最も重要であるが，日々の企業行動としては，市場ニーズや変化に沿って朝令暮改も是とする考え方が必要になってくる。前述したリーン・スタートアップやPIVOT経営なども短期的な突破力を導く手法と相通じる考え方であり，スタートアップ／ベンチャーが早期に事業を成長させるために役立つ手段である。

　一般的に，既存の大手企業は現在の事業展開を保持，温存したい組織風土を持ちやすいため，新しい市場の創造や既存市場の変化に二の足を踏み，機会損失を生じさせやすい。その弱点を衝いて，新たな起業家は，市場創造力や市場突破力を持って短期間で事業展開し，既存勢力に先んじて市場でのチャンスをつかみ，新市場で事業が成功するように**経営のスピードアップ**を心掛けるべきである。

　賛否両論あるが，欧米のスタートアップ企業や中国企業の多くは，市場投入

のスピードや価格競争力を重視して，現時点で投入可能なモノやサービスを販売し，顧客からの意見を精力的に取り込んでどんどん改良していき，早い段階で上位の市場シェアを確保する傾向がある。一方，日本企業は几帳面に物事を捉え，スピードや採算よりも業界内で最もハイエンドなモノやサービスの提供を目指す傾向があるため，その間に，他国の企業に市場を席巻されるという悪い実例が生じやすい。

　やはり日本企業も，ハイスペックでなくてもいいので，短期間でモノやサービスを市場投入し，市場で一定の影響力を持つことを最優先に考えた事業展開を真剣に検討すべきであると考える。まずは市場シェアを取り，顧客ニーズに応じて徐々に改良・見直しをし，後々，ハイエンドなラインナップも整えていく事業展開が国際競争の中では不可欠といえる。

（5）適時のリソース確保

　事業展開を想定どおりに進めるためには，必要な資金，人材，設備，ノウハウなどのリソース（経営資源）を効率的に備えていくことが不可欠である。成功した起業家の自叙伝などによれば，それらのリソースを整備する際には，起業家本人の自力や自社の努力以外にも，協力者と**素晴らしい偶然の出会いをする運**を持っている場合も多く，他力にはなるが，そういった強運も起業家としての才能，処世術といえるのではないか。

　ちなみに，ニデック（旧社名・日本電産）の永守重信氏は，「運気は努力で呼び込め，努力しても報われない時には運を貯めている時期，他人からの助言，批判，悪口は成長の糧と考えて努力し続け，失敗例を教訓に絶対やらないことを決め，変化に敏感になって運を逃さないようにすべきである」と，自著『運をつかむ』（幻冬舎新書）などで述べている。

　起業家になるのであれば，事業展開だけに注力するのではなく，事業構想を外部の支援者に語る**対外コミュニケーション**を積極的に行い，よい出会いを多くするなど，**運を引き寄せる行動**を心掛けることも重要となる。事業展開に必要な情報収集，起業家の努力，魅力，個性，人間力，人脈などを併せ持つことで対外的な信用が生まれ，何らかの外部支援を取り付けることができ，よい結果が現実に生まれていると考えられる。

　また，情報収集を幅広く進めながら外部の多くの賛同者を増やすためには，事業展開をする場所も重要であり，起業する拠点配置を見極めながら周到にリソースの手当てを進めるべきである。例えば，IPOを念頭に置く場合，現在，IPOを果たした会社は東京を中心に首都圏に本社がある会社が7割以上を占めているので，起業するには東京が好立地といえるのではないか。また，海外での好例としては，いわずと知れたシリコンバレー周辺のエリアは，圧倒的多数のスタートアップ企業がどんどん生まれている状況である。

　このように，米国ではシリコンバレー，日本では首都圏が，リソースを手当てしやすい場所で，かつ起業の支援者も多く集まるエリアであることは間違いない事実である。IPO関連の支援業者や専門家も当該エリアには多く存在するので，将来的にIPOを目指すのであれば，事業展開しやすいエリアで起業し，**頻繁にステークホルダーとリレーション**を持つのが肝要である。

　また，身近にステークホルダーや起業家仲間が集積しているので，彼らとの接触機会が多く，何らか触発されることも自ずと増え，さまざまな経営のヒントを得る機会が多くなるため，結果として，起業家としての成長もしやすい。

（図表3‐2） 首都圏，特に東京本社の企業のIPOが圧倒的に多い状況

2021年1〜12月	
全国IPO	125社
うち首都圏IPO	91社
首都圏比率	72.8%
うち東京IPO	84社
東京比率	67.2%

2022年1〜12月	
全国IPO	91社
うち首都圏IPO	73社
首都圏比率	80.2%
うち東京IPO	68社
東京比率	74.7%

※首都圏（東京，神奈川，千葉，埼玉）
※IPOの実績データから筆者自ら集計

　そのほか，欧州や日本以外のアジアでも，シリコンバレーを参考に起業しやすいエリアが整備され，スタートアップ企業を創出しつつある国が増えている。そのような中で，日本も上述のように首都圏は比較的IPOを実行しやすい環境にあるが，諸外国に比べるとまだまだ改善すべき点は多い。もっと日本でも起

業家が事業展開しやすい環境を整備すれば，欧米並みに起業が増える可能性は十分ある。この課題を早急に解決しないと，優秀な新たな起業家は日本よりもIPO環境が整備された海外に本社を設置するおそれもある。実際に，シリコンバレーなどで起業する日本人経営者もすでに出てきており，国境を越えてスタートアップの誘致合戦がもう始まっているといっても過言ではない。したがって，国内の起業を促進および整備する国や自治体の施策の充実強化は急務である。

② 起業家として知っておくべき事業展開

　最近，自社もスタートアップ企業になりたいと考える起業家は比較的多い。しかし，創業して成長するまでは社会においてまったく無名な存在であるので，顧客を着実に増やし，新たに役立つ人材を迎え入れ，投資家から事業資金を提供してもらう必要がある。

　そのため，起業家およびCFOには，事業構想の内容，社会に役立つモノやサービスであること，成長性がわかる合理的な事業計画などを**対外的にきちんと丁寧に説明できる力**が必要不可欠になる。実際に説明する際には，自社の事業構想の全体像をどう描き，何をすべきか，何をアピールポイントにするかなどをしっかり決めておくことが重要になる。

　そして，いったん決めた事業内容はいつでもどこでも誰にでも同じ話ができることも重要になる。なぜなら，そのステークホルダー同士が知り合いである場合もかなり多いので，それぞれへの説明が一貫していないと，事業内容が信用されなくなるからである。説明した内容が一貫していれば，対外的に企業イメージができあがり，賛同者が徐々に増えてくる。その後，友好的かつ協力的なステークホルダーが実際に現れたら，スタートアップ企業としてスタート地点に立つことができる。

　それでは，スタートアップ企業として事業を進めるにあたって，最低限知っておくべき内容について，以下で説明する。

（1）パーパス，ビジョンに根差した事業展開

　自社が社会に受け入れられるためには，自社の存在意義を明確にするとともに，将来の方向性を決めることが非常に重要となる。前述したとおり，単に業績をよくするだけでは企業として評価されず，SDGsやESGの**社会的ニーズにも事業展開が合致**していることが不可欠な時代になっている。そのため，パーパス，ビジョンを決める際には，SDGsやESGの観点からも点検して可能な限り関連性を持つようにしたうえで，最終的な方向性を決めるべきである。

　このように，当初に方向性を決めておけば，対外的に自社の事業展開をいつも同じように説明しやすくなり，ぶれない経営となりやすい。また，組織内部においても経営者の考えが浸透しやすくなり，同じ考え方を組織内で共有できる効果もあるため，**組織全体で規律的行動**をとれる可能性も高くなり，事業展開がしやすくなる。

　ちなみに，京セラの稲盛和夫氏が通信キャリア事業に進出した際の「動機が善で私心がなく，事業に邁進すれば，結果を問うまでもなく必ず成功するはずである」という考え方は示唆に富んでいる。実際に，第二電電（現KDDI）を創業すべきか最終決断する際に，**「動機善なりや，私心なかりしか」**と自問自答し，普遍的，つまりは社会貢献の観点から見て誰もが賛成できる事業か，功名や虚栄心を満たす自分の利益や見栄でないかなどを判断基準にしたと述べている。

　パーパス，ビジョンを決める際は，上記の考え方は参考にすべきと考える。

（2）効率的かつ効果的な経営行動

　スタートアップ企業は，投資家が増資を引き受けるまでは限られた事業資金を大切に使い，次の展開を待つことになる。増資が実現しても，投資家がモニタリングしているので，獲得した事業資金を一切無駄遣いすることはできない。したがって，限られた経営資源を有効活用して何ができるかを，周到に計画することが重要になる。

　その際，大きな失敗をしないように**短期的に必要な方向転換**をしながらも，事業を**スピード展開**することで，効率的かつ効果的な経営行動を心掛けるべき

である。つまり，リーン・スタートアップやPIVOT経営を実践してトライ・アンド・エラーを繰り返すことである。

　また，効率的かつ効果的な経営行動をうまく行うためには，大手企業を反面教師にすることもヒントになる。大手企業の場合，力があるゆえに全方位で実力を発揮したくなり，とかく自前主義や総花主義になる傾向にある。そうすると，資金力に物を言わせて，不慣れな分野や苦手な分野でも展開し続けるほか，新規事業にいろいろ進出することを繰り返しやすい。本当に力がある事業領域であれば成功するかもしれないが，多くは不採算事業となり，将来的に不良資産を増やすことにつながる可能性が高い。

自前主義と総花主義

自前主義

　モノやサービスを販売する際のすべての事業展開を自社グループ内で行うこと。取引のプロセスに他社が介在すると，獲得できる利益が他社に流出するため，極力すべて自社グループで展開するほうが全体の収益が最大化できる。また，他社との取引交渉が少ないため，事業展開のスピードがアップするという考え方からの発想といえる。

　しかし，最近は技術進歩や顧客ニーズの変化が激しいため，部分的な業務を専門に提供する企業も増え，すべてを自社単独でやると非効率でスピードも遅くなる可能性もある。自前にこだわらず，経営効率から判断して外部連携が有効であれば，他社を活用するべきである。オープンイノベーションが増えているのは，自前主義の限界が起点と思われる。

総花主義

　会社経営おいて，悪平等や集中の欠如につながる経営判断がはびこる組織風土をいう。事業の選択と集中の真逆の意味でも用いられ，一度始めた事業がノンコア事業であったとしても継続することを意味したりする。自前主義であらゆる事業を経営資源が続く限り展開し，組織全体が低収益化しているような企業にも当てはまる表現であり，企業が持続可能性を高めて稼ぐ力を最大化するためには，総花的な経営は回避すべきである。

　日本企業は失われた30年の中で生き残るために，事業の選択と集中をして事業構造を転換する優良企業が増え，総花主義を続けている企業はかなり減ってい

ると思われる。

　その点，スタートアップ企業は，そもそも資金力がなく経営資源も少ないので，限定的な事業展開にならざるを得ない。そこで，持てる経営資源を最大限活用できる事業への集中を常に心掛けるとともに，なるべく他力を活用することが効率的かつ効果的な経営行動には必要不可欠といえる。つまり，基本的には**得意な事業に集中**したうえで，事業展開に不可欠だが自社で行うとうまくいかない苦手な業務プロセスは，状況に応じて，その業務を得意とする他の企業へM&Aの手法でアンバンドル化し，**自社の業務負荷を減らすこと**が重要である。

　また，新規事業は慎重に検討すべきであるが，事業として選択している本業とシナジーがあるようであれば，グループ拡大のための事業の選択として，新たな事業への参入を検討することもありうる。その際，自社で一から立ち上げて参入するのは時間がかかり効率的でない場合も多い。そのため，大規模増資で資金力が拡大した段階で，その分野に強い他社のM&Aも視野に入れるべきである。

　つまり，自前主義や総花主義は採らず，M&Aなどを活用して，得意分野，独自分野に経営資源を集中することで，事業の強化，拡大をスピードアップしていくことが賢明といえる。確実な成長のための事業の選択と集中である。

アンバンドル（Unbundle）

　事業展開する際に不可欠な業務プロセスがあるが，そのすべての主要活動を効率的かつ効果的に運営できる企業は少なく，ましてやスタートアップやベンチャーではよくあることである。そのため，社内の主要な業務プロセスを活動ごとにバラバラに把握して検討し，非効率で効果的でない，無用なコストをかけているなどの判断となった場合は，躊躇せず，それら業務を専門的に行っている他社に業務委託するべきであり，その際に業務プロセスを分離することをアンバンドル化と呼ぶ。

　例えば，在庫管理，物流，営業，生産などで不得意な業務や高コスト体質な部

門がある場合，外部の専門業者に業務委託するほうが，本業や得意分野に経営資源を集中できる可能性が増える。また，分離される業務部門は，同じ業務を専門的に本業として展開している他社の企業文化に馴染みやすいといえる。キャリア形成もしやすい可能性があるので，分離はネガティブなことばかりではない。

　事業再編，リストラ，企業再生，外部連携をする際にも，アンバンドル化できる分野がないかについては，事業スピードや経営効率を上げるためにも検討すべきである。

　なお，自社にとっては，売却した部門は採算が悪かったはずである。しかし，買い手側は当該業務を本業として専門的に行っているので，すぐに収益化する手立てを打てる可能性がある。また，買収後は，成長著しい新進気鋭のスタートアップのサプライチェーンの一部を営業なし，コンペなしで独占的に手に入れて安定的に業務受託できるので，M&Aする効用が十分ある。

　一方，スタートアップ側は，不採算部門を切り離すことでコスト改善できるとともに，買い手側の専門サービスをすぐに受けられる効用がある。また，不採算部門を設備，部員も含めて丸ごと売却するので，リストラや清算を実行する手間が省ける効用もある。

シナジー（Synergy）　Keyword

　相乗効果のこと。複数で物事を行うことで相互に作用し合い，単独よりも効果や機能を高めること。ビジネスでも複数の企業が提携し，または，自社の部署間で協力することで，それぞれが単独で事業展開する以上に効果が出る場合をいう。お互いの弱い事業を穴埋めする，または，お互いの強い事業の取引チャネルや事業領域が異なるため，連携しても打ち消し合う部分が少なくプラス面が大きいなどが相乗効果の例として考えられる。原則として，WIN-WINの関係，双方にとって有益であるかどうかが，複数で協力し合う判断ポイントといえる。

（3）必要な資本政策の機動的な実行

　スタートアップ企業がベンチャー企業から一歩抜け出すのは，事業展開のよさはもちろん必要であるが，多額の資金の提供者を引きつける能力，すなわちプレゼンテーション能力も不可欠な要素といえる。なぜなら，パーパス，ビジョンが固まり，それらを事業構想にまとめることができても，投資家にその

よさが十分伝わる**プレゼンテーション能力**がないと，事業への理解を得るのは難しいからである。

　実際にプレゼンの功拙によって，結果に大きな差が出る可能性があるので，起業家は，説得力のあるプレゼンテーションを日頃から心掛けるべきである。起業家自身がしっかりプレゼンできる自信がないのであれば，早い段階で優秀なCFOを確保することが肝要である。

　プレゼンに際しては，事業構想を中長期経営計画にまとめ，その中で，事業展開のどの段階でヒトやモノがどの程度必要かを明確に示し，そのために調達したいカネがどの程度であるかを投資家に示せれば，説得力が増すことになる。

　会社にとっては，事業資金は必要な時に必要なだけ調達するのがベストである。投資家から賛同を得，手当てすべき時期と金額を予定できることは非常に重要である。ただし，**第4章**の資本政策の説明でも言及するが，第三者による増資引受けは経営支配権が低下する要因になる。必要額以上の資金調達ができれば，資金的に余裕が出てよいように思うかもしれないが，この点は留意すべきである。よって，成長のための研究開発投資，設備投資，人材投資などが必要な段階ごとに機動的に**必要な水準を調達**できるように心掛けるべきである。

　なお，投資家側もしっかりしていれば，事業の進展に沿って使途が明確にされた資金を必要に応じて提供したいと考えるはずである。資金のやり取りを通じて双方が理解し合えれば，信用されやすくなる効果もある。

（4）アントレプレナーシップを発揮した事業展開

　持続的な成長を実現する企業経営ができる起業家を考えると，やはり起業家自身の能力が重要であり，総じてアントレプレナーシップの強さが必要であるといえる。実際に，アントレプレナーシップをより多く持っていると，事業展開をよりよい方向に導ける可能性がある。

　よって，起業家自身もそれらの能力のいずれかを少しでも多く兼ね備えているか再確認するとともに，もし今後磨ける能力があればブラッシュアップする努力もして，万全を期して自信を持って経営に当たるべきである。

アントレプレナーシップ（Entrepreneurship）

　起業家的行動能力といわれており，発想力，創造力，問題発見＆解決能力，情報収集＆分析能力，チームワーク力，リーダーシップ＆サポーターシップ，コミュニケーション能力などが主に挙げられる。

　また，起業家のアントレプレナーシップの能力に加えて，事業に対する志や熱意も企業の成長には重要になる。多くの起業家は，創業期であれば事業に対する志や熱意などは少なからずあると思われる。しかし，長期間継続して持ち続けることができない場合も多いので，定期的にそれらの意思を確認して自身を鼓舞し，事業展開のあらゆる局面で**志や熱意を再確認する習慣**を身につけるべきである。

③　起業家として知っておくべき投資環境

　起業家は，投資家の投資方針や考え方をしっかり理解しておくべきである。
　一般的に，投資するタイミングを投資側にも企業側にもわかりやすくするために，事業展開の状況を「**ラウンド**」と呼ぶ段階に分けて共通認識することが多い。投資側から見ると投資ラウンド，企業側から見ると資金調達ラウンドになる。そして，事業展開が進む順番で各ラウンドをエンジェル段階，シード段階，プレシリーズ段階，その後に本格的な段階を状況ごとに，シリーズA，B，C，Dと進む場合が多い。
　エンジェル，シード段階までは，起業家の自己資金，内部留保，補助金，助成金，融資などでも事業展開できる場合が多い。この段階では，そもそも投資対象とみなされない場合も多い。よって，起業家自身でさまざまな資金手当てを模索して事業資金を確保するしかない状況ともいえ，仮に外部からの投資を実現できれば幸運といえる。
　プレシリーズ段階になると，一定の運転資金が必要になる場合が多い。つまり，提供するモノやサービスを，顧客の反応を見ながら改善するとともに，事

業の周知にも力を入れ始め，モノやサービスの最終化をするまでの期間といえる。ここまでに**第1章**で説明した成長の障壁が生じる場合が多く，次の段階に進めるかどうかの分水嶺になる。

シリーズA以降に入る前でも，事業の最終化，マーケティング，人員増などのために，事業展開次第ではあるが，通常は数千万円から1億円程度は最低でも資金手当てをする必要が生じる場合が多くなる。そのため，エンジェル，シード段階とは異なり，VC等の投資も活用する企業が多くなる。VC等としても，企業のモノやサービスの最終化が近ければ，その後の成長を見極め，投資対象になりうるかを判断でき，企業側と投資側が交渉のテーブルに着ける可能性が出てくる。

その後，**シリーズA**段階では，事業拡大のため，設備投資，販売促進，顧客拡大，新規開拓，人員増強，機能やサービスの追加・改善などの事業資金が多額に必要となるのが一般的である。事業展開の急拡大を目指すためのコストとして数億円かかる場合が多いので，VC，CVC，投資ファンドなど複数社との接触や交渉が本格化してくる。よって，事業計画を立案し，自社がどのような資金手当てが必要であるかを早めに検討すべきである。

次に，さらなる事業拡大を目指す場合は，**シリーズB**段階として数億から数十億円の資金調達が必要になる場合も多い。VC等の投資側としては，投資規模が大きくなるため，企業側に当該事業がしっかりマネタイズできるかどうかの検証を求め，交渉から投資決定まで数か月から半年程度かかるのが一般的なので，交渉は早めに始めるべきである。

シリーズBまでに調達した事業資金で成長軌道に乗れる企業もあるので，シリーズC，Dに至らないこともある。その場合は，事業展開として，数年内にIPOやM&Aを目指すことが多くなる。客観的に見て成長可能性が高ければ，IPOやM&Aによって時価総額が大きくなる可能性があるので，大規模な資金調達を実現できることになる。企業によっては，IPOやM&Aの前段階でさらなる成長，事業規模の拡大を目指してシリーズC，Dでの資金調達を計画することもある。

いずれにせよ，事業展開の想定はさまざまなので，**事業基盤の拡大強化，周辺事業進出，新規事業進出，海外進出**などについて経営判断していき，実行す

るタイミングや必要資金水準をよく吟味して，個々の企業で資金計画を適切に判断すべきである。

　なお，シリーズC以降の判断については，企業側がする場合もあるが，シリーズBまでの投資側が，IPOやM&Aを見越して企業側に提案することもある。なぜなら，事業資金を追加投入することで事業規模をもっと拡大させた後に，IPOやM&Aを実行することで，少しでも多額のキャピタルゲインを得ようとする投資判断もありうるからである。

　以上が投資の流れの概要であるが，資金調達を検討するにあたっては，投資のみでなく，**融資や補助金・助成金も選択肢として同時並行で検討**すべきである。なぜなら，投資では新たな株主が増えることになるため，既存株主の議決権が減るとともに，既存株主の株主権利が希薄化（ダイリューション）するからである。

　そのため，資金確保だけを単純に考えるのではなく，経営権の確保および今後のキャピタルゲインや配当，つまりは投資リターンの水準などの資本政策も慎重に考えて，投資以外の資金調達も選択肢として可能性があるのであれば，総合的に検討すべきということである。

Keyword

希薄化（ダイリューション，Dilution）

　増資などで発行済株式総数が増加することにより，1株当たりの価値が低下することをいい，「希釈化」ともいう。

　増資で自己資本が充実するので企業にとっては有効だが，株主にとっては1株当たりの利益（EPS）や配当が下がることになり，既存株主の株式価値が下がる可能性が高い。よって，増資による企業価値向上策の説明や，議決権を制限した優先株を発行することなどによって，希薄化が大きく影響しない何らかの対応が必要といえる。

　コーポレートガバナンス・コードにおいても，「支配権の変動や大規模な希釈化をもたらす資本政策（増資，MBO等を含む）については，既存株主を不当に害することのないよう，取締役会・監査役は，株主に対する受託者責任を全うする観点から，その必要性・合理性をしっかりと検討し，適正な手続を確保するとともに，株主に十分な説明を行うべきである。」と定められているので，増資等の際には十分留意すべきである。

4 起業家が知っておくべき周辺環境の動向

　日本経済の活性化や成長戦略のためにスタートアップ企業を増やすことは，政府，官庁，自治体，経済団体などが掲げる主な施策でも強調されており，実際にスタートアップ支援の仕組みや補助金・助成金の導入なども増えている。また，研究開発などを行う企業やオープンイノベーションへの税制優遇や政府からの資金調達支援，大規模な大学ファンドの創設などの施策も存在する。

　例えば，政府は2027年度までの「スタートアップ育成5か年計画」を打ち出しており，スタートアップ企業を10万社（現状1万社程度），ユニコーン企業を100社（現状6社程度），投資額10兆円（現状8,000億円程度）を目標にしている。また，経団連もスタートアップの裾野拡大の重要性を政府と同様に強調しており，内容として，現在よりも起業数を10倍（10万社規模），スタートアップ投資も10倍（年10兆円規模）に拡大することを提言している。その結果として，日本のユニコーン企業も10倍（100社規模）になることを提言している。

　一般的に，スタートアップ企業が一人前といわれるためには，いわゆるユニコーン企業になることが1つの目安といえるかもしれない。**ユニコーン企業の**一般的な定義としては，**時価総額10億ドル**を超える未上場企業である。世界には1,000社以上存在しているが，そのうち，1位の米国が500社以上，2位の中国が200社弱程度を占め，日本は10社にも至っていないのが実情である。

　世界のユニコーンの中にはさらに巨大化している企業の例もあり，最近では，時価総額100億ドルを超える未上場企業（デカコーン企業）が世界に50社弱あるといわれている。さらに，巨大化して時価総額1,000億ドルを超える未上場企業をヘクトコーン企業と呼ぶが，世界に数社しか存在しない。

　そのような中で，日本にはデカコーン企業もヘクトコーン企業も存在しない状況であるので，まずはユニコーン企業を増やすことに注力するしかない。社会的影響や日本の資本市場に与えるインパクトを勘案すると，スタートアップ企業の社数の増加よりも，こういった**企業規模や時価総額の大きなスタートアップ企業**，特にグローバル展開できるような企業が1社でも多く生まれるこ

とのほうが経済活性化に有効ではないかと思われる。

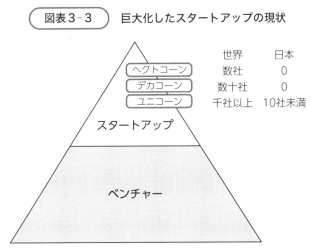

図表3-3 巨大化したスタートアップの現状

	世界	日本
ヘクトコーン	数社	0
デカコーン	数十社	0
ユニコーン	千社以上	10社未満

スタートアップ

ベンチャー

ヘクトコーン企業：スペースX（航空宇宙産業），Bytedance（TikTok運営）

日本の主な時価総額が高いスタートアップ企業の例
Preffered Networks，スマートニュース，SmartHR，TRIPLE-1，Spiber，TBM，クリーンプラネット，Mobility Technologies，GVE，HIROTスタートアップバイオサイエンスなど

　日本における現時点での政府，官庁，自治体の施策は，規模の小さいベンチャー企業などには非常に役立つかもしれないが，ダイナミックな動きをするスタートアップ企業を支援するには，インパクトが少し物足りない水準といえる。しかし，スタートアップ創出を日本に根付かせるためには，公的支援に頼るのではなく，民間のヒト・モノ・カネが国内外から大量に投入される動きも一段と高まることを期待すべきである。

　VC等の投資は，以前は1件当たりの投資規模が数千万円，多くて数億円というレベルが多かったが，最近では，数億，数十億円の投資を実現するケースも増えており，資金調達規模は徐々に企業ニーズに適う環境になってきている。資金の出し手も，VC，投資ファンド，CVC，金融機関グループによるプリンシパル投資，**年金，海外投資家**などバラエティになりつつある。

プリンシパル投資

　１つの企業グループが自己資金を使った直接的な投資をすることをいう。自己資金に加えて借入金で資金調達することもあるが，あくまでも投資先に直接投資を行う。投資ファンドは，個別の投資家から募った他人資金を投資事業組合として集め，その資金によって投資するので，投資方針や投資行動はまったく異なる。

　プリンシパル投資を行う企業グループとしては，証券会社，銀行，商社，不動産，業界事業会社大手などがある。

　投資回収時は，ファンドと異なり分配する先がないので，キャピタルゲインや配当はすべて収受できる。反面，投資が失敗した場合はすべてのリスクを引き受けることになる。非常にハイリスク・ハイリターンの投資法であるが，投資先と密接な関係を築きやすく，情報収集も頻繁にできるので，投資側にとっては，将来性があると判断した場合には，長期的な判断の中でグループ化も収益化も差配できる有利な立場を手に入れることになる。

　また，従来よりも海外投資家が増えつつある。その理由としては，海外投資家にも評価・理解できる事業構想の説明や数値データを示すとともに，英語対応もできる起業家やCFOが増加したことが挙げられる。海外投資家は，日本の企業の情報を入手し，海外の投資対象先と事業内容の善し悪しを純粋に比べることができるようになってきている。そのため，各国での投資環境も勘案しながら，日本企業に比較優位性を感じれば，投資対象として日本企業を選ぶことも十分にありうるという流れができつつあるということである。

　巨大な投資資金は世界を駆け巡っている。海外スタートアップへの投資が過熱し時価が高騰したり，投資規制が見直しされたり，株式市場の上昇局面が見通せないなどといったネガティブな投資環境が諸外国で起きると，日本への投資パフォーマンスが有利になり，日本企業が選ばれやすくなる。その逆もしかりで，投資環境は流動的なので，常に注視し，資金をゲットすべきである。

　このように，日本のスタートアップ／ベンチャーに対する海外からの投資がほぼなかった以前と比べれば，投資家の選択の幅も増え，投資環境が多様化していることは事実である。しかし，投資金額規模は，海外企業と比べるとまだまだ小さい。**世界のスタートアップ投資**は，年間で数十兆円といわれており，

日本の数十倍規模の投資環境であり，圧倒的な差が生じている。多額の資金調達を実現している日本のスタートアップ企業は増えているが，投資対象となる企業数も投資金額規模も海外のほうが桁違いに大きい状況が続いており，日本におけるスタートアップ企業数と投資金額規模のさらなる拡大が望まれるところである。

　なお，世界中にある**スタートアップ企業のうち急成長する事業分野**として注目されているのは，SaaS，フィンテック，ヘルスケア，ディープテック，AI，ロボット，ロジステック，MaaS，宇宙などに関連した事業といえる。

　日本でも，上記分野を本業にしている企業が徐々に創業してきており，注目を集めて投資家に大規模増資を引き受けてもらうスタートアップも増えている。それらの企業が今後の日本の経済成長を牽引し，世界でも勝負できるようになることを期待したいところである。

SaaS（サース）　　Keyword

　Software as a Serviceの略。自社のサーバー側で稼働するソフトウェアやアプリケーションをクラウド化し，インターネットを経由して顧客に提供し，顧客側は必要な機能，時間，回数などを選択して利用できるサービス。従来のパッケージ型ソフトウェアの販売モデルとは異なり，利用料金を課金するストック型のビジネスである。多くは，インターネット接続できれば，スマートフォン，Pad端末，PCなどいずれのデバイスからでも利用できるといった特徴がある。

ディープテック　　Keyword

　大規模に研究開発を行うスタートアップ企業であり，事業化・収益化までの期間が長く，かつ必要資金が大規模な場合が多い。日本だけでなく，世界に大きな影響を与えるような科学的な発見や革新的な技術に基づいて，経済社会の問題を解決する取組みを行う。よって，社会全体にとって大きな技術的進歩やビジネスモデルの大幅な革新改良をもたらす場合以外はディープテックの分類ではなく，従来からの研究開発型企業となる。該当する研究領域としては次のようなものがある。

人工知能，機械学習，ロボット／3Dプリンター／自動運転，空飛ぶクルマ／宇宙飛行，月面探査／クリーン電力，代替エネルギー／ゲノム編集，寿命延長技術／埋め込み技術，人間拡張／IoT，センサー，ウェアラブル／精密医療／ニューラルネットワーク／量子コンピューティング／ナノ・テクノロジー，合成生物学／没入技術，VR，ARなど

MaaS（マース）　　　　　　　　　　　　　　　Keyword

　Mobility as a Serviceの略。人々の移動に大変革をもたらす次世代交通システム。地域住民や旅行者1人ひとりのトリップ単位での移動ニーズに対応して，複数の公共交通やそれ以外の移動サービスを最適に組み合わせて検索・予約・決済等が一括で行える。観光や医療等の目的地における交通以外のサービス等との連携により，移動の利便性向上や地域の課題解決にも資する重要な手段を統合した仕組みといえる。

⑤　事業展開の方向を判断する時の考え方

　スタートアップ企業は事業展開上，次々にチャレンジングな経営行動について判断しなければならない局面が生じてくるものである。そのような節目で判断しなければならないときの大事な考え方が5つある。迷った時にこの考え方を判断材料としてすぐに思い起こし実践すれば，事業展開にプラスとなりうる。

（1）チャンスのある時には一気呵成に行動する

　アンテナを立てて常に機会を窺い，チャンスとみれば**タイムリーに行動**すべきである。一瞬の躊躇いが将来の事業展開に大きな差をもたらす。経営には他社を圧倒するスピードも重要である。
　一定の市場内ではイス取りゲームと同様にチャンスを勝ち取ることは極めて限定的であるため，先手必勝を心掛けるべきである。

（2）リスクや失敗を恐れず冷静沈着に行動する

　これは，いわゆる無謀な行為とは異なり，失敗を恐れずに妥当な範囲でリスクを取る覚悟がないと真の成長は手に入れることができないということである。
　仮に，他社がリスクと考える場合，競合相手が少ない可能性が高いので，十分に検討して**リスクテイクをして事業展開**できると判断したら，前に進むべきであり，リスクはチャンスに転ずると発想すべきである。

（3）成功するまで事業を続ける

　諦めない不屈の精神，愚直さがあれば，どんな試練があったとしても事業を継続することができる。たとえ暗礁に乗り上げても，再度の仮説検証を行い，必要な軌道修正は大胆に行いながら，トライ・アンド・エラーを繰り返していけば，時間がかかっても徐々に成功に近づき，最終的に成功を手にすることができる。
　世の中には続けることができず諦める人が多いからこそ，**継続できた起業家は成功**する確率が高まるといえるのかもしれない。

（4）一本足打法からの脱却

　創業時点では，大きく花開く1つの事業を追うだけで大変なエネルギーが必要である。そして努力の結果，事業が軌道に乗り，一本足打法を続けることは，一定の成功を収めた段階だと非常に心地よいものである。しかし，経営環境は変化するのが通常であり，所属マーケットの浮沈，需給サイクルの発生による売上増減，競合他社の台頭等が自社の業績に影響する局面が大半は生じる。したがって，ある程度の成長を実現したら，当初の事業をさらに成長させる努力と併行して**次の成長分野を模索**することがグループ全体の将来的な安定成長をもたらすことを理解し，実践を試みる考え方が重要である。
　そのためには，グループ全体に収益をもたらすさまざまな事業を手掛けることである。こうした経営手法は，複合経営，多角化経営，コングロマリット経営，ダボハゼ経営などと呼ばれる。
　異なるマーケットや異なる需給サイクル，競合がまだ激しくない今後の新産

業，自社が展開可能な新たなブルーオーシャン市場などを**新たな事業の柱**に打ち立て，進出，育成する事業展開が，安定成長には不可欠なのである。

複合経営，多角化経営 Keyword

　２つ以上の部門を組み合わせて事業展開する経営。事業には必ず栄枯盛衰の習わしがあるものなので，１事業への依存度が高いと企業グループとして持続可能性を高めにくいリスクがある。そのため，事業の柱を複合的，多角的にあえて立ち上げ，グループ全体でサステナブルな経営を続けるべきと考えられる。一般的に，１つの事業が全体の８割を超える展開は単一経営とみなされるので，自社がそのような状態であれば，他の柱を検討すべきといえる。

コングロマリット経営 Keyword

　コングロマリット（conglomerate）とは，異なる業種や業態をグループ内に複数抱える企業のことをいう。１つの業種であっても，異なる顧客層，異なる利益率，異なる需給サイクルなどの観点から，実態として異なるセグメントを複数手掛けているような場合も，広い意味で同一業界におけるコングロマリット経営をしている企業と見られる場合もある。

　最近のように経営環境の変化が激しく，売れ筋のモノやサービスがどんどん入れ替わる時代には，どんなに優れたモノやサービスでも盤石な状態を維持するのは難しい。そのため，経営上のリスクヘッジ，グループ全体の安定成長のために，複合的に成長分野を開拓して，それぞれの事業がグループに貢献するように最大限努力することになる。その結果として，グループ全体がマイナス局面に陥ることを回避でき，グループを安定成長に向かわせることができる。

　その際，お荷物になる事業を極力長く抱えず，可能性のある事業は複数手掛けてトライ・アンド・エラーを進め，将来性のある事業に経営資源をシフトすることになる。将来性がない事業は早いうちに見切りをつけ，後述するM&A等を活用してグループから外す等の経営判断も併せて行うべきである。常に成長要素を包含しつつ，グループ全体で筋肉体質を維持する展開といえる。

ダボハゼ経営

　企業がさまざまな事業に参入し，幅広く多角化させる経営形態をいう。ハゼ類は体に比べて大きい口で貪欲に何でも呑み込み，不要なものは吐き出し，より多くの必要なものを得る。それになぞらえて，多くの事業を手掛ける経営行動を指す用語として使われる。手段や対象を選ばず，ガツガツと飛びつく悪い経営行動の揶揄として使われることもある。しかし，複合的，多角的にトライ・アンド・エラーを推進する際には不可欠な考え方ではある。やみくもに何でも突飛なことを手掛けるのではなく，新たに進出，育成する事業は，既存事業や自社の持つ独自の強い技術・サービスと１本の線ですべてつながっていることがポイントになる。

　外部から見ると，表面的には何ら関連性がないように見える各事業も，すべてが既存技術・サービスの応用範囲として有機的につながった事業展開であれば，成功確率は高くなるはずである。

（5）攻めの経営の勘所

　昨今，多くの企業は既存事業に甘んじて小さくまとまってしまい，果敢な借入れや増資をせず，内部留保を貯め，自己資本比率を高止まりさせるような守りの経営に陥っているようである。当面の企業の存続のためには立派な経営方針といえなくもないが，結果として，PBR（株価純資産倍率）が１倍を割ったり，稼ぐ力がない企業とみなされてしまう。

　そうした現状を打破するために積極的に**経営を複合化，多角化**する際には，それぞれが自立した事業となり，それぞれが稼ぎ頭となり，お荷物事業にならないことが重要になる。そうでなければ前述した総花主義的な経営となり，徐々にグループ全体が弱体化する要因を生むことになるので留意すべきである。

　一方で，攻めの経営として自社の成長のためにトライ・アンド・エラーを進めれば，当初は赤字展開となることも往々にしてある。いかに**健全な赤字部門**と判断するかは，その部門の事業に将来性があるか，自社の体力で当該赤字に耐えられるか等を徹底的に吟味すべきであり，その能力と努力が経営者には不可欠である。

第 4 章

マネジメントの主要論点

① 起業家自身に不足しがちな経営知識

　当然ではあるが，ベンチャー企業は上場企業に比べて，日常業務の処理体制について，人員の経験やスキルに不安定要素を抱えている。その不安定要素は内部統制の不備を招きやすく，経営の根幹を揺るがす問題に発展する可能性もある。起業家自身も，特に管理体制に対する知識が少ないために，どうしてもそれに関連する課題が多くなる。

　経営に関する知識のうち，特に起業家に不足しがちなのは，以下の3つの観点である。

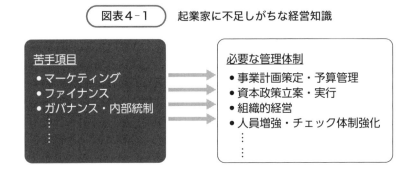

図表4-1　起業家に不足しがちな経営知識

(1) マーケティングに関する経営知識

　販売広告やマーケティングの知識が少ないと，戦略的な事業展開ができず，よいモノやサービスが用意できても，十分な販売機会を得られない。まずは経営環境について徹底的に理解したうえで，販売やマーケティングに関する方針を立て，それに基づいた事業計画の策定や予算管理を行うべきである。マーケティングに関する知識に基づいて自社の事業構想を対外的に説明できれば，経営者としてのレベルが上がるはずである（**第1章③（4）**「事業領域の選択」，**第3章①（4）**「マーケット感覚」等を参照）。

（2）ファイナンスに関する経営知識

　財務やファイナンスが得意でなければ，投資家などに事業を数値化して上手に説明できず，成長に応じた資金調達の合意を取り付けられずに事業機会を喪失しやすい。したがって，事業計画の立案や予算管理の知識に加えて，資本政策の立案の仕方や投資家が自社に求める経営指標の主なものを理解すべきである。その経営知識に基づいて自社の資金ニーズをCFOとともに数字を用いて説明し，投資家をはじめとしたさまざまなステークホルダーの賛同を得ていくべきである（本章で後述する管理体制，資本政策，資金調達に関する経営知識のほか，**第3章3**「起業家として知っておくべき投資環境」，**第8章1**「上場企業における健全な経営」等を参照）。

（3）ガバナンスおよび内部統制に関する経営知識

　ガバナンスや内部統制を経営者が重視しないと，社内の管理レベルが上がらず，組織的な経営ができないため，結果として不祥事が起きやすい。したがって，従業員個人のスキルだけに頼らず，間接部門の人員を適正配置して組織的な管理体制を整備し，成長に応じて増強すべきである。

　さらに，内部統制を整備し，業務プロセスで必要なチェック体制を整えるとともに，不祥事の発生するメカニズムやその事前防止策なども理解して社内体制の見直しを心掛け，起業家自身の管理に対する考え方を強化させるべきである（本章で後述する管理体制に関する経営知識のほか，**第5章3**「IPOを通じた管理体制強化や経営課題解決」，**第8章4**「不祥事の発生メカニズム」等を参照）。

②　社内の管理体制に関する経営知識

　社内における管理体制を整備し管理を強化することで，多くの経営課題を解決でき，事業継続の根幹を整えることができる。どんなに傑出した起業家でも，管理体制を疎かにすると持続的に成長できないといった例は，過去にもよくあ

るので留意すべきである。

　創業間もない段階では，人材，作業負担，コストなどの観点から，万全の管理体制を目指すのは難しい。しかし，起業家としては，急成長をする前に一定の水準まで管理体制を整えておかないと，管理体制の不備が成長の障壁になる可能性が高い。したがって，成長段階といえども，管理体制全般に関する考え方や整備ポイントは理解しておくべきである。

　管理体制の詳細な内容を述べることは本書の趣旨に合わないので，以下では主要な経営課題と解決のヒントについて説明する。特に，経営の根幹に関わる**不祥事回避**や**業績管理**のポイントは押さえるべきなので，資金管理と利益管理に関する体制整備については強調して説明する。

（1）管理体制全般の整備ポイント

　ベンチャー企業は事業展開と管理体制の構築とでは，前者を優先する場合が多い。そのため，人員の大半は対外的な事業展開に投入されることが当たり前になりがちである。

　しかし，管理体制の構築を疎かにすると，各自の管理レベルはまちまちとなって，脆弱な業務体制による人的ミスや不正が生じやすくなり，起業家は正確な経営データを把握できなくなり，正しい経営判断ができなくなる。したがって，真の成長を目指し，組織が急拡大することを前提に考えれば，成長する前段階で適切な管理体制を作ることによって，各業務を牽制・チェックする仕組みを最低限整えるべきである。

　よくある悪い例として，業務量や管理レベルがアップしたのちに切羽詰まって人材を確保することが意外に多い。この場合，適材がすぐ見つからない，また，現人員に過度な負担がかかり，離職され，さらに体制が脆弱になるリスクがある。そのため，事業計画に沿って，事業拡大を見込んだ要員計画を実現すべく，最低でも1年前倒しで人員確保をするなどの経営方針を打ち出すべきである。

　仮に，事業拡大の中で重大な不祥事が起こると，対外的な企業イメージの低下につながり，インシデントに緊急対応するコストや作業時間で大きな負担が生じ，結果として，事業展開に悪影響を及ぼすので，平時から体制整備に十分

留意すべきである。

　また，成長段階に応じて管理体制の見直しを常に検討し，管理体制のステップアップ，強化を図るべきである。一般的に，規模が大きくなってから従来の業務処理の仕組みを改善するのはかなり煩雑な作業になり，担当者から大きな反発が出る可能性もある。

　よって，組織の規模がまだ小さいうちに，業務処理を標準化する改革をしておくのが肝要である。ITベンチャーや大学発ベンチャーなどで創業間もない組織的でない段階では，標準化は時期尚早かもしれないが，従業員が数十名から100名程度の段階で改革を進めないと管理体制の不備がその後の成長の障壁になる可能性もあるため，留意すべきである。

　さらに，ITシステムの新たな導入も，必要に応じて早めに行うことも重要である。システム化する業務を増やすことで，人為的なミスを減らすことにつながるはずである。また，従来の労働集約的な作業をシステム化すれば，その作業が事業拡大により膨大に増えても，人員を増やさずシステムで対応できるようになる。つまり，システム対応に切り替えておけば，事業拡大で業務量が増えても管理人員が比例的に増大することを抑制できるので，システム導入効果は大きいといえる。事業拡大が著しい企業ほどデータ量も当然多いので，システム化するメリットはさらに大きい。

　なお，システム化の費用と人件費の増大の採算を比較検討できることも，経営者の判断として重要になってくる。その際，**DX人材**を経営幹部として採用し，業務処理**データの正確性と迅速性**のアップや労働集約型作業のIT化による**人員拡大の適正化**などを進めるなど，経営効率を上げるシステム整備にも着手することも必要な場合が増えている。

（2）資金管理の体制整備ポイント

　スタートアップ企業は，初期段階から一時的に億円単位，十億円単位といった多額の資金調達をできる場合が多いが，通常は少人数で経営しているため，資金管理は経営幹部の1人に任せられていることが多い。これでは，管理体制としては非常にリスクがある。また，起業家自身が金庫番のようになって，金融機関とのやり取りや資金管理も**すべて1人で行っているケース**も多い。この

場合，他の経営幹部に横領されるリスクはなくなるが，本来は組織的に資金管理を行い，起業家自身は事業展開に集中できる環境が望ましいので，やはり経営上は課題となる。

したがって，資金管理体制を組織として整備して，**横領等の不祥事**が生じないようにすることが必要不可欠である。不祥事を防ぐには，実務上，必要な時

> **図表4-2**　資金管理における従業員不正の防止策

次のような仕組みを整備して体制を強化すべきである。

① 人事ローテーション
　同じ担当者が長期間異動なく資金管理をしないようにする。
② 強制休暇期間の制度化
　不正する本人は，発覚を恐れ休まない傾向があるので，休暇期間を強制的に作り，休暇中に代理処理や外部照会等で不正がないか確認する。
③ 経理と財務の職務分離
　入出金を帳簿に記帳入力する人と現預金を動かす人は，担当者を分けて配置しないと，不正が起こりやすい。
④ 支払決済の厳格化
　承認決済する場合は，上司が必ず内容を確認すべきである。
⑤ 通帳と印鑑の分別管理
　一連の預金払出手続が1人でできないようにすべきである。
⑥ ファームバンキングの入出金記録確認やログ管理
　預金管理をシステム上で行う場合，入出金やログ履歴をシステム上で上司が確認し，異常な動きがないか定期的に確認すべきである。
⑦ 預金管理者以外による銀行残高確認実施
　決算など一定時点で銀行から預金残高証明書を入手する手続を，預金管理担当者以外が行うことで，偽造等のリスクを回避する。
⑧ 内部通報の制度化
　複数の人間が資金担当者の業務を垣間見られるように配置し，不穏な動きや電話のやり取りの気配に気づくようにし，通報を制度化する。
⑨ 内部監査の実施
　担当者を配置するコスト負担は大きいが，業務プロセスに関係しない人がモニタリングする効果は大きい。IPOする際は上場審査上も必須となる。
⑩ 監査役監査の実施
　内部統制の仕組みが実際に不正を発見できるように整備されているか確認し，是正措置などを提言する。内部監査との連携も重要である。

だけ適切に資金を動かし，それ以外の時は不正を企む社内の者が資金を動かせない仕組みを構築できるかがカギとなる。

　実際には，各社で創意工夫して資金管理の体制作りをするしかないが，横領等が起きにくい仕組み作りを段階的に進めるべきである（**図表4‐2**参照）。

　そのほか，顧客と対面で現金を扱う現場が多い企業では，従業員による現金やレジ現金の横領がありうる。また，購買や経理を担当する従業員が個人的な費消や物品横流しをして不正支出をする横領もありうる。いずれも，横領金額は組織を揺るがすほどにはならない場合が多いが，発覚した場合は，横領した従業員の人生を狂わすことにもなる。このとき，確実な内部統制があれば，不

図表4‐3　現場における横領を極力防ぐための内部統制

① 現金管理

　現金実査（金種別）を原則毎日行わせ，実査表および現金過不足などを現金管理者が作成，報告し，上司が承認することで日次処理する。

　手元現金を極力減らし，仮払経費精算を制度化しないなどの工夫も必要である。立替精算を制度にする場合は，システム上で経費申請をし，実際の精算は預金口座経由ですべて行うべきである。

② レジ現金管理

　小売業や飲食業は店舗ごとにレジ現金がある。これも原則として現金実査を原則毎日行わせ，実査表および現金過不足などを店舗責任者が作成，本部にレポート報告し，本部が承認することで日次処理する。

　実際の売上現金は，翌日のレジ釣銭用現金以外は日次で銀行預金に預けさせるなど，常に手元現金残高を極力減らす管理が必要である。

③ 経費管理

　購買や経理を一手に担える担当者がいる場合，以下のような横領不正が生じやすくなるので留意すべきである。

- 実際の取引のない口座を設定し，社内手続を適切に行って，不正口座に振り込んだ預金を当該担当者が一括管理，流用する横領の手口がある。よって，取引口座の実在性を上司や他の管理者が定期的に確認する仕組みが必要である。
- 架空取引先ではなく，実際に備品などを購入している取引先を不正利用して，購買手続はルールどおり進めて支払は会社が行い，購入した物品を個人利用する横領がある。よって，支払承認時に上司が内容を確認するとともに，購入後の物品の検収承認時に現物を確認し，資産管理番号を付したラベルを貼付するなどの対策を講ずべきである。

正に手を染めることもなかった可能性もある。

　組織としては，そのような事態に至らないように，原則として**性悪説**に立って不正を行えない仕組みを作る責務がある。したがって，現場における横領を極力防ぐための内部統制を最低限構築すべきである（**図表４-３**参照）。

　以上，資金管理について説明してきたが，不正全般に対する管理の仕組みはもっと広範に追加的な措置が必要である。

　また，資金横領とは異なり，企業が決算内容をよく見せるために**架空取引**などを行ういわゆる不正会計もある。これについては**第８章④**『不祥事の発生メカニズム』で言及する。

Column　**資金管理における不正**

　成長を期待されてIPOする前に多額の資金調達を実現した大学発ベンチャーで，数十億円もの資金横領が発覚した。不正行為の内容は，資金管理を一手に任されていた管理担当の取締役が，個人名義の銀行預金口座に多数回にわたって振込送金することで横領していたというものである。横領の動機は，当該取締役が個人的にしていたFX取引で多額の決済資金に窮したためであった。当該取締役は横領を実行する際，不正行為が発覚しないように，会社の預金通帳のうち当該取締役に振込送金した部分について通帳の写しを改ざんしていた。

　本事案は，資金管理の基本的な内部統制の不備によって発生した不正といえる。管理部門が脆弱かつ少人数で運営されている場合であっても，特定の幹部だけに業務権限が集中することで内部牽制がまったく機能しないような業務の流れは絶対に避けるべきである。スタートアップ／ベンチャー企業は，CFOなどへの業務権限の集中を回避する職務分掌，預金や印章の管理，内部監査の実行などを徹底して，不正が生じないように会社として管理体制を強化すべきである。

（３）利益管理の体制整備ポイント

　利益管理体制を構築すれば，中期経営計画に基づいて外部協力者に示す経営データを整備できるので，将来の成長性も含めて**事業説明**をしっかり行うことで大規模な資金調達を実現し，事業を加速することができる。仮に，外部説明のための経営データを整備できなければ，事業内容がいくらよくても友好的な外部協力者を得られず，スタートアップの仲間入りができない可能性が高くな

るので十分留意すべきである。

　ベンチャー企業は毎日ほぼ繁忙状態にあるため，がむしゃらにとにかく頑張るという経営スタイルになりがちではある。しかし，それでは真の成長は望めない。やはり，持続的な成長を進めるためには，中長期経営計画・事業計画，予算管理などの利益管理制度が欠かせない。では，これら一連の策定プロセスは，どう考え，進めていけばよいか。

　まず，起業家の志や熱意から事業構想を練って，初期段階でパーパス，ビジョンを真剣に考えるべきである。そして，**第3章図表3-1**のように，**パーパス，ビジョン**に沿って，それらを実現するための**中長期経営計画**（加えて各年度のアクションプラン）を策定し，達成までを時系列的に毎期イメージできるように各年度の事業計画の中で事業別・部門別に**具体的な行動計画**を立案する。それらの実効性を高めるためには，直近1年間の業績予想について単年度の**事業計画**を立案し，その年間計画を**月次予算**に分ける。そのうえで，毎月の月次実績と予算とを比較検討して，**予実の乖離原因**を分析して，改善点があれば次の**改善施策**に織り込むことで予算管理をする。

　このように，PDCAを繰り返すことが利益管理上も非常に有効になるので，毎期改善向上を進めるためにも，実務上は必ず採用すべき経営手法である。

PDCAサイクル

　PDCAサイクルは，製造ラインにおける品質管理手法を構築したウォルター・シューハート，エドワーズ・デミングらによって提唱され，シューハート・サイクルまたはデミング・サイクルとも呼ばれる経営手法である。事業活動をマネジメントするには，会社として事業計画を策定し，実践した内容と計画を比較検討して，その検討結果を踏まえて次の組織行動を実施する必要があり，その一般的な流れが，Plan（計画），Do（行動），Check（確認），Action（指示）となる。PDCAは，仮説検証をしながら適切な判断をして軌道修正もする事業展開のため，大失敗をしないプロセスともいえる。

　実行プロセスとしては，計画を立て，それに基づき実行し，行動結果を確認し，改善点を特定し，次の具体策を指示するというPDCAサイクルを繰り返し，最終目標に近づいていくことになる。このプロセスを短期間に個々の組織活動で取り入れ，P→D→C→A→P→D…（続く）と回し続けていくことで，大やけどを

しないように事業展開を進めていく。

　これは，リーン・スタートアップやPIVOT経営をする際にも活用するマネジメント手法である。

① 利益管理を初めて実施するヒント

　利益管理体制を整備してもすぐにうまくいかないが，整備しなければ，恒久的に事業展開の善し悪しの判断予想ができないままである。よって，まずは計画を立てて数値化し，管理が軌道に乗るまでは，計画した予算と実績として集計された数字とをとりあえず比較し，その乖離が大きくても予実分析をやってみることから始めることである。そして，**大きな乖離**がなぜ生じ，なぜ予測できなかったのかを**徹底的に原因究明**し，予想が甘かったのか，想定外の事態だったのかなど**原因別に乖離理由を色分け**してみることである。

　最初のうちは予測精度が悪くても，繰り返し地道な原因分析を行って精度を上げるしかない。そうすることで，徐々に**将来予測ができる管理体制**に移行できるはずである。

　なぜ予想が外れたかを検討することは，次の計画立案時のノウハウに必ずなるので，諦めずに何回も繰り返すべきである。月次の予実分析であれば，1年経てば，そのトライ・アンド・エラーを12回繰り返すことになり，ノウハウが溜まらないはずはない。

　さらに，管理レベルを上げるためには，自社の内部環境だけでなく，外部環境も幅広く把握する努力を行い，起こりうる事態をいくつか事前に想定できるようになるべきである。

② 利益管理を実践展開するうえでの留意点

　利益管理体制が整うと，PDCAに沿って改善実行を毎月繰り返し，毎期予算達成を確実に管理できるようになり，パーパス，ビジョンの実現可能性を高めることもできる。そして，結果として，最終的な目標に徐々に近づくことができる。

　つまり，当初描いた将来の姿に近づいていっているのか，実現速度は見立てより早いのか遅いのかなどを明確に理解した事業展開が毎月，毎期できるよう

になり，失敗するベンチャーにありがちな成り行き経営とは一線を画する企業になることができるのである。

　なお，PDCAを通して数値データを正しく経営行動に活用できるようにするには，実際の企業活動を**事実どおりに集計**し，集計結果の分析等を適切に行える管理体制が不可欠である。そのためには，一定の内部統制の構築が必要になる。つまり，販売，購買，生産，研究開発，設備投資，諸経費などの発生についての承認や資金の動きを正確に財務情報として把握する仕組みを整備すべきである。その際，管理人材の強化とともに，単純化，標準化，効率化できる業務処理については，IT対応の業務アプリやシステムを積極的に導入すべきである。

③　資金調達に関する経営知識

　企業が成長するためには，起業家の志や熱意や経営力が必要であるが，事業構想どおりに成長していくためには必要な資金を手当てすることが不可欠なので，資金調達の状況や流れをよく理解しておくべきである。

　実務上は，経営資源を手当てするための資金調達ばかりでなく，急成長する場合には業種にもよるが，**営業運転資金**が大きくなる可能性がある。その場合，売上代金回収の前に多額の事業資金が常に必要になるため，あらかじめ多くの資金調達をして資金需要に備えることが必須になる。その準備を怠ると資金繰り悪化を招くことになり，事業拡大が急ピッチ過ぎて黒字倒産というリスクもあるので留意すべきである。

黒字倒産　　　　　　　　　　　　　　　　　　　　　

　モノやサービスを販売して経理上は利益が計上できても，資金繰りの帳尻が合わずに，必要な資金の支払金額が不足し，倒産すること。損益状況だけではなく，資金繰りとして入出金状況を的確に把握し，キャッシュフローがマイナスにならないように管理することを心掛けるべきである。

　急成長する場合，売上が急激に伸びると，売掛金（販売済み未回収金額）や在庫（仕入代金支払済み未販売金額）などが大きく膨らみ，損益的には売上も利益も計上されるため黒字になる。しかし，買掛金や借入利息，給料などを支払う際には多くの販売代金がまだ回収できてない状態に陥りやすく，支払ボリュームに入金ボリュームがタイミング的に間に合わなくなりやすい。こうして，結果として資金繰りが追いつかず，倒産に至るリスクが生じる可能性が現実にある。
　営業運転資金（売掛金＋在庫－買掛金）が比較的大きいビジネスモデルの場合には，毎月必要資金の手当てが頻繁に生じるので，十分な資金確保とともにキャッシュフローの動きに注視すべきである。

　このように，**成長のためにはさまざまな資金ニーズ**が生じるが，企業が軌道に乗るまでCFOがいなければ，外部に資金協力を求める交渉は起業家自身の重要な仕事である。そのため，起業家自ら外部のステークホルダーに事業説明を行い，資金調達を実現する努力をすることになる。

　資金調達をスムーズに行えないと本業を落ち着いて行えず，資金調達のための対外交渉に奔走することとなる。その交渉期間が長期化すると，事業が疎かになり，起業家自身が経営のバランスを見失い，双方に全力を注げない悪循環に陥る可能性があるので，可能な限り短期決戦で交渉成立させることも重要である。

（1）段階別の資金調達手段

　資金調達には，事業拡大の段階ごとにいくつかの手段がある。自社の資金調達の準備を早めに始められるように，資金調達手段についてよく理解しておくべきである。

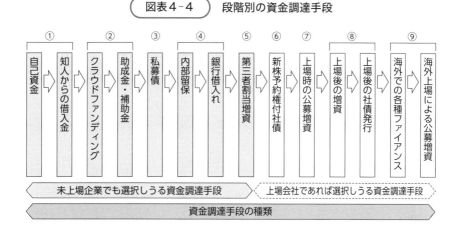

図表4-4　段階別の資金調達手段

① 創業間のない段階

　最初は，自己資金，知人からの少額での資金調達から始まる。起業家自身が創業前に別に稼いだ軍資金がある場合もある。

　また，最近はシリアルアントレプレナーといわれる第2の創業をする起業家も増えてきているが，そうした人たちは最初の企業を売却することで多額のキャピタルゲインを得ているケースもあり，その場合には，初めからスタートアップ企業に育てる事業構想がある場合が多い。

② 事業への賛同者が出てくる段階

　広範な支持には至っていないが，特定の顧客の賛同を得やすいモノやサービスを事業展開している場合，初期の顧客や周知活動を通して事業として社会的意義を評価してくれる賛同者や企業が現われる。そうした人々や企業からの外部協力を得る資金調達として，規模は小さいながらもクラウドファンディングという調達手法がある。それらの外部協力者は，現在のモノやサービスの積極的な購入や寄付など，次の事業展開のための事業資金の手当てにつながる動きをすることで資金支援することになる。

　また，社会に貢献するような事業であると国・自治体・大学などが賛同すれば，そうした団体からの助成金や補助金を得られる可能性も出てくる。

その他，事業説明会などのイベントに参加して優勝や上位評価企業となり，賞金を獲得して事業資金にするケースも増えている。

クラウドファンディング

　ネット上などで企業が事業プランを公表し，不特定多数の投資家から資金調達を行う仕組み。調達手法としては，寄付型，購入型，貸付型（ソーシャルレディング），投資型（ファンド型，株式型）などがある。

　日本での市場規模は，2014年頃までは200億円程度であったが，2014年の金融商品取引法改正により投資型クラウドファンディングがスタートしたこともあり，現在は2,000億円程度まで拡大している。一方で，海外での市場規模は桁違いであり，米国だけで1兆円以上，世界全体では10兆円以上に達しており，数年で20〜30兆円まで拡大する予想もある。

　なお，ベンチャー企業だけではなく，寄付型や購入型が中心ではあるが，資金難のスポーツ選手，自主制作映画，地域産品を扱う自営商店，ユニークかつスモールマーケットでモノ作りをしている製作者なども，クラウドファンディングを活用して活動資金を得ている例もある。

③　金融機関からの信頼を得られる段階（その1）

　業績がある程度上向きになるとさらに支援者が出てくる。例えば金融機関が，貸付けはできないが，少し利回りのよい**社債発行（私募債）**に賛同して，その社債を購入してくれる相手先を見つけ出してくれる可能性も出てくる。多少金利が高くとも，金融機関融資がまだ難しい段階であれば，資金調達ができるだけでも起業家にはメリットがあるといえる。社債については，償還期限はあるが，借入金よりは元本返済が長期になる場合も多いため，資金繰りを早期に心配しなくてよい副次効果もある。

　いずれにしても，社債は現実的な手法といえる。金融機関や社債の購入先のネットワークで外部連携先を紹介してもらえる可能性も出てくるので，有効活用すべきである。

④　金融機関からの信頼を得られる段階（その２）

　事業がある程度軌道に乗り，**内部留保**も積み上がってくると，事業資金として再投資できるようになる。また，そこまでの事業実績を金融機関に示すことで賛同を得られれば，**銀行借入れ**ができる可能性も出てくる。その場合，経営者保証が必要か否かで起業家の個人的な負担感が大きく変わるので留意すべきである（経営者保証については，**第２章⑤（５）Column**参照）。

⑤　VC等の外部の投資家が出てくる段階

　さらに，今後の事業の見通しが立ち，事業の成長について中長期経営計画を策定できるようになると，外部連携による増資引受けも視野に入ってきて，**第三者割当増資**が実現する可能性が生じてくる。

　この場合，自社の事業内容や中長期経営計画に対して，VC，投資ファンド，CVC，事業会社（事業連携または純粋投資目的）などの第三者から賛同を得て増資を受けることになるため，比較的多額の資金調達ができる。

　なお，前章で説明したように，スタートアップ企業の場合は，創業してかなり早い段階で対外的なプレゼンを行い，上記の②から④を経ずに大規模な増資を実現する場合が多い（VC等の投資行動は**（２）**で後述する）。

⑥　IPO準備中の段階

　⑤までが未上場企業の資金調達手段であるが，将来IPOをする予定があると，資金調達手段は次のような選択肢も増えてくる。

　例えば，IPO直前に，公募増資よりも前に成長資金が必要になった場合，再度の第三者割当増資を投資意欲のある別の投資家から受けることもある。そのほか，増資引受先は見つからなくても，IPO後の安定したキャッシュフローの増加が評価されれば，社債として元本返還可能性も付く**新株予約権付社債**などのファイナンスも可能になる。

⑦　IPOする段階

　IPO時には，**公募増資**という形で資本市場から一定の増資を一般投資家に引き受けてもらうことができる。人気銘柄になれば未上場時の数倍の株価がつき，

多額の資金調達ができる可能性もある（IPO時の公募増資などについては，**第5章**で説明する）。

⑧　IPO後のファイナンス実行の段階

IPO後，上場会社として成長を続け，資本市場で評価されるようになれば，**追加の公募増資や社債発行**を実現できる場合もある。さらに，**海外投資家**などからも資本市場を通して各種ファイナンスを受けることができる場合もあり，豊富な事業資金を得ることでさらなる成長も視野に入れることができる。

⑨　海外上場の段階

日本の資本市場だけでなく，海外の資本市場でIPOをして公募増資などを行う場合もある。

しかし，**海外でのIPO**は，上場コストが日本より高いこと，外国語対応での膨大な資料や各種説明が必要になること，日本の資本市場と異なる法規制や取引所ルールを遵守するハードルが高いことなどが要因となり，選択肢にしにくいのが実情である。

これらの実務負担があっても，事業をグローバルに本格的に展開したい企業であれば，海外での知名度向上につながるので挑戦するメリットはある。

図表4-5　実際の増資引受先および投資実態

引受先については特に決まりはないのでさまざまであるが，以下のような引受先が多い。

- VC，投資ファンド，CVC ⇒ ニーズは高いが，欧米と比べて投資規模はまだ小さい
- 金融機関（銀行，証券，生保）⇒ 対外的な信頼性の向上，安定株主対策など
- 事業会社 ⇒ 外部連携関係の強化，安定株主対策，事業の信頼性の向上
- エンジェル，投資組合，投資倶楽部 ⇒ 日本ではまだ実績は少ない
- 一般投資家 ⇒ IPOにおける公募増資（第5章で詳述）

（2）VCや投資ファンドの行動パターン

VCや投資ファンドは，勘や閃きで投資するのではなく，起業家が本物であ

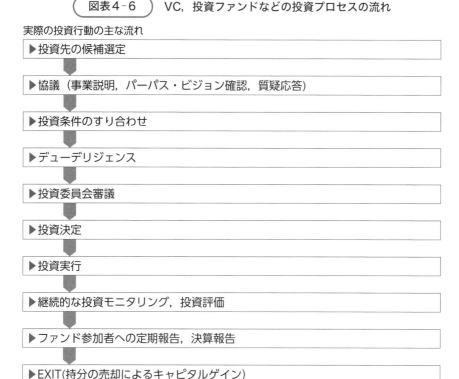

図表4-6　VC，投資ファンドなどの投資プロセスの流れ

実際の投資行動の主な流れ

▶投資先の候補選定

▶協議（事業説明，パーパス・ビジョン確認，質疑応答）

▶投資条件のすり合わせ

▶デューデリジェンス

▶投資委員会審議

▶投資決定

▶投資実行

▶継続的な投資モニタリング，投資評価

▶ファンド参加者への定期報告，決算報告

▶EXIT(持分の売却によるキャピタルゲイン)

るか，何か事を起こせる器かどうかなどを，最初の段階で瞬間的に見極めて投資するか否かを決定している。したがって，そのような能力が**ファンドマネージャー（投資担当者）**にないと投資に成功できないともいえる。

　とはいえ，そのような起業家の器だけで投資評価をするわけではなく，事業そのものに関する膨大な市場調査やデータ分析，過去の実績や類似会社の有無などを細かく吟味する。そして，徹底的に独自性や成長可能性を精査して成功するビジネスモデルかどうかを見極めて，**成長ストーリー**が描けることを確信して初めて投資判断を行う。

　投資方針としては，投資先の数を打つことで投資の成功確率を高めるということはあまりせず，投資対象をきちんと厳選するため，実際に選ばれるには，**自社の独自性や成長性**があることが必要となる。

① 欧米の状況

　欧米では，VC，投資ファンドによる投資対象の絞り込みはかなり厳格であり，例えば，1,000社あれば数社程度しか投資決定されないといわれている。また，1人のベンチャーキャピタリストは，年間数百人，多ければ1,000人以上の起業家の説明を聞いているともいわれるので，大半の企業は投資対象から外れていることになる。そのような激しい対象選定を経て，投資対象になった数社の中からスタートアップ企業が生まれるのである。

　起業家に成功，失敗があるのと同様に，VC，投資ファンド側にも成功，失敗が当然にあり，投資先がスタートアップ企業になれる確率も小さく，したがって，限られたVC，投資ファンドだけが大成功を収めることになる。**成功水準**についてはいろいろな考え方があるが，8年から10年で投資リターンが2倍，3倍になる，つまりは年間利回りが複利で10％以上，大成功する場合は20％以上になることが世界標準の目安といわれている。

　なお，最近のスタートアップ企業への投資は，VC間で競争が激化し，本来は厳守すべき基本方針である投資先への**事前詳細調査**（第6章⑤「M&Aの主な流れ」で後述するデューデリジェンス），**社外取締役の投入**，分相応な**適時の投資金額**などがおざなりになる傾向が顕著になっており，投資パフォーマンスが悪化している。

　スタートアップ企業としては，VCが上記の基本方針を徹底すると対応に苦慮するが，不祥事防止につながるとともに，双方にとって健全な流れになるので，投資環境の正常化に向けて基本に戻る仕切り直しが必須である。

② VC，投資ファンドの投資パフォーマンス

　現実には，大成功するVC，投資ファンドもあるが，ごく限られた存在であり，大半は投資主体として継続できない可能性もあるので，VC，投資ファンドの業界は極めてハイリスク・ハイリターンの世界といえる。

　資金量の豊富なVC，投資ファンドの中には，創業間もないスタートアップ企業だけでなく，**レーターステージ**ですでに成長が現実化し，高い株価であってもさらに成長する可能性が高いと判断したスタートアップ企業に対しては，投資リターンの効果を検証して投資決定する場合もある。これは，早期に投資

するよりはリターンは少なくなるが，失敗確率は低く，他の投資のリスクヘッジとして選択する現実的な投資行為といえる。実際，創業間もないいくつかのスタートアップ企業に投資する一方，レーターステージ段階のスタートアップ企業にも投資し，双方の成功確率と投資リターンの高低を組み合わせて投資パフォーマンスを安定的に手堅く高める方針を採るVC等も多い。

　よって，自社がすでに事業展開が進みレーターステージの段階でも，資金ニーズがあれば，増資引受先を見つけられる場合もある。

④ 資本政策に関する経営知識

　資本政策とは，最適な**株主構成**（株主数，株式数など），**株価**，**時価総額**，機動的な**資金調達**，必要な**経営支配権**，今後の株主の**株式売却益**などを総合的に考えて計画を立案することである。

　起業家は事業展開のことばかり考え，経営資源の確保のスタート地点といえる資金調達や，経営において今後もイニシアチブを取るための経営権の確保などを総合的に考える資本政策について，早いうちに真剣に考えていないことが多い。特に資金調達については，資金確保の目的を最優先して，株式移動や増資によって株主構成が大きく変化することを十分に吟味しなかったために，経営支配権が極端に減ってしまい，後々経営的に問題が生じることがあるので，経営支配権と資金調達のバランス（後記**（3）**参照）に留意すべきである。

　以下では，起業家が資本政策を計画する際に留意すべき事項について説明する。

（1）中長期的に業績を予想

　まずは，現時点から予想すべき一定期間の業績予想を行い，その業績数値に基づいて各期別に事業計画を組み立て，自社の一定期間の中長期経営計画を策定してみることである。実務上，決算書自体はある程度簡易ベースのもので構わないが，しっかりした根拠に基づき，売上と利益を予想すべきである。

　各期別の事業計画書が立案できたら，そこから現状の株価，株式数，時価総額などが算出できるため，株式売却や増資による株主構成の変化，各株主の経

営支配権の状況の変化や資金の動きが現実的にシミュレーションできる。

事業計画の各期の決算数値の内容次第で資本政策も大きく変わることになるので，必ず**資本政策**と**事業計画は合理的に連動**させて検討する必要がある。

（2）外部株主が参加する前に身内の資本政策を実行

成長する企業は利益が積み上がっていくため，通常は株価も毎年上がっていくものである。そのような中で，起業家自身や親族，自社の経営幹部や従業員などの身内には，できれば少しでも**安い株価**で株主として参加してほしいはずである。

一方で，外部株主には多くの資金を投資してほしいが，株式の持分比率は可能な限り少なくしてもらいたいため，1円でも**高い株価**で，より多額の増資を引き受けてもらうことを自社として希望するはずである。

このような異なるニーズを双方とも満たすためには，身内には株価が比較的安い早い段階で割り当てることが望ましい。

①　税法上の株価の採用

資本政策はなるべく早く検討すべきであり，遅くとも外部からの資本参加を予定する1年前までには，身内の資本政策を実行すべきである。なぜなら，同じ決算期で双方に異なる株価で割り当てるのは税法や会社法で課題になるリスクがあるため，異なる決算期で少なくとも1期以上はタイミングを離すべきである。

その際，身内に割り当てる株価を実際に認められる最低の株価にしたいのであれば，通常は最も低い株式評価となりやすい**税務上の算定方法**を採用する実務が多く見られる。

②　インセンティブ対策

従業員持株会制度の導入，社内メンバーへの現物株やストックオプション付与などの場合も，なるべく低い株価で渡したいはずである。これらも，上記①と同様のタイミングで，資本政策の選択肢として考えるべきである。

しかし，従業員持株会制度は，IPO後も100名に満たないような従業員数が

少ない企業にとっては管理事務やコストの負担が小さくなく，将来のキャピタルゲインも劇的に大きくはならないため，インセンティブ効果としては限定的で，最近は採用している例が以前ほどない。

従業員持株会制度

　一時的に多額の投資ができない従業員でも，毎月少しずつ資金を拠出して自社株を保有できるように設立される社内持株会であり，民法上の組合（民法第667条以下）である。通常は，上場企業となっても，持株会が1人株主と扱われるように，日本証券業協会が定めている「持株制度に関するガイドライン」に則って主幹事証券会社に実際の運営事務は委託される（通称，証券会社方式）。

　従業員持株会の主な効果およびメリットは次のとおりである。
（会社側）
- 従業員の福利厚生策の1つになる。
- 従業員の帰属意識が高まりやすい。
- 安定株主対策にもなる。
- 年々の加入増／制度の長期化で浮動株吸収に間接的に役立つ。
- 証券会社方式では1人株主として扱われるので，株主管理が容易となる。

（従業員側）
- 毎月の少額投資で長期的な資産形成ができる。
- 配当金による財産形成に役立つ。
- 奨励金があり，自社株を直接取得するより有利になる。
- IPOの前に始めると，上場によるプレミアムが期待できる。

ストックオプション

　自社の株式を原資にして，従業員や役員（取締役，監査役，執行役，会計参与）などに報酬として付与するもの。ストックオプションそのものは株式ではなく，あらかじめ決められた価格（権利行使価格）で株式を購入できる権利であり，権利行使価格より株価が高くなれば，その分，得をすることになる。

　法的には会社法上の新株予約権として発行される。実務上は権利行使価格の算定，税務上の取扱いなどについて留意する必要があるので，専門家の利用を検討すべきである。

③　創業者の実質的支配権の確保策

　まだまだ先のことと思うかもしれないが，起業家は，長期的視野に立って事業承継や相続についても総合的に吟味しなければならない。選択すべき手法としては，資産管理（財産保全）会社の設立，過去の経緯で分散した株主からの株式取得などがある。

資産管理（財産保全）会社　`Keyword`

　創業者一族が所有する一定数の株式を，個人保有とは別に保有させるために設立される会社。相続税の節税目的で設立されるが，IPO時に親会社として取り扱われないために，株式保有以外の事業は行わないのが通常である。財産保全会社が上場申請企業を支配しているのではなく，実質的には創業者一族が個人的に支配しているものと同等と考えられるが，資金管理会社は一般的に親会社に該当しないと実務上は判断されるため，連結対象にはならない。

（3）経営支配権と資金調達のバランスが重要

　起業家自身が自社を経営し続けたいと考えるのは，自ら創業した強い想いがあるからこそ当然といえる。そのためには，経営支配権を自身で保持し続けなければならない。しかし，成長のためには事業展開に見合う資金を機動的に調達することが不可欠であり，自己資金だけで足りなければ，その不足する資金を外部調達する資本政策を考える必要がある。

　資金調達を優先させて第三者割当増資などを実行すれば，資金確保の目的は達成できる。しかし，何ら対策がないと，第三者に株式が割り当てられる分だけ，経営支配権の一定割合が外部に配分され，**外部の持分が増加**し，それに反して，**起業家の持分が減少**するため，支配権確保の程度について十分留意すべきである。

　よって，そのバランスをどの程度にするか十分に対策を考えないと経営面で後悔することになるので，慎重に経営判断すべきである。

①　対策その1〜DCF法

第三者に増資を引き受けてもらう場合には，ある程度の経営支配権が生じるため，起業家が希望するとおりの高い経営支配権を確保することは難しくなる可能性が高い。そのため，可能な限り現時点よりも高い株価を算定することで，同じ増資金額でも外部の持株を少なくするなどの工夫が必要となる。

実際に高い株価を用いる手法としては，右肩上がりの事業計画が描ける状況であれば，その利益に基づいてDCF法を採用することを検討すべきである。これにより比較的高い株価となり，同じ増資金額であっても外部の第三者の議決権をなるべく少なくすることができる。

その際，増資を引き受ける側は，少しでも低い株価を希望するはずであるが，事業計画の確からしさを説明することで，事業の成長性を理解し，**賛同してくれる投資家**を見出すことがポイントになる。

> **Keyword**
>
> **DCF法**
>
> DCFはDiscounted Cash Flowsの略で，一定期間の将来キャッシュフローの見積額を一定の資本コスト（割引率）で割り引く株価算定方法。通常は税法上の評価額よりもかなり高い株価になる。
>
> 予測可能期間（通常5年から10年程度）における事業計画から導き出される将来その企業が生み出すフリーキャッシュフロー（FCF）の予測値を合理的な割引率で割り引くことによって現在価値を算出し，その現在価値合計から現在の有利子負債を差し引いて株式価値を算定する。
>
> 合理的な割引率とは，企業の資金調達に平均してかかるコストをいい，負債コストと株主資本コストの加重平均で算出される資本コスト（WACC＝Weighted Average Cost of Capital）を利用する。
>
> なお，株主資本コストは，企業にとっては資本を調達するためのコストであり，投資家にとっては企業への投資に対する期待収益率になる。よって，企業は，その要求水準を満たす必要があるが，一般的にROE水準が目安になる。

②　対策その2〜種類株式

議決権をなるべく確保できるようにする種類株式制度を活用することも検討すべきである。種類株式は**権利内容をいろいろ柔軟に設計する**ことができ，そ

の活用により，普通株式で行う資金調達と同額の増資をしても，議決権を制限することができる。そのため，経営支配権を少しでも多く起業家側で維持したい場合に実務でもよく採用されている。

なお，資金提供者にとっては，議決権の制限だけでは不利な条件となるので，併せて配当や会社解散時の残余財産分配権などの優先権を付与するなど，双方にメリットがある制度設計とすることが実務上はよくある。

これは，資金提供者が起業家の実力を評価し，成長の実現によって株価が今後高くなり，多くの投資リターンが得られると想定するため，議決権にこだわらずリターンを優先するという考えがあって初めて成立する資本政策である。よって，資本政策で種類株式を活用する場合には，**起業家として外部から評価**されることが最も重要になってくる。

種類株式　　Keyword

　普通株式以外の条件が設定されている株式。ベンチャー投資においては，（優先）剰余金配当，（優先）残余財産分配，取得請求権付，取得条項付などの種類株式が多い。スタートアップ企業では，普通株式による増資もあるが，以下の例のいずれかを付与した優先株式を種類とするものが多い。また，種類株式の現物株の発行だけでなく，種類株式の権利内容での新株予約権の発行をすることもある。

　創業から数年間は，資金ニーズに合わせて段階に応じて2回程度増資し，それぞれA種類，B種類や，シリーズA，シリーズBなどと呼ぶことが多い。また，IPOに近い段階や次の成長段階にステップアップする際に資金ニーズが生まれ，さらに増資を実施する場合，シリーズC，シリーズDくらいまで進む場合もある。

（種類株式の例）
① 剰余金の配当
② 残余財産の分配
③ 議決権制限株式
④ 譲渡制限株式
⑤ 取得請求権付株式
⑥ 取得条項付株式
⑦ 全部取得条項付株式
⑧ 拒否権付株式

⑨　役員選任権付株式

（4）外部資本の投資における出口戦略

　ベンチャー企業に対する外部の資金提供者は，最終的にはIPOやM&Aによる会社売却で一定以上のキャピタルゲインを獲得することを第一に考えている。特に，VCや投資ファンドは投資資金を複数の投資家から集めているため，**投資リターンを実現**していく必達目標としての出口（EXIT）が必ずある。よって，投資した資金をできる限り大きく上回る金額で売却して回収し，より多くのリターンを投資家に還元する必要がある。

　通常，高い投資リターンを実現するには，IPOやM&Aによって株式を売却して多くのキャピタルゲインを得るしかない。そのため，起業家がIPOやM&Aを視野に入れられなくなった場合，起業家自身の手元資金でVCや投資ファンドの持株を買い取る協議になることもあり，起業家の個人的な資金手当てが必要になるリスクもある。

（5）IPOする場合の資本政策に関する東証ルール等

　IPOする場合，東証ほか取引所が定める水準ルールがあるため，取引所の上場基準（形式基準）を充足できるように資本政策の中身を立案し，決定することが必要になる。

　特に，新規上場時点での形式基準は，株主数，株式数，株価，公募増資額，時価総額，各決算財務数値などいろいろあるため，資本政策を立案する際には，東証等の**取引所のルールを満たすように設計**することが必須となる。そのため，数年間の上場準備期間の中で，株主数の増加，株式分割などによる株式数の増加，時価総額を満たす利益水準の確保を目指すアクションプランなどを主幹事証券などの助言をもとに計画して，事業展開を着実に実行していくことが必要になる。

　また，起業家にとっては，M&AよりもIPOのほうが複数の満足を得られる可能性がある。通常，M&Aでは株式を丸ごと売却するため，経営権もなくな

る。しかし，IPOでは，IPO時に一定のキャピタルゲインを得ながら一定の経営支配権も残るため，経営者としてIPO後も事業を継続できる資本政策を立案することができ，経営上の選択の自由度が高い。

このように，IPOを視野に入れた場合の資本政策はさまざまな角度から総合的に立案することになるため，起業家は自らの希望をなるべく実現できるように工夫する一方，上場時の株価，自社の資金となる公募増資，関係者のキャピタルゲインとなる株式売却，経営方針に影響ある株主構成や議決権などを十分吟味して資本政策の実行予定を組むべきである。

実務としては，資本政策は，上場申請時に株式移動や増減資などが開示対象となる直前々期，直前期で行うことは極力避けて，IPOの３年以上前に立案すべきである。したがって，４～５年前から上場時期も決めてIPO時の株主構成，議決権，時価総額などもしっかり予想するなど，早めに資本政策を立てておくべきである。

（6）組織活性化のためのインセンティブ・プラン

事例としては少ないが，少数精鋭でも成長する事業展開ができる場合，CXOクラスの経営幹部は，自社よりも待遇のよい優良企業から移籍してもらうケースもある。その際，不可欠なハイエンドの人材だけに，当初から高額報酬を支給するような条件を付したいものである。しかし，スタートアップ企業は，事業資金を投資家から得られたとしても成長途中であり，十分な報酬を払う段階ではないだろう。また，投資家も，成長資金以外に無駄遣いしないかモニタリングしているので，赤字のうちから高い報酬を払うことには通常は賛同しない。そのため，前職より低い報酬に甘んじてもらうケースも実際は多い。

このように，通常は多くの報酬を払えない場合が大半であり，経営幹部や長く定着してほしい主要幹部メンバーに今後も継続して働いてもらうためには，何らかのメリットを与える必要がある。そこで，将来的に手取り報酬総額の増額につながるようなインセンティブ制度を設けることが効果的といえる。実際のインセンティブとしては，自社として支払が生じない，つまりコストがかからない現物株式やストックオプションを付与することが一般的に行われている。その場合，付与された者としても，現在の報酬は満足のいく金額ではなくても，

スタートアップ企業で仕事として**成長にチャレンジするやり甲斐**と**将来のキャピタルゲイン**で後払い的に追加報酬を得るメリットがある。

実務としてよくある株式やストックオプションの付与手法には，次のような制度がある。

①　種類株式

種類株式は，上記（3）②「対策その2〜種類株式」でも説明したように，権利内容をいろいろ柔軟に設計することができる。

事業展開にあたり外部からの資本参加が避けられないとしても，起業家としては，せっかく起業したため経営支配権を安定的に持ちたい希望がある。起業家側に経営支配権を極力多く残す手法としては，起業家側に**多議決権**の付された種類株式を発行するものがある。例えば，1株であるが議決権は10株分の権利を付与するような種類株式である。日本では投資家に経営陣の経営支配権の強化を十分説得できない起業家が多いため，なかなか実例がないが，米国のスタートアップ企業の経営者は，GAFAMの創業メンバーもIPO時にそうであったように，投資家と交渉し，新たな投資の前提条件としてそういった内容の種類株式を経営陣に付与することの合意を取り付け，ほぼこの手法で経営権を確保している。

逆に，新たな投資家の議決権を制限する種類株式を活用して折り合いをつけてファイナンスする例がある。例えば，新たな投資家に発行する株式は**無議決権**，または1株単位で比較すると**普通株式より少ない議決権**になる種類株式とすることで，起業家側の議決権が極力多くなるように設計することも多い。

②　経営陣ストックオプション，従業員ストックオプション

本来は，株式を購入してもらえば一定の株式所有が実現するが，経営幹部や従業員はまだ報酬も十分ではなく，財力もまだあまりない中で，株式を購入する資金を準備する余裕はないのが普通である。

その点，ストックオプション制度を活用すれば，付与された者は実際に権利を行使して**株式を購入する段階までお金を支払う必要がない**ので，使い勝手のよさがある。また，企業側にとっても会社の資金負担はなく，付与された者の

定着率を高める効果がある。このように，双方にメリットがあるため，採用する例も比較的多い。中でも，付与対象者にメリットがある税制適格型を採用する企業が多い。

なお，税制適格型ストックオプションは対象者，付与期間，行使価額などの要件があり制度としては限定的であるが，それ以外の制度は，給与所得課税となる可能性も高いため，ストックオプション付与時にオプションの対価を支払う選択もありうる。つまり，給与所得ではなく，確実に株式譲渡取引とするために，権利付与時にオプション料を適切に支払う有償型ストックオプションを導入する実務も検討に値する。その場合，オプション価格の考え方にはいくつかあり，付与対象者の資金負担を考慮して，問題のない範囲で価格を低く抑える実務例も多いが，客観的かつ合理的に算定する必要がある。そのため，オプション価格の設定を適切に行うには，会社独自の考えではなく，専門家の第三者による評価を得ておくことがポイントになる。

③ その他の株式報酬制度

ストックオプションは株式報酬制度の中で一番オーソドックスなものであるが，それ以外にも，譲渡制限付株式報酬制度（リストリクテッド・ストック：RS），株式交付信託制度，パフォーマンス・シェア・ユニット（PSU），ファントムストック，SARなどさまざまな種類がある。しかし，制度設計や事務手続が少々複雑であるため，未上場企業での採用はまだ多くない。留意点としては，採用するストックオプションが税務上，株式譲渡所得課税（20％）と扱われるか，給与所得課税（最大55％）と扱われるかで，権利行使する経営陣や従業員の支払う税金が大きく異なることになるので，慎重に検討するべきである。また，給与所得とされた場合には，会社側において人件費計上が必要になり，付与する金額が大きい場合には会社業績に大きな損益インパクトを与えることになるので，十分検討する必要がある。

そのほか，今後の課題としては，米国で制度化されている**ストックオプションプール**がある。この制度は，投資家が投資した後にストックオプションを乱発されると株式のダイリューション（75頁Keyword参照）が起きて投資家に不利になるので，一定の予定枠内だけで付与することを確約するものである。

投資家としては，ストックオプションの付与前の段階で最大の株式数やダイリューションの程度が決まってくるので，投資判断がしやすくなる。実務的には，日本でもVCや投資ファンドとの投資契約の中で，ストックオプションの上限枠を発行済株式総数の10〜15％などと定める場合もあるが，法的拘束力はないので，実力のある成長著しいスタートアップ企業は，その枠以上にストックオプションを発行している。

　将来付与するストックオプションを事前に発行して，付与する予定の株式を発行する権利を蓄えておく当該スキームは，成長が加速する前段階の比較的低い行使価格での権利付与ができるため，従業員へのインセンティブ効果が高くなる。日本でも導入の検討が始まっているので，注目しておきたい。

⑤　ステークホルダーと決算書

　企業がリレーションを持つステークホルダー（利害関係者）は，企業活動の中で多岐にわたって存在している。その関係は，金銭的な利害が発生する従業員や顧客，株主・投資家などの直接的なものだけではなく，企業活動に関わるすべての人が対象であり，間接的な影響も含めると地域住民，官公庁，研究機関，大学，金融機関，取引先，地域社会，国際社会なども含まれる。

　事業展開するうえで，これらのステークホルダーに対して，少なくとも迷惑をかけない，逆に，何らかのメリットを付与できるように極力配慮することで，社会的使命を果たす企業に近づくことができる。その努力の結果，より多くのステークホルダーに企業行動が評価され，社会的信用が高まり，販売機会も増えれば持続可能性も高まることになる。

　また，上場企業においては，SDGs，ESGの目標設定と実際の目標達成をいかに行っていくかが経営課題になる。

　一般的に，ステークホルダーとの積極的かつ良好なコミュニケーションをする際に，SDGs，ESGに積極的に取り組めば，自社に対する理解が進むとともに**企業イメージの向上**にもつながりやすい。その結果として，**販売機会**を得やすくなり，競合他社よりも自社のモノやサービスを選んでもらえれば，**収益向**

上が図られ，**持続可能性を高める**ことができるといった好循環に向かいやすくなる。

（1）企業活動の流れを集約している決算書

　企業は年に1回は必ず決算書を作り，公告しなければならないが，その決算書は，年間の企業活動の結果を表しているほか，ステークホルダー，SDGs，ESGなどとの関わりについても，決算書の主要科目のいずれかに活動実績が含まれている。

　売上高は，顧客，消費者が自社のモノやサービスを購入した結果であり，仕入などから構成される売上原価は取引先から取得した結果である。そして，SDGs，ESGなどの活動を実際に実践していれば，その対応をするために負担したコストも含まれることになる。

　人件費は内部のステークホルダーである従業員に対する労働対価であり，その他経費はさまざまな取引先との取引や事業活動に関連して支払ったコストである。SDGs，ESGなどの活動に対応するための負担コストも含まれる。さらに，営業外損益は，金融取引やその他のファイナンス活動で金融機関やその他の取引先と資金のやり取りをした結果である。

　これらの企業活動を通じて得た利益が税引前利益となる。その利益から**一定割合が税金として政府に支払われ**，国民が恩恵を受ける原資になっていく。

　税という国に対する義務を果たした残りの利益（税引後利益）は，企業として自由に活用できる。その際，**一部は株主，投資家に配当**として支払われ，その残りの**最終利益は企業の内部留保**となり，次期以降の企業活動の原資になる。

　このように，毎期の利益や過去から積み上げた内部留保は企業の稼ぐ力であり，ステークホルダー，SDGs，ESGとの関係性を良好に保つ源泉にもなり，内部留保が充実していないと，なかなかコスト負担もできず，SDGs，ESGを積極的に進められないことにもなりかねない。したがって，SDGs，ESGの活動コストを負担しても決算書が赤字にならなければ，SDGs，ESGのコスト負担をさらに増やすことができる企業といえる。たとえ現時点でSDGs，ESGのコストが増えたとしても，可能な範囲で積極的に負担することで，SDGs，ESGに対応する姿勢を対外的にアピールでき，将来的な収益の貢献につながる

図表4-7　ステークホルダー，SDGs，ESGと決算書の関連

損益計算書		主なステークホルダーほか
売上高	····>	顧客，消費者
売上原価	····>	取引先，ESGコスト
総利益		
人件費	····>	従業員
その他経費	····>	取引先，従業員，ESGコスト
営業利益		
金融その他損益	····>	金融機関，取引先
税引前利益		
税金費用	····>	政府，国民
税引後利益		
配当支払	····>	株主，投資家
繰越利益	····>	企業自身の内部留保

貸借対照表

現預金	運転負債
運転資産	借入金
設備資産	資本金
投資資産	その他資本

見えない資産 　人材資産 　知的資産 　ブランド価値 　SDGs，ESGへ 　の評価	決算書では見えない資本が企業活動で持続可能性を高める重要な要素になってきている。

見えない資産（オンバランスされていない価値）が多いほど，サステナビリティの向上が実現しやすい企業になれる！

好循環を生み，長期的にはサステナビリティが向上し，持続可能性が高まるはずである。

（2）企業活動におけるSDGs，ESGの重要性

　企業は，利益を1円でも多く上げるためにコストを切り詰めるものである。しかし，企業が社会的な責任を果たすことが重視される経済社会となり，たとえ負担が生じても，可能な範囲でコストをかけてSDGs，ESGなどに取り組み，社会貢献を実践する時代を迎えている。そうしなければ，社会やステークホルダーに選ばれる企業になれなくなっている。仮に，競合他社が自社以上にSDGs，ESGに対応していれば，販売機会を奪われかねず，持続可能な成長の阻害要因になる可能性がある。よって，企業は進んでESGコストを負担し，それに関連した範囲でSDGsにも取り組むべきといえる。その際，取引先の選択においては，経営効率のみでなく，ESGに取り組む企業を積極的に選ぶべきである。そうすれば，自社を取り巻くサプライチェーン全体がSDGsに前向きに取り組む流れとなり，社会の中で客観的な評価を競合他社よりも高めやすくなる。

　そうした好循環につながれば，将来に向けた販売機会創出の可能性も増え，ESG活動はコスト要因ではなく，間違いなく利益要因となる。実際のESG活動は，現場任せにせず，経営陣も関与し，活動内容や範囲をルール化して継続的に行うことをアクションプランに織り込むことで実効性を高めるべきである。

　ただし，上場・未上場いずれの企業であっても，自社の企業規模や財務体質を考慮しない過度なSDGsへの対応やESG施策は採算を悪化させるだけである。そのため，収益の向上を本来的に期待する株主や投資家からはあまり賛同を得られない。したがって，将来の持続可能性に結びつく適切な施策であるかを常に重視し，株主や投資家をはじめとしたステークホルダーからの賛同をより多く得られるように，SDGsやESGに対する方針を十分検討すべきである。

（3）ESG活動は見えない資産を構成

　前述のとおり，ESGに対応する人材や技術，サービス，生産プロセスなどのコストを負担しても，結果として，その活動は対外的に評価され，競合他社より取引先として選ばれ，販売機会が増える可能性が高くなる。

　このことは，決算書上には表示されていない「見えない資産」を形作っているともいえる。一般的に「見えない資産」としては，主に，人材資産，知的資産，ブランド価値などがあるが，前述したようにESGへの評価も，決算書上には計上されていないが，自社の競争力を生み出す源泉と考えられるので，同じく見えない資産に含まれると考えてよいと思われる。

　したがって，SDGsなどの社会のニーズをキャッチアップしやすい企業活動を行い，それに関連したESGコストを実際に負担することで，競争力の源泉となるESGへの評価も増やす努力をするべきである。

　今後は，見えない資産が多い企業ほど多くのステークホルダーから評価されるようになり，ステークホルダー側からも積極的に良好なコミュニケーションを持ちたいとアプローチされる可能性がある。

　さらに，将来的には，決算書上で見える資産（バランスシートの決算数値）よりも決算書では見えない資産の価値を多く持つ企業のほうが稼ぐ力を持つようになる可能性もある。実際，バランスシートの規模に見合わない収益力を持つGAFAMをはじめとしたIT関連企業では，見えない資産を多く持つ業界と

いえる。

　今後は，どの業界でも，人的資産，知的資産，ブランド価値，SDGs，ESG
への評価などの見えない資産に積極投資をして企業努力をすれば，バランス
シートを単純に見ただけでは説明できない競争力，持続可能性，サステナビリ
ティなどを生み出し，稼ぐ力の源泉を多く持つことになる。

　最近，東証がPBR 1 倍割れの上場企業に改善策を示すことを要請し始めてい
る。PBR 1 倍割れの原因は各上場企業で少しずつ異なると思われるが，見えな
い資産をあまり持たないと評価されている場合が多く，将来の稼ぐ力を期待さ
れない結果が株価に反映されていると考えられる。

　したがって，上場企業もまだ試行錯誤の段階ではあるが，見えない資産を増
やす企業が増える可能性が高い。その結果，それらの企業は競争力をつける可
能性が高くなり，そうしない上場企業は，将来的には持続可能性の観点で遅れ
をとる時代が必ず到来すると思われる。

第 5 章

成長のためのIPO戦略

① 資本市場とIPOの仕組み

IPO（**Initial Public Offering**の略）は，**新規上場**ともいわれるとおり，資本市場（株式市場）に自社の株式を上場させて，金融商品として不特定多数の投資家に売買してもらうことをいう。

株式の売買がなされる資本市場は，証券取引所（金融商品取引法上は「金融商品取引所」）として開設されている。日本では東京証券取引所が主要市場で，世界ではニューヨーク証券取引所（NYSE）が一番有名かつ売買高も最大である。

最近の資本市場の国別規模を市場の時価総額合計でおよそ見てみると，米国，中国，EU，日本，英国，インド，韓国，シンガポールの順番となる。世界の資本市場の時価総額で比較すると，1位の米国はNYSEとナスダックの合計で世界市場の過半を占め，2位から4位の中国，EU，日本は株価や為替の影響で順位を変動させる状況がここ数年の傾向である。

日本は，プライム，スタンダード，グロースを合計しても，米国市場の1割から2割程度の時価総額しかない現実がある。この大きな差は，米国のGAFAMのような世界を牽引する企業が日本にはないことが，主な理由の1つであるといえる。**第1章**でも説明したとおり，GAFAM5社だけを合計した時価総額が，東証4,000社弱の時価総額を合計した金額をはるかに超えるのである。

やはり，日本においても，本気で時代を牽引し，世界で勝負できる真のスタートアップ企業を創出するしか米国に近づける道はないといっても過言ではない。

（1）IPOにおけるファイナンスの仕組み

自社の株式を金融商品として新規に資本市場に出すことがIPOであり，IPOによって自社の株式が市場で自由に売買されることになり，この新規上場株式は「募集」または「売出し」という2つの方法により，上場時に株式を多くの投資家に買ってもらうことになる。

「**募集**」とは，株式市場で投資家が株式を取得すると，その株式発行会社自

体にお金が入る形態であり，会社の資金調達となるファイナンス行為である。一方，「**売出し**」では，投資家は，株式市場で既存株主が売却した株式を取得するので，会社ではなく既存株主にお金が入る形態であり，創業者をはじめとした既存株主が売却利益（キャピタルゲイン）を得られるファイナンス行為である。

　投資家にとっては「募集」も「売出し」も株式の取得であることに変わりはない。そのため，会社としては，募集と売出しの株式数の具合を主幹事証券と協議して，望ましい株主構成，自社の増資規模，起業家など既存株主のキャピタルゲイン額などを想定し，資本政策を機動的に行えるように設定することになる。

　募集と売出しの構成をどうするかが，IPOまでの資本政策の最後の仕上げになる。

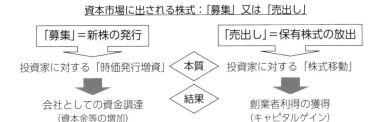

図表5‐1　　IPO時の募集と売出しの関係

資本市場に出される株式：「募集」又は「売出し」

「募集」＝新株の発行　　　　　　「売出し」＝保有株式の放出

投資家に対する「時価発行増資」　　本質　　投資家に対する「株式移動」

会社としての資金調達　　　　　結果　　　創業者利得の獲得
（資本金等の増加）　　　　　　　　　　　　（キャピタルゲイン）

（2）日本の資本市場の実際と主な特徴

　IPOをすることができる企業は株式会社だけであるが，日本全体の株式会社の中でIPOをして上場企業になっている企業はどの程度あるのか。

　最近の日本全体の法人企業数は270万社以上あり，いわゆる株式会社として存在する法人企業数は，その9割以上の約250万社である。そのうちの8割以上の220万社程度は資本金1,000万円未満の小規模企業である。

　残りの資本金1,000万円以上の株式会社は35万社程度あり，そこにはすでに

上場している企業が含まれている。そのほか，IPO予備軍といわれる上場準備企業も含まれており，その中から厳選して毎年100社前後が新規上場していっている状況である。

現在の上場企業は4,000社弱であるので，株式会社全体では0.15％，資本金1,000万円以上の企業に限っても１％強しかIPOを実現できていないのが現状であり，やはり上場企業は選ばれた存在といえる。

図表5-2　近年の株式会社および上場企業の状況

法人企業数（株式会社）　2,595,362社
　　　（内訳）　2,250,894社・・・　資本金1,000万円以下
　　　　　　　　328,932社・・・　資本金1,000万円超〜１億円以下
　　　　　　　　 10,041社・・・　資本１億円超〜５億円以下
　　　　　　　　　5,495社・・・　資本金５億円超
※令和３年/2021年国税庁法人企業統計より
※株式会社は，日本の法人企業数の91.2％（国内全法人数284万社）

IPOしている会社・・・　3,974社　全上場企業（2023年３月時点）
東京証券取引所　3,874社（プライム1,834，スタンダード1,446，グロース523，東京Pro Market71）
名古屋証券取引所　59社（プレミア3，メイン42，ネクスト14）／重複上場を含めると275社
福岡証券取引所　24社（本則19，Qボード5）／重複上場を含めると108社
札幌証券取引所　17社（本則9，アンビシャス8）／重複上場を含めると60社
※1990年代以降の上場が過半数（1989年末は1,732社と現在の半分以下）

全株式会社の中でIPOしている会社の割合　3,974社／259万社＝　0.15％

このように，全体の企業数に比してIPOしている企業が極めて少ない現実を見ると，IPOをすることは極めて難しいと思われるかもしれない。しかし，**日本の上場企業4,000社**という数は，海外の主要先進国の中でも米国以外ではかなり多いほうであり，決してIPOしにくい国でないことは事実としてある。

特に2000年以降，東証が中心となってベンチャー企業，特にスタートアップ企業がIPOしやすい制度を整備してきた。自社の**事業構想**および**将来の成長**に自信や覚悟のある起業家であれば，現時点では企業規模がまだ小さくても十分挑戦できるIPO環境に日本の株式市場はあるといえる。実際，現在の上場企業の半数以上は，新興企業向け資本市場が整備された2000年以降にIPOした企業

図表5-3　東証の年度別IPOの状況

	東証			その他取引所		TPM	新規上場社数
	プライム・東証1部	スタンダード・東証2部	グロース・MS・JQ	本則	新興		
2000	7	17	124	22	33	–	203
2001	4	12	104	4	45	–	169
2002	5	15	76	4	24	–	124
2003	5	12	93	3	8	–	121
2004	8	14	127	3	23	–	175
2005	8	11	102	1	38	–	160
2006	13	16	97	4	58	–	188
2007	6	7	69	2	37	–	121
2008	2	5	30	0	12	–	49
2009	1	5	10	0	3	–	19
2010	4	2	15	0	1	–	22
2011	2	7	27	0	0	1	37
2012	2	5	37	0	2	2	48
2013	6	6	41	1	0	4	58
2014	10	10	55	1	1	3	80
2015	8	9	72	0	3	6	98
2016	8	5	68	2	0	3	86
2017	11	8	67	1	2	7	96
2018	7	5	77	0	1	8	98
2019	1	11	70	1	3	9	95
2020	6	9	77	0	1	10	103
2021	6	8	109	0	2	13	138
2022	3	14	70	1	3	21	112

（毎年公表されるIPOデータから作成）

MS：旧東証マザーズ，JQ：旧ジャスダック，TPM：東京プロマーケット

であり，ここ20年間で資本市場が大きく活性化したことが事実として伺える。

② IPOによって企業にもたらされる主な影響および効果

　IPOはベンチャーやスタートアップに資金調達の実現や知名度アップなど多くの恩恵をもたらしてくれるが，準備負担が重く，状況次第では事業展開に支障が出る事態もあり，多かれ少なかれ功罪が生じることもある。IPOは，そのことを理解したうえで実行するかどうかを検討すべきである。

（1）IPOのメリットおよびデメリット

　IPOによって，通常は非上場の他社よりも資金力や知名度が向上し，自社に強みや機会をもたらすことができるため，諸々の成長機会を作れるメリットがある。よって，IPOすることで自社の競争力がどの程度増すかどうかをよく見極めて，IPOをするかどうか決めるべきである。例えば，IPOすることで，次のようなことがもたらされるようであれば，**自社の強み（Strengths）**を増加させることにつながりやすいと判断できる。

- 社会的な信用が増す
- 人材の採用が進みやすくなる
- 公募増資で必要な設備や研究投資の資金が充実する
- 上場準備によって管理体制が強化され，経営の透明性が増す
- 自社株の活用の自由度が高まる

　また，IPOによって，次のような**事業上の機会（Opportunities）**を増やせる可能性が高くなる。

- 資本市場での資金調達など多様化を実現し，財務基盤を強化できる
- 創業者が経営を続けながら，一部の株式売却でキャピタルゲインできる
- ワンマン経営から組織的経営に移行できる

- 未上場では採れない事業承継策や相続対策ができる
- 上場企業としてM&Aの具体策が多様化することで事業を強化できる

　しかし，一方でIPOは，自社の詳細な内容をさらけ出すことにもつながりかねず，上記の機会に積極的に取り組まないとメリットが出にくい。すべての企業が上記の機会を享受できるわけではないので，やはり，IPOをするかどうかは慎重に検討すべきである。

　また，IPOで許容できるか確認すべき事項としては，次のようなことが考えられる。これらを**自社にとっての弱み（Weaknesses）**と考えるのか，成長のために乗り越えるべきものと受け入れるのかを検討すべきであり，前向きに捉えられればIPOをする選択も視野に入ってくることになる。

- 上場企業になることで管理コストや事務作業が増大する
- 社会の見る目が厳しくなる
- 今よりも短期間での業績を問われる
- 多くの株主が投資するので起業家との関係が希薄な株主が増加する
- 財務報告を詳細に開示することで競合他社に戦略が見られやすくなる

　さらには，IPOすることで，次のような**事業上の脅威（Threats）**が常に付きまとうことにもなる。それらに対処する覚悟や管理体制をしっかり持つことができれば，IPOする選択も十分ありうる。

- 今までは十分していなかった株主へのさまざまな説明が増加する
- 株主以外にもステークホルダーが広がり，多くの対応が生じる
- 株主が多様化するので敵対的な買収リスクが当然生じる
- 株価変動要因はさまざまなので，株価維持向上への対応が複雑になる
- 上場している限りは，毎期永続的に成長期待へのプレッシャーが生じる

　いずれにしても，IPOまでの過程で今まで気づかなかった自社の意外な弱みや事業上の今後の脅威が見えてくる可能性があり，企業によっては課題解決が

かなり難しい局面を迎えることもある。その課題の解決や回避ができるかどうかは，起業家の覚悟にかかっているといえる。

　つまり，IPO準備の中でさまざまな課題が出てきたとしても，体質を強化するよいチャンスと前向きに捉え，1つひとつ対応すべきであり，生じた課題の解決に取り組めば，IPOするまでに自社に内在していた弱みを解消し，事業上の脅威にも対応して，経営体質の強化につながる可能性は十分ある。

　その際，自社だけで努力するのではなく，IPO準備で関与する主幹事証券や監査法人の助言も受け，弱みを完全に払拭ないしは事業のダメージにならない程度に最低限のコントロールができるようになれば，自社の強みや事業機会をかえって増やせるようになるはずである。その結果，IPO準備が事業展開に好影響を与える可能性が出てくる。実際にIPOを活用して**経営体質の改善と企業成長**を進め，上場以前よりも先進的かつ強い存在になっていくスタートアップ，ベンチャーも多く存在する。

図表5-4　IPOによって企業にもたらされる主な影響および効果

強み（Strengths）	弱み（Weaknesses）
・社会的信用力が増大 ・人材増強により適材適所を実現 ・設備・研究投資が充実 ・管理体制，経営の透明性の強化 ・自社株の自由度が高まる	・管理コスト，事務作業の増大 ・社会の見る目が厳しくなる ・短期間の業績を問われる ・関係が希薄な株主が増加 ・競合他社に戦略が見られやすい
機会（Opportunities）	脅威（Threats）
・資金調達の多様化，財務強化 ・キャピタルゲインの実現 ・組織的経営に移行 ・事業承継，相続解決の糸口 ・M&Aの活用により経営戦略を強化	・株主への説明責任の増加 ・ステークホルダーの広がり ・敵対的な買収リスク ・株価変動要因が複雑化 ・永続する成長期待へのプレッシャー

（2）IPOで組織的マネジメント体制に移行

　IPOをする際，IPO自体を目的にするのは愚策である。前項でも述べたように，IPOに向けてさまざまな経営課題を解決して，次の事業展開にステップアップすると考えるべきである。上場準備は上場企業が行っている経営管理体制と同じ水準に整えていく過程といえるので，せっかくIPOするのであれば，未上場企業から**組織的なマネジメント**ができる企業へと変身するプロセスと考えるべきである。

①　IPOによって事業拡大とマネジメント強化を同時実現

　企業は，成長を模索するだけでは盤石ではない。それを支える管理体制を同時並行で整備しなければ，経営上もバランスを欠くことになりやすい。

　例えば，事業拡大ができたとしても，必要な管理者が不在であれば管理がずさんになり，正確な経営データが集計されない可能性が高くなる。そうなると，適切な経営数値がないため甘い経営判断が横行し，中長期的には成長にブレーキがかかるリスクが内在しやすくなる。しかし，余裕が出てから管理の見直しにコストをかけるという企業は非常に多い。なぜなら，多くの起業家は事業拡大を一番に考えるので，間接コストは最低限に抑えたいとの考えを持つ傾向があるからである。しかし，それでは対応が遅いといわざるを得ない。成長ステップが上がる前に，事業展開を見据えた組織的マネジメントの構築を行うことで，月次決算や利益管理体制などが整えられる。そうすれば，マネジメントの観点も取り入れた事業展開ができるようになり，結果として**安定成長を実現**できる可能性が高まるのである。

　したがって，管理の見直しを早めに行うモチベーションが何としても必要になるが，IPOをする際には否が応でも上場審査までに体制を整備しなければならないので，十分なモチベーションになる。IPOの準備を進めることで，**事業拡大と管理体制の整備を同時に実現**する経営環境に向かいやすくなるのである。

　よき上場企業になるには，収益性の向上を図る必要があると同時に，上場企業としての組織マネジメント体制への移行が求められる。よって，事業拡大もマネジメント強化も手を抜けず，否が応でも同時並行で進めて成果を上げねば

ならない状況に自社が置かれることになるが，それがスピード感のあるIPO準備の真髄ともいえる。

② IPOせずとも必要となるマネジメント強化の課題

　IPO実務において，一部の起業家は，営業や研究開発の経営幹部に「IPO準備で業務に支障が出ている」と諭され，組織的マネジメント体制の構築の手を緩めてしまう例がある。そうすると最悪の場合，IPO自体を諦めることになり，それは非常にもったいない経営判断といえる。**成長のための事業基盤作り**を放棄したことと同じなので，IPOできないばかりでなく，将来的にも組織的マネジメントができない企業になりかねない。

　結局，IPOする，しないにかかわらず，マネジメントを強化しなければ，事業拡大時に脆弱な管理体制のままの状態になり，持続可能性が高くない企業となってしまうリスクがある。その後の事業拡大も盤石とはいかず，いずれ成長にブレーキがかかり，経営がうまくいかない厄介な方向に進む可能性がある。

　第7章で説明するが，IPOをせずにプライベートカンパニーのまま大企業になっている企業も存在する。しかし，その場合でも，上場企業並みに管理コストを負担して組織的マネジメントをしており，多くは上場企業と同じく有価証券報告書を毎年開示している。

　よって，多大な管理コストがかかるとか，管理業務を簡素化しないと事業展開に支障をきたすとかの理由でIPOしないのは，経営判断としては本末転倒といわざるを得ない。あくまでも，IPOするか否かは，上記のような言い訳をせずに経営判断として冷静に検討し，いざIPOを決断したならば，**管理作業や管理コストの増大は必要コスト**として真摯に受け入れ，組織的マネジメントを強化し，経営の次のステージに進むべきである。

③　IPOを通じた管理体制強化や経営課題解決

（1）IPO準備は管理体制強化のプロセス

　実際にIPO準備を始める場合，ショートレビューと呼ばれているIPOのための短期調査が監査法人によって実施され，IPOで準備すべき事項が洗い出される。

(図表5−5)　ショートレビューの概要

　調査対象企業が上場準備のスタート時点でIPOするまでのイメージを持てるように，主に以下のような内容を調査報告する。

> ■事業構造の把握および分析
> 　調査対象企業の属するマーケット，事業構造を分析し，強み・弱み等を整理したうえで，将来の株式上場を視野に入れた場合に事業構造に要求される経営管理上の留意点について調査報告
> ■経営管理体制の整備状況の現状および改善点の把握
> 　調査対象企業の経営管理体制の現状を把握し，上場審査上の問題点とそれらに対する改善案をはじめ，役員やグループ会社など調査対象企業と関係が深い人物や会社との取引についての課題も合わせて調査報告
> ■開示対象となる財務諸表の適正性の確認
> 　調査対象企業の財政状態および経営成績の状況について，財務資料を基礎として会計処理基準およびその適用状況を調査報告
> ■上場までの準備体制の確認
> 　短期調査で明らかになった上場への課題のリストアップと準備作業のスケジューリングの概要を提案

　この調査によって監査法人は**監査の事前準備**を行うが，それだけでなく，その後に**主幹事証券や取引所が審査で指摘する内容**を先回りして報告するのが普通である。よって，起業家はIPO準備の最初の段階で，IPOに向けて今後改善すべき事項について，改善タイミングも含めて概要をほぼ把握することができることになる。

　仮に，起業家が自社に対する調査結果を見てIPOを早々に諦めるとしても，判明した膨大な改善事項を真摯に受け止め，できる限り改善に取り組めば，未上場のままでも経営体質の強化に役立つものである。つまり，強化すべき管理体制の内容は，IPO特有の整備事項というわけではなく，よい企業，持続可能性の高い企業になりたければ，プライベートカンパニーであっても必ず整備すべき事項が大半であり，組織的マネジメントには必要不可欠なことといえる。

　IPOで必要になる主な改善整備事項は，**図表５‐６**のとおりである。

図表5-6　IPOで必要になる主な改善整備事項

IPO準備事項	具体的な内容
1．利益管理体制の整備 ① 中長期経営計画 ② 予算管理制度 ③ 月次決算・予算・実績差異分析 ④ 部門別損益管理分析	• 3か年計画の策定 • 年度事業計画と月次予算の整備 • 月次決算を早期化し，取締役会報告 • 予算統制（月次での予算・実績分析） • 原則的に直前期は完全運用
2．業務管理体制の整備	• 主要業務のワークフローの改善見直し • 業務のチェック・承認，稟議決裁制度化
3．経営管理組織の確立 ① 役員構成の見直し ② 組織の整備 ③ コーポレートガバナンスの充実 ④ 内部監査制度の整備 ⑤ 業務分掌の明確化 ⑥ 職務権限の明確化 ⑦ 定款および諸規程の整備 ⑧ コンプライアンス体制の充実	• 主要機能別に管掌する役員・幹部の配置 • 取締役会（月1回），決議・報告内容検討 • CFO・監査役・社外取締役の適時選任 • 組織・人材採用の充実強化 • 内部監査体制の整備と実際の運用 • 労務コンプラなどの課題の早期解決 • 大半は直前前期末までに整備を完了し，直前期は運用実績を積み，見直しも検討
4．会計制度の整備	• 会計処理方針の論点整理，確定，見直し • 原則，直前前期までに会計方針の変更
5．会計監査	• 直前前期以降，継続監査が必要
6．内部統制報告書監査	• 直前期末までに内部統制3点セットの整備必須 • 上場後3年間の免除可能な経過措置あり
7．関係会社の整備	• グループ各社の存在理由を踏まえ，現状維持か内容改善か統廃合か方向性を検討
8．資本政策	• 必要に応じた見直し等を早期に着手し，主幹事証券会社等と協議して決定
9．特別利害関係者との取引解消	• 合理的な理由のないものについては，直前前期までに解消
10．上場申請書類の作成	• 決算書以外の定性情報の整理，記述 • 直前前期分で全体をドラフト化 • ドラフトを数回チェック検証

IPO準備段階の会計監査

　ショートレビューの実施後，上場審査上の解決し難い大きな課題がなければ，IPO準備を進めるために会計監査に進むことになる。IPOをするうえでは直前々期（N－2），直前期（N－1）は金融商品取引法に準じる監査契約を監査法人と締結する必要があるため，N－3の期末までに監査法人を選定し，N－2の早い段階で監査契約の締結を行うとともに，N－2の期首残高監査を受けることになる。

　このように，IPO前の2期間は会計監査が実施されるが，上場企業のように監査意見がその都度表明されることはなく，上場承認時にまとめてIPO前の2期分の監査意見が監査法人から提出される特徴がある。

　よって，IPO前の2期間の監査が適正意見になるようにするために，監査経過説明会を毎期開催して，修正すべき事項などをIPO準備企業側でも確認しておくことが，IPOを順調に進めるポイントといえる。なお，IPO実務上は，上場企業と同じレベルの財務報告内容とするために，必要に応じてN－2，N－1の決算修正をIPOまでに実施することも多い。

（2）IPOを活用して経営課題も解決

　起業家はIPOをする前からさまざまな経営課題に遭遇しているものである。それらの経営課題の多くはIPO準備のプロセスで解消できる可能性がある。

① 資金調達とIPO

　成長軌道に乗るまでは，とかく資金調達に苦労するものである。創業間もない時期の銀行借入れは極めて困難であり，仮に借入れができたとしても大半は起業家の経営者保証が前提になる。

　しかし，IPOによって組織的経営に移行するので，起業家個人に依存する経営を脱することになり，企業としての信用で無保証または企業財産があればそれを担保にするだけである。そのため，IPO後，通常は起業家の経営者保証の必要はなくなり，IPO時に起業家の個人的な自社に対する保証は解消できる場合が多い。IPOは，起業家にとって**経営者保証という重圧から解放**される大きなメリットがあるといえる。

　また，IPOを目指すことについて外部からの賛同を得られれば，資金調達の機会が圧倒的に増え，IPO前に第三者割当増資や私募債の発行ができ，事業展

開に必要な資金を手当てできる可能性が出てくる。

　なお，IPO後は，増資や社債が資金手当ての中心にはなるが，借入金にまったく依存しないということではない。必要に応じて融資も選択可能な状態にしておき，**多様な資金調達**手段を持つ企業を目指すべきである。

②　人材確保とIPO

　日本における就職状況としては，上場企業や官公庁を安定した職場と考えて選ぶ傾向がまだ強い。終身雇用制は瓦解しつつあるが，そう簡単には変わらない風潮である。そのため，どのベンチャー企業にも優秀な人材が集まりにくい傾向がまだあり，事業展開に必要な人材確保に苦労している状況がある。

　そのような中，IPOを目指し始めると，就職や転職を希望する優秀な人材が集まる傾向がある。これは，**成長可能性への期待**に加えて，ベンチャーの特徴として組織の上層部が少ないため，近い将来の上場企業で**若くして経営幹部**になる可能性を期待していると思われる。つまり，年功序列的な風土が依然残る上場企業でなく，IPOを期待できるベンチャーに入って早く頭角を現したい人材が集まりやすくなる。

　また，IPOを目指し始めると，成長期待を共有する外部支援者が現われ出し，他のベンチャーよりも早い段階で資金調達を実現しやすいため，ベンチャーであっても人件費をしっかり払える資金力を持つことができ，待遇面でも人を集めやすい環境となる。さらに，たとえ十分な資金をまだ確保できていない段階であっても，IPOまでにストックオプションや従業員持株会を制度化し，**将来の株式売却というインセンティブ**を経営幹部や従業員に付与することで，間接的に待遇面を強化でき，優秀な人材を獲得する機会が生まれる。

③　社会的信用とIPO

　ベンチャー企業は一般的に信用がないため，新規の取引先を獲得するのにかなり苦労するものである。大手企業や官公庁などの取引口座開設だけでも相当な時間がかかることはよくある。

　また，デスバレー等の成長の障壁を脱する段階で外部協力者が現れるのは，独自の画期的な技術やサービスで早くから注目される限られたベンチャー，特

にスタートアップ企業であり，多くのベンチャー企業は自助努力で成長の障壁を突破していくしかない。

　そのような中で，IPOに向けた事業計画を公表し始めると，外部からも成長を想起しやすくなるので，外部から事業計画に賛同してもらい，事業資金が集まる可能性も増える。仮に，賛同する外部者自身が社会的信用を持つVC，投資ファンド，事業会社や有名団体であれば，それらの協力を取り付けたベンチャーとして，**社会的信用が間接的に増す可能性**も出てくる。そして，それが呼び水となって，さらに新たな外部者の協力も得やすくなり，IPOに向けて事業展開が好循環になりやすくなる。

　また，実際にIPOをすると，上場企業としての管理体制に移行することになるため，取引相手にも高い安心感が生まれやすく，実際の購買や販売などの取引の管理も強化され，スムーズになる可能性が高くなる。

　最近は，資金調達や人材確保よりも**社会的信用や企業ブランドの周知**のためにIPOしたい企業も増えている。上場企業としてのディスクロージャーやIRによって自社の企業内容を開示できるため，IPO前よりもSDGsやESGに対する取組みなどを説明する機会が圧倒的に増え，自社をアピールしやすくなるメリットもある。そのため，対外的に注目されやすくなり，社会的な信頼性が高まり，それに賛同した取引先が増えて競争優位な状況をより作りやすくなる。

④　従業員定着とIPO

　ベンチャー企業は，人事面での待遇はさほどよくない。福利厚生制度もほぼないため，帰属意識も高くなく，定着率が悪い状況などが生じやすい。

　しかし，IPO準備を進める中で，上場審査までに基本的な管理制度と合わせて人事制度も整備され，従業員の労働環境は好転することになる。特に，労務コンプライアンスに問題があるとIPOできない場合が多いため，給与や賞与の内規が整備されるとともに，残業代の未払いや社会保険未加入，恒常的な残業などといった劣悪な人事労務の状態がIPOするまでに解消されていく。

　また，従業員の定着率が悪いと事業の継続性に課題があると判断され，上場審査において問題視される。そのため，定着率を上場企業並みに良好とするために，福利厚生制度の充実にも着手することになる。これはIPOのための改善

ではあるが，**職場環境の改善**がなされるため，従業員にも恩恵がある。

　そのほか，上記②でも述べたストックオプションの導入により，従業員のモチベーションが上がりやすくなり，コストをかけずに**定着率が向上**する可能性もある。

　以上のように，IPOの準備として行う管理体制強化や人事制度改革，福利厚生制度の充実は，新たな人材確保に役立つだけでなく，既存の従業員の定着率向上にもつながる可能性が高い。

⑤　管理体制強化とIPO

　ベンチャーは管理制度がほぼないに等しい状態から始まるため，経営判断に役立つデータの集計はほぼ不可能であり，起業家の経験と勘に頼るだけのマネジメントとなりやすく，非常に不安定な経営状態といえる。しかし，IPOを目指すことで，否が応でも管理体制を強化することになる。これにより，業務プロセスを担当する従業員1人ひとりが管理の専門知識を蓄積し，結果として事業運営スキルを身につけ，その中で各部門の管理者が養成されて**組織的な経営**ができるようになる。

　それとともに，上場企業として必要な管理制度をひととおり構築する過程で内部統制が整備され，結果として，経営判断に役立つデータ集計ができるようになる。

　やはり，起業家にとって一番役立つのは，適切に管理された業務プロセスから集計したデータであり，最終的には決算数値の正確な把握ができるデータである。IPOによって，組織的な経営を行ううえで不可欠な**経営判断に役立つデータ**を手に入れることは，起業家自身にも将来的に大きなメリットになる。

⑥　後継者育成とIPO

　後継者選定や事業承継は一般的に時間を要するが，若い起業家は，まだ先の経営課題と思って着手しない傾向が強い。しかし，すぐに月日は経つもので，創業から事業展開に没頭し，40代，50代になってからこれらの経営課題に着手しても，良好に解決することは難しい場合も多い。本来はなるべく早く，できればIPO準備の段階で検討すべきである。

　一般的に，創業から30年もすると事業の継続に支障が出てくる。例えば，事業展開において成長性，ヒト，モノ，カネなどに関する経営課題が顕在化してくる。また，起業家自身も，長年先頭を走り続けていれば，そのうちトップを続けるモチベーションが低下する可能性も高くなる。仮にやる気はあっても，１人の人間としてのアイデアや気力が枯渇してくる可能性もあり，**次代に経営をバトンタッチ**する時期が必ず訪れる。

　起業家が退いた後も経営をさらに安定成長させるためには，上記のようなことになる前に後継者を選定し，事業承継の問題を解決する計画が絶対に必要である。そのタイミングの１つがIPOなのである。

　つまり，IPOによって，各部門に優秀な幹部人材を複数迎えることができれば，創業者の身内でなくても後継者候補が出てくる可能性が高い。創業者とまったく同じ実力を持つ後継者は期待できなくても，各業務をしっかり管掌できる経営幹部がIPOを機に複数集まれば，**集団指導体制**にシフトし，起業家のワンマン体制から**組織的経営**に移行し，かえって創業者の時代より成長するシナリオを模索できる可能性もある。

　実際に，創業者の時代よりも桁外れに大きくなった上場企業も数多い。そうなった時点では，起業家自身がすでにいなくても，著名で優良な上場企業の創業者として語り継がれることになる。

　以上のように，後継者不足に陥らず，各世代の優秀な人材が順次経営にあたることで組織として持続可能性が高まり，サステナブルな企業になりやすい効果がIPOにはあるといえる。

図表5-7 IPOまでの上場準備プロセスで経営者の悩みが解消

ベンチャー経営者の悩み		IPOにより解決できること
☐ 資金調達に苦労する，銀行借入は困難，借入は個人保証が前提	➡	☑ 調達機会が圧倒的に増え借入金依存体質から脱却，個人保証解消
☐ 優秀な人材が集まらない	➡	☑ 優秀な人材が集まりやすくなる
☐ 新規の取引先に信用してもらえない。口座開設に時間がかかる	➡	☑ 上場会社の管理体制は信頼性が高いため取引先が安心し取引増
☐ 従業員のモチベーションを上げる良いアイデアがない	➡	☑ 従業員へのインセンティブが多い（福利厚生制度，ストックオプションなど）
☐ 管理制度がないに等しいため，経営判断に役立つデータが集計不能	➡	☑ 従業員1人ひとりの事業運営スキル・管理意識の向上が期待できる
☐ 後継者不足，事業承継がうまくいかない	➡	☑ ワンマン体制から組織的経営に移行。人材が育ち，事業の継続性が向上

④　IPOを最終決断するポイント

　ここでは，本当にIPOをするか否かを決める際のポイントについて説明する。

　起業家にとって，実際にIPOをするかどうかは非常に重い経営判断といえる。IPOがゴールではないので，IPOをした後も上場企業として継続的に成長を続ける自信が必要であり，事業に加えて，管理業務を全員に負担させる必要もあるため，経営をコントロールする次元が格段に高くなる。もし，IPOをすることが目的化している起業家であれば，仮にIPOができても成長せず，投資家も存在意義を見出せず，注目されない可能性が高い。

　一般的に，IPOは作業やコストの負担が大きいため，とりあえずIPO準備を始め，途中で中止するというのは，経営上かなりの不効率を招くことになる。よって，中途半端に断念することは回避して，**IPOを目指すなら初志貫徹**すべきである。

（1）IPO特有のステークホルダーからの助言

　起業家は，IPOの準備を進めるべきか否かについて，IPO特有のステークホルダー（**図表5-8**参照）とできる限り適時に相談しながら周到に判断すべきである。

　なお，現実的にIPOを検討したい起業家は，まずはIPOを専門業務としている証券マンかIPOに詳しい公認会計士に相談するのが得策である。ただ，誰でもいいわけではなく，何社も新規上場の実現を手掛けたIPOの専門家である必要がある。実は，証券マンも公認会計士も，IPOの相談をされると誰でも応答してしまう習性があるが，IPOに本当に精通しているのは証券業界および会計士業界でもごく一部である。そのため，相談先を間違えると出だしでつまずくことになるので留意すべきである。

　一方，その他の相談相手として，知り合いの経営者，特にIPOを実現した経営者に相談する起業家も多い。一見すると無難なように思われるが，実際は一度しかIPOを経験していない経営者がほとんどで，IPOに対する考え方にかなりバイアスがかかっている可能性が高い。よって，経営者仲間として相談するとしても参考程度に聞くべきであり，必ず上記のような**数多くのIPOを経験している専門家**と接触を図り，情報収集を心掛けるのが賢明といえる。

（2）IPOを最終決断する際の株価や時価総額の見極め

　最初は，**図表5-8**のようなIPO特有のステークホルダーの協力・支援を得てIPO準備が進むことになる。しかし，IPOを最終的にいつにするのかを決断するためには，IPO時にどの程度の株価がつくのか，時価総額がどの程度になるかを見極めることが起業家にとっては重要といえる。

　IPO時に**公開価格**がいくらになるかで公募増資や売出しをどの程度するのかが決まり，それに応じて株主構成，経営支配権，資金調達，キャピタルゲインなどの状況が大きく変わるので，株価水準，**時価総額の規模**は経営判断にとって非常に重要といえる。

　株価の算定基礎は，さまざまな経営指標で構成されている。よく使われる指標として，1株当たり利益（EPS），株価収益率（PER），自己資本利益率

図表5-8　IPO特有のステークホルダー

① 証券会社（主幹事証券）
　IPOに関する全般窓口，IPO時の株式の引受け，IPO準備に関するコンサルティング，上場にあたっての引受審査（引受証券会社としての審査）などの業務
② 監査法人
　株式上場のためのショートレビュー（短期調査），上場時の会計監査（準金商法監査）を起点として，上場準備における全般的な助言などの業務
③ 税理士法人，会計事務所
　税務申告のみならず，税務アドバイスやオーナー一族の税務対策（資産管理会社設立，ストックオプション税務，株価評価，組織再編税制対応など）などの業務
④ 法律事務所
　法務全般の支援，契約チェック，リスク情報に関する助言，種類株式の設計，訴訟対策などの業務
⑤ 特許事務所
　特許権等の知的所有権を核とする事業の場合における助言などの業務
⑥ 信託銀行・証券代行
　株式事務代行，株主総会運営実務に係る助言などの業務
⑦ VC，投資ファンド，CVC，エンジェル
　IPO準備段階における資金提供，経営モニタリング，成長支援などの業務
⑧ 証券印刷会社
　Ⅰの部，Ⅱの部等の申請書類および有価証券届出書・目論見書，計算書類等の印刷ならびにそれらの開示内容チェックなどの代行業務
⑨ コンサルティング会社
　主幹事証券や監査法人の指摘で早急な準備が必要な作業についてのコンサルティングや各種書類の作成などの代行業務（あくまでも任意：会社内部でリソースやスキルが不足している場合のみ）

（ROE），1株当たり純資産（BPS）などがある。これらの指標は，次の**図表5-9**のとおり，株価を決める主要要素であるので，内容を十分理解する必要がある。
　これらは，IPO後も投資家から見て重要な経営指標であるので，継続して内容を理解するとともに，それらの水準が経営にどう影響しているか検討すべきである。そうすれば，上場企業になってからも，事業説明会や個別に行う投資家との対話でも困る局面が減るはずである。

140

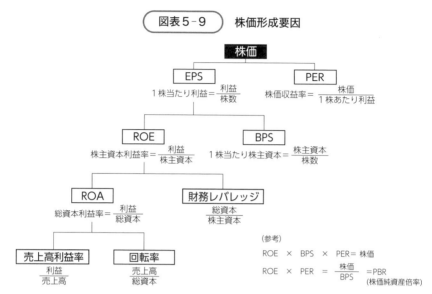

図表5-9　株価形成要因

EPS ：Earnings Per Share（1株当たりの利益を示す指標）
PER ：Price Earnings Ratio（株価が1株当たり利益の何倍かを示す指標）
ROE：Return On Equity（自己資本でどれだけ利益を上げているかを示す指標）
BPS ：Book-value Per Share（1株当たりの純資産で安定性を示す指標）
ROA：Return On Asset（総資産で利益をいくら稼いだかを示す総合的な指標）
PBR ：Price Book-value Ratio（時価総額が純資産の何倍であるかを示す指標）

（3）IPO時の株価形成要因

　実際のIPO時には，新規上場時の公開価格がいくらになるのかについて，主幹事証券と徹底的に協議する。起業家がプライス（株価）に納得がいかなければ，いったんIPOを延期することもある。よって，公開価格の水準がどうなるかは，IPOを本当にするか否かの分水嶺になりやすい。

　起業家にとって重要な公開価格を決めるための基礎として，**フェアバリュー**という考え方がある。フェアバリューとは，株式の適正な価値のことである。

　ただし，IPOをする際には，市場価格がまだない中で株価を想定しにくく，さまざまな見解が出やすい。また，一般投資家がIPO直後にいきなり投資損失を受けないように配慮するご祝儀相場的な考えから，株価の理論値を割引する**IPOディスカウント**と呼ばれる実務もある。上記の各見解を何とか集約し算出

されたフェアバリューの評価から20〜30％程度割り引いて算出される。

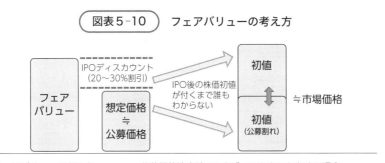

図表5-10　フェアバリューの考え方

フェアバリューの考え方
主幹事証券が，会社の作成した
中長期経営計画等の説明を受け，
その計画に基づく業績予想から
さまざまな検討を行い算出

公募価格決定時にIPOディスカウントをする理由
• 継続開示による信頼性がない分を割り引く慣習（情報の非連続性）
• 割り引く分だけ金融商品としての魅力が向上（株式市場での相対的な優位性が増加）
• IPOというイベント時のご祝儀価格，値ごろ感を演出

　このように，想定したフェアバリューから割り引かれて公開価格が算定されるので，IPO時に最初に売買される**初値**は，通常は公開価格を上回る理論づけになっている。実際に，初値が公開価格を上回る場合は健全な価格形成が実現し，フェアバリューとIPOディスカウントがほぼ適正に算出された結果といえる。

　しかし，**実際の株価形成**では，会社の実力だけでなく，資本市場の状況，株式の流動性と需給バランス，IPO時の銘柄としての人気度なども総合的に影響するため，初値が公開価格を下回ることも現実にはある。

　初値が公開価格を下回ることを公募価格割れ（**逆ザヤ**）というが，公開価格を想定する実務は非常にデリケートな判断になり，できれば公募価格割れにならないことを起業家，主幹事証券ほか関係者はみな望んでいる。しかし，毎年何社かは逆ザヤになる現実が不幸にもある。その場合，価格形成が実務的に失敗したといえ，フェアバリューまたはIPOディスカウントの算定ミスの可能性が指摘されることにもなるが，個々の銘柄の個別事情と関係なく，市場環境の急変，一時的な資本市場の混乱，何らかのバイアスのかかった市場に対するレピュテーションの悪化の場合もあるので，**真の悪化要因は複合的**であり，特定

しにくいのが現実である。

　相場は予想できないものである。よって，IPOのタイミングに少しでも近い時期まで価格算定を行い，公開価格が最終決定できるようにする制度・ルール改革をさらに進めることも投資家にとって重要といえる。

　なお，公開価格を算出する際の重要なデータである中長期経営計画が適切でないため，実力以上の株価が形成され，その後に想定外の業績不振が露呈した際に一気に株価下落を招く事例もある。**事業計画の合理性**については株価形成要因と直結しているので，IPOをするまで適切に作成できる管理体制の整備および運用が重要になる。

（4）その他IPO前の例外的な株価形成要因

　ベンチャーは，IPO前後まで業績がまだ赤字で成長途上の場合が多い。黒字で成長する計画があれば利益水準をベースに株価は算出しやすいが，赤字が続く中で株価をどう考えるかは実務上難しい。

　一方，シリコンバレー等の企業は赤字で上場する場合も多いが，その場合の株価の考え方として**PSR**と呼ばれる算定手法がある。これは，赤字企業でも一定の売上は計上しているので，売上をベースにして株価を算出する手法である。PSRとはPrice to Sales Ratioの略称であり，**株価売上高倍率**と訳される。1株当たり売上高を株価で割った指標であり，また，時価総額を年間売上高で割ったものでもある。

　実際に，赤字または成長途中で利益が十分得られていないが，今後成長して利益を出す可能性があるスタートアップ企業などの株価水準を計る指標として定着している。例としては，ポータルサイト運営，SaaS型サービス，バイオ，フィンテック，ディープテック等，そのほか事業基盤を確立するまでの初期段階では黒字化しにくい業種で本指標が用いられる場合が多い。

　なお，IPO前の投資においては，赤字であるが売上自体も今後の成長を待つような企業の場合，決算数値以外の指標をもって企業価値を評価して一定の株価の根拠とする実務もある。例えば，利用者増（**Audiences**）や利用者獲得の仕組み（**Platform**）などが業界の中で卓越しているかなどを評価する。

　また，業界の中で良好なパフォーマンスを上げており，今後も成長する可能

性がある場合，またはすでに最上位に位置しているような場合，将来の市場占有可能性が高いと判断できれば，成長性を期待できる大きな要素として評価され，高い株価で投資してくれるVCや投資ファンドも存在する。例えば，さまざまなネットサービスやポータルサイト等は，仮に売上増（**Revenue**）や利益向上（**Margins**）が実現していなくとも，今後の業績を確実にするための市場シェアが最重要となる。そのため，現時点における決算数値などの単純な財務指標だけでなく，市場での有利な仕組みやポジション，顧客の利用状況，それらの指標の年度ごとの成長性などを総合判断して企業価値を算定している。

　これらの判断は，VCや投資ファンドの間で将来性ある企業を早く見出し，他の企業よりも早く投資する競争がある中で，売上規模が拡大する前に主要株主となるために，苦肉の策として投資判断の拠り所として未上場企業の評価に採用されている考え方ともいえるので，専門家の間でも賛否両論がある。

　以上のように，IPOを最終決断する際には，IPO特有のステークホルダーに相談し，株価や時価総額の水準も熟考し，総合的に判断すべきである。しかし，ベンチャー企業やスタートアップ企業の**将来に関する経営判断**は必ずしもIPOだけではないので，M&Aやプライベートカンパニーという選択も同程度に吟味を加え，そのうえで，自社はどう経営判断するかが大事になる。それらを十分比較考量して総合的に検討するべきである。

⑤　日本の証券取引所の概要

　日本の株式会社の仕組みは19世紀後半から整い出した。1878年に東京株式取引所が開設され，1948年に証券取引法（現在の金融商品取引法）が制定，1949年に株式売買立会が開始されたことなどによって本格的に資本市場も整備され，現在に至る。

　現在の資本市場は，企業の規模や特徴によって市場区分がいろいろ用意されているので，自社がどの市場でIPOをすべきかを十分検討する必要がある。

　日本には東京証券取引所（**東証**），札幌証券取引所（**札証**），名古屋証券取引

所（**名証**），福岡証券取引所（**福証**）の４つの証券取引所がある。そして，各証券取引所にはそれぞれ大きく分けて，本則市場と新興企業向け市場の２つがあり，比較的規模が大きくすでに業績がある程度以上ある場合は前者，今後成長する可能性が高い場合は後者を一般的には選択することになる。

　本則市場としては，東証のプライム市場とスタンダード市場，札証の本則市場，名証のプレミア市場とメイン市場，福証の本則市場がある。そして，それぞれの取引所に**新興市場向け市場**があり，東証にはグロース市場，名証にはネクスト市場，札証にはアンビシャス市場，福証にはQ-Board市場がある。

　実際には，多くのIPOは東証にて行われているが，各地方取引所の近隣に本社がある企業はまず地元の取引所を選ぶ傾向があり，その後，東証の本則市場に行ける規模や業容になった段階で東証を目指す企業も多い。

　以下では，日本の代表的な株式市場である東京証券取引所について解説する。

図表5-11　各証券取引所の上場企業の状況

上場企業3,974社（2023年３月末時点）

	本則		新興企業向け	そのほか
東証	プライム	スタンダード	グロース	TPM
	1,834社	1,446社	523社	71社
名証	プレミア	メイン	ネクスト	重複上場
	3社	42社	14社	▶216社
福証	本則		アンビシャス	重複上場
	19社		5社	▶84社
札証	本則		Q-Board	重複上場
	9社		8社	▶43社

(各市場HPより作成)

※重複上場とは東証などの他の市場にも上場している企業
※90年代以降の上場が過半数（新興企業向け市場の整備が主な増加要因）

（1）東京証券取引所の概要

①　市場の種類

　東証においては，上場企業の持続的成長と中長期的な企業価値向上を支え，

国内外の多様な投資者からより高い支持を得られる現物市場を提供するべく仕組み作りを進めてきている。

　本則市場としては，スタンダード市場と，スタンダード市場よりも企業規模が大きく，かつ厳格な上場審査ルールをクリアできる企業のためにプライム市場を用意しており，海外投資家や機関投資家も投資対象にしたい企業が多く存在している。

　新興企業向け市場は，今後の成長が見込まれるベンチャー企業などが毎年数多くIPOできるように整備されてきた。1963年に証券業協会店頭市場（旧JASDAQ），1999年に新興企業向け市場（旧東証マザーズ）が開設され，現在はグロース市場に一本化された。

　そのほか，プロ投資家向けの**TOKYO PRO Market**（TPM）市場も存在し，企業の規模の大小や事業展開の状況に合わせて新規上場できるようになっている。TPMは一般投資家が介在しない限定された市場のため，詳細には言及しない。

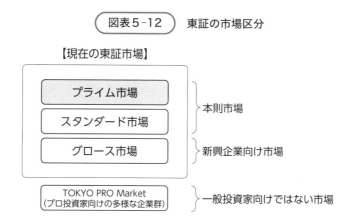

図表5-12　東証の市場区分

【現在の東証市場】

②　市場別の上場審査ルールの特徴

　市場別に設定されている上場審査ルールの特徴は以下のとおりである。

　まず，プライム市場は東証市場の中で**最も厳しい審査基準**を適用している。一定以上の規模の企業を想定しており，より多くの機関投資家の投資対象とな

る規模（時価総額）があり，十分な流動性を確保できつつ，より高い水準のガバナンスを備えている銘柄の企業を対象にしている。

流動性 Keyword

　株式市場に出回る株式数の多寡を表す用語であり，多く出回れば流動性は高く，少なければ低いと表現される。流動性が高ければ，相場の動きに対して売りも買いも注文が成立しやすい状況となる。逆に，流動性が低ければ，売買可能な時期や数量に制約が生じやすく，不本意な価格で売買が成立する可能性が高いため，多くの投資家は流動性の高低を注視する。よって，多くの投資家に購入してもらうためには自社の株式の流動性が高いことが重要になるので，上場企業は各社とも流動性を重要な経営指標にしている。TOPIX銘柄，大型株は比較的活発に取引されて流動性が高いため，中小型株よりも必然的に人気が高まりやすい。

　TOPIX（トピックス：Tokyo Stock Price Index）は，従来の旧東証一部上場全銘柄を対象とした株価指数であったが，2022年度以降は東証全市場区分の中で「流通株式時価総額が100億円以上である銘柄」がTOPIX銘柄の基準になった。当面は経過措置でTOPIXの構成銘柄は従前のままであるが，今後はTOPIXの対象銘柄の入れ替えが段階的に行われ，数年をかけて最終的に上記新基準を満たす銘柄のみになる。現時点で流動性が低い上場企業は，この基準を満たす努力を始めている。なぜなら，大量に株式投資をする機関投資家がインデックス運用でTOPIXを投資銘柄に組み込むため，自ずと流動性が高まりやすくなり，その意味でTOPIX銘柄に入りたいニーズは高いからである。

流通株式時価総額
＝流通株式数※×株価（期末以前3か月間で売買された日々の最終価格の平均値）
　※　流通株式数は，直前の基準日等現在における上場株式数から流動性の乏しい株式（上場株式の所有がほとんど固定的で流通可能性が認められない株式）を合算した数を差し引いて算出。流通株式から除外される株式は次の者が所有する株式である。
　　・上場株式数の10％以上を所有する者または組合等（大株主）
　　・上場企業（自己株式）
　　・上場企業の役員
　　・上場企業の役員の配偶者および2親等内の血族
　　・上場企業の役員，役員の配偶者および2親等内の血族により総株主の議決権の過半数が保有されている会社
　　・上場企業の関係会社およびその役員
　　・国内の普通銀行，保険会社，事業法人等
　　・上記のほか，取引所が固定的と認める株式

　スタンダード市場は，資本市場の中で一定の時価総額と流動性を確保でき，ガバナンスについては基本的な水準をクリアできている銘柄の企業を対象にしている。

　一方，グロース市場は，現状の企業規模や時価総額，流動性については多くを問われない。しかし，今後の成長性の観点が重視され，**高い成長可能性**を実現するための事業計画が存在し，その計画進捗に関して適時・適切な開示ができ，それらの開示内容について一定の市場評価を得られる銘柄の企業を対象にしている。

　その他の特徴として，市場区分に応じて書類の提出内容に差がある。例えば，プライム市場とスタンダード市場では，**コーポレートガバナンス報告書**や上場申請書類の**Ⅱの部**，グロース市場では必須の添付資料として**事業計画**がある。

　実際に，どの市場でIPOをするかについては，上記の各市場区分の特徴を踏まえ，IPOを目指す企業自体が主体的に選択していくことになる。当然，IPO特有のステークホルダーに相談することも重要になる。

　なお，東証の上場審査基準には形式基準と実質基準の2つがある。**形式基準**としては，株式数や時価総額や直前の主な決算数値（売上や利益等）などについて一定の水準が求められる。また，**実質基準**としては，事業内容や運営管理について，上場企業として必要な適格性を有していることを求められる。これらの基準は市場区分によって少しずつ異なっているが，いずれにしてもIPOをする市場の審査基準をすべてクリアして初めて上場することができる。

（2）東証の上場審査基準の水準（形式基準）

　形式基準については，IPO時に充足すべき**一定の数値**や**事実の最低条件**を定めており，上場準備の過程で，その基準を満たせるように逆算して作業をしていくことになる。

　仮に，準備が遅れ，形式基準を満たさない事項が生じたら，IPOをする時期を次期以降に見直すことになる。しかし，通常は主幹事証券が，上場時点で形式基準が整うように逆算して整備実行のアドバイスをするので，滞りなく要件が適時に満たされる。

　形式基準は市場ごとに少しずつ内容が異なるが，おおむね**図表5-13**の項目

についてIPOに関する一定の水準を決めているため，それらを満たす必要がある。

<figure>

図表5-13 形式基準の概要

① 株式の円滑な流通と公正な株価形成を確保すべき基準
- 上場株式数，上場時価総額など
② 企業の継続性，財政状態，収益力等の面から上場適格性を保持すべき基準
- 事業継続年数，純資産，利益の額，時価総額など
③ 適正な企業内容の開示を確保すべき基準
- 会計監査の適正意見，虚偽記載または不適正意見ではないことなど
④ 株券の流通に係る事故防止，円滑な流通を形式面から担保すべき基準
- 株式事務代行機関の設置，株式の譲渡制限，指定保管振替機関における取扱いに係る同意など

</figure>

このような上場時の形式基準の枠組みや考え方を理解していれば，実際に自社が上場申請を行う取引所で求められる市場別要件を理解できるはずである。

なお，**図表5-14**に，市場別の主な形式基準を掲げておく。

図表5-14 市場別形式基準

〈プライム市場〉

株主数	800人以上	
流通株式	流通株式数	2万単位以上
	流通株式時価総額	100億円以上
	流通株式比率	35％以上
時価総額	250億円以上	
公募	―	
事業継続年数	直前期末以前3年前から取締役会を継続設置	
純資産額	50億円以上	
利益の額または時価総額	AまたはB A　最近2年間の経常利益の総額が25億円以上 B　最近1年の売上100億円以上，かつ，時価総額1,000億円以上	

〈スタンダード市場〉

株主数	400人以上	
流通株式	流通株式数	2,000単位以上
	流通株式時価総額	10億円以上
	流通株式比率	25%以上
時価総額	―	
公募	―	
事業継続年数	直前期末以前3年前から取締役会を継続設置	
純資産額	正	
利益の額または時価総額	最近1年間の経常利益が1億円以上	

〈グロース市場〉

株主数	上場時までに，150人以上となる見込みのあること
流通株式	次の①～③を満たすこと ①　流通株式数が上場時までに1,000単位以上となる見込みがある ②　上場日における流通株式の時価総額が5億円以上となる見込みがある ③　流通株式数が上場時までに上場株券等の25%以上となる見込みがある （上場に係る公募・売出しによる増加株数を含む）
時価総額	―
公募	500単位以上の公募を行うこと

（3）東証の上場審査基準の水準（実質基準）

　実質基準としては，基本的に，5つの上場に関する適格性の要件について審査される。その際，公益または投資者保護の観点から，新規上場申請者の株券を不特定多数の一般投資者が参加する取引所の上場銘柄として適切であるかどうかに重点が置かれ，**上場適格性の判断**として**図表5-15**の内容が審査される。

図表5-15 実質基準の概要

① 企業の継続性および収益性
継続的に事業を営み，かつ，経営成績の見通しが良好なものであること。
（例：損益および収支の見通しが良好なものであること）
　　A）事業内容の把握（経営環境，強み・弱み，財務構造など）
　　B）経営資源の把握（株主・役員・従業員，設備，技術，ノウハウ，資金など）
　　C）収益構造の把握と事業の安定性・継続可能性（収益構造，業務フローなど）
　　D）事業計画，予算管理体制の把握（方向性，利益管理，予算統制，月次決算制度
　　　　など）
② 企業経営の健全性
事業を公正かつ忠実に遂行していること。
（例：特定のものに対し，取引行為その他の経営活動を通じて不当に利益に供与して
　　　いないこと）
　　A）関係会社を利用した利益操作等がなされていないかどうか把握
　　B）公正な取引の把握（不当利得行為の排除，プライベートカンパニーからの脱却）
　　C）その他決算数値や配当を歪めるような取引がないかどうか把握
③ 企業のコーポレートガバナンスおよび内部管理体制の有効性
コーポレートガバナンスおよび内部管理体制が適切に整備され，機能していること
（上場後に必要となる内部統制制度に対応できることが必要である）。
　　A）役員による業務執行行為が公正かつ忠実かどうか把握（コーポレートガバナン
　　　　ス）
　　B）経営管理体制の把握（組織，内部統制，職務権限，規程，マニュアルなど）
　　C）人事労務の状況
　　D）資産保全の状況
④ 企業内容等の開示の適正性（ディスクロージャー体制の整備）
企業内容等の開示を適正に行うことができる状況にあること。
（例：経営に重大な影響を与える事実等の会社情報を管理し，当該会社情報を適時，
　　　適切に開示することができる状況にあること）
⑤ その他公益または投資家保護の観点から当取引所が必要と認める事項
　　A）コンプライアンス違反
　　B）特定者の株式短期利得行為
　　C）係争紛争事件への関与
　　D）子会社上場など

　実際の実質基準における**適格性の要件**については，3市場ごとに**図表5-16**
のように具体的に定められている。

図表5-16　市場別の主な実質基準

〈プライムおよびスタンダード市場〉

企業の継続性および収益性	継続的に事業を営み，安定的かつ優れた収益基盤を有していること
企業経営の健全性	事業を公正かつ忠実に遂行していること
コーポレートガバナンスおよび内部管理体制の有効性	コーポレートガバナンスおよび内部管理体制が適切に整備され，機能していること
企業内容等の開示の適正性	企業内容等の開示を適正に行うことができる状況にあること
その他公益または投資者保護の観点から東証が必要と認める事項	公益または投資者保護の観点で適当か否か（株主の権利内容およびその行使の状況ほか），重大な係争・紛争等，反社会的勢力による経営活動への関与を防止する社内体制の整備状況，種類株式（無議決権株式または議決権の少ない株式）の状況

〈グロース市場〉

企業内容，リスク情報等の開示の適切性	企業内容，リスク情報等の開示を適切に行うことができる状況にあること
企業経営の健全性	事業を公正かつ忠実に遂行していること
コーポレートガバナンスおよび内部管理体制の有効性	コーポレートガバナンスおよび内部管理体制が，企業の規模や成熟度等に応じて整備され，適切に機能していること
事業計画の合理性	相応に合理的な事業計画を策定しており，当該事業計画を遂行するために必要な事業基盤を整備していることまたは整備する合理的な見込みのあること
その他公益または投資者保護の観点から東証が必要と認める事項	公益または投資者保護の観点で適当か否か（株主の権利内容およびその行使の状況ほか），重大な係争・紛争等，主要な事業活動の前提となる事項で継続に支障をきたす要因の発生，反社会的勢力による経営活動への関与を防止する社内体制の整備状況，種類株式（無議決権株式または議決権の少ない株式）の状況

　市場区分ごとの実質基準は上記のとおりであるが，大きな違いは，プライム市場およびスタンダード市場では，審査において過去の業績の評価も重要と判断しており，「**企業内容等の開示の適正性が基準**」の審査項目がある。

　一方で，グロース市場では，過去の業績よりも将来の成長性の評価が審査上で重要なため，「**事業計画の合理性**」が厳格に実質審査される特徴がある。また，「その他公益または投資者保護の観点から東証が必要と認める事項」の審査においては，プライム市場およびスタンダード市場と異なり，特に安定性について審査される。一般的に，グロース市場の企業は，過去から上場時点においても業績が安定していない場合も多いので，「**主要な事業活動の前提となる事項で継続に支障をきたす要因の発生**」の有無が問われ，投資家の判断に影響がないかという観点で上場適格性を審査される。

　なお，ディープテックや，宇宙，素材，ヘルスケアなどの先端的な領域において新技術を活用して新たな市場の開拓を目指す研究開発型企業は，モノやサービスに関する技術開発やビジネスモデルの構築途上にあるため，事業計画の合理性の評価が相対的に困難な場合も多い。このため，東証は，IPOまでに**既存株主である機関投資家**に対してビジネスモデルや事業環境の評価などをヒアリングし，上場承認までに行われる主幹事証券会社を通じたインフォメーション・ミーティングなどにおいて機関投資家の評価等を確認するなどの手法を活用し，グロース市場の「事業計画の合理性」の審査を進める実務がなされる。

　その際，既存株主である機関投資家の当該ディープテック等に対する目利き能力（投資実績等），出資額および比率，上場後の株式保有方針などが考慮される。そのほか，技術開発等に対する専門家や有識者の見解，顧客需要やコストに対する取引先や潜在顧客の評価，規制動向や法的基盤等に対する規制当局の見解などの確認も必要に応じて行われる。

　なお，上場申請をする企業側には，実際にグロース上場時に「**事業計画及び成長可能性に関する事項**」を適切かつ十分に開示するために，将来的なビジネスモデル，競争優位性，研究投資活動の詳細，今後の投資計画や想定する投資効果などの具体的な時期や数値，マイルストーン，市場規模（将来予測を含む），リスク情報（顕在化する可能性の程度や時期，顕在化した場合の成長の実現や事業計画の遂行に与える影響内容，リスク対応策）等の記載を拡充することで，適切な企業価値評価の**重要な投資判断材料**を投資家に示すよう求められる。

　ただし，ディープテック企業であっても，通常どおりに事業計画の合理性を評価できる場合は，上記の投資家評価などを求めるものではない。

第 6 章

成長のための
M&A戦略

　起業家は，時間をかけて徐々に事業を成長させていくのが一般的である。しかし，現在のわが国では，欧米と同様にM&Aが１つの選択肢として根付きつつあり，自社を売りたい経営者，他社を買いたい経営者の双方がかなり存在し，M&Aの成立が増えつつある。もちろん，一生の間でM&Aの売り手や買い手に一度もならない経営者もまだまだ多いとは思われる。

　いずれにしても，活用の仕方によっては事業展開に大いにプラスになる面もあるM&Aの仕組みをよく理解して，是々非々で自社がM&Aを利用するか否かをしっかり検討すべきである。

1　買い手側から見たM&Aの効果と留意点

　ここでは，M&Aを活用していかに事業拡大していくかについて説明する。

　成長のためにM&Aをするのであれば，自社が他社に対しての買い手となり，グループ全体をさらに強化して事業拡大の促進を目指すことを考えることになるが，大きくは３つの選択肢がある。

（1）業界再編にM&Aを活用

　自社の本業と同じ同業他社を買収して，市場シェアや顧客基盤を一気に増やすM&Aの展開がある。買収先の市場シェアや顧客基盤を獲得して自社グループの事業規模拡大を実現することで，業界再編を主導して**業界内で短期間のうちに上位に躍り出る観点**からのM&Aとなる。

　業界内で多数の競合企業がひしめき合っている場合，過当競争に陥り，各社ともに内部留保を十分蓄積できない状況になりやすい。それに伴い，本当に必要な設備投資や研究開発，マーケティングができず，全体の市場規模が十分拡大しない業界も多い。その状況を打破するために，業界再編の観点から，買い手側が売り手の企業も加えて１つのグループとして市場シェアを短期間で伸ばすためにM&Aを行う。

　このようなケースでは，もともと売り手側のほうが買い手側よりも収益性が低い，つまり買い手にとって買う価値があまりないように見えることが多い。

しかし，M&Aによって買い手側のグループに入ることで，売り手側は，買い手側と同じ効率的な体制を移植され，収益性が上がる可能性が出てくる。なぜなら，同じ業界でも，**経営効率や業務オペレーションの巧拙が原因で収益構造が異なる**場合も多いので，改善できる可能性があるからである。売り手側の収益性を高めることができれば，そのM&Aは一定の成功を収めたということができ，業界再編としても一定の意義を持つ。

　日本は欧米に比べ廃業が少ない。欧米で実際に廃業となるような企業が日本では廃業に追い込まれず，低収益，低成長が続いても何とか存続している場合が多い。つまり，廃業が少ないだけであり，業界全体で痛み分けをしているような状態であり，とても健全な経営とはいえない。国や自治体も，特定業界向けの優遇措置や業界秩序を重視する産業施策などを実施しがちで，企業の延命措置に一役買っており，結果として，海外から指摘されるゾンビ企業が生き残っている実態がある。

ゾンビ企業

　金融機関や政府の支援があるため，毎年ぎりぎり経営破綻しない企業のこと。特徴としては，年間の利払いが営業利益を超えているが，返済猶予や追加融資，助成金や補助金の恩恵で倒産だけは免れている状態といえる。

　返済できる予定が立たない多額の不相応な負債を抱え，売上高に見合わない水準の事業経費や金利を負担した後は資金がほとんど残らないような，慢性的に赤字体質の企業といえる。そのため，金融機関や政府機関の支援がなくなった段階で事業は継続しえなくなる，末期的な状況に常に置かれている。

　金融危機やパンデミックなどにより企業経営が難しい局面では，企業破綻や連鎖倒産が多発しないように，政府中心で延命施策を打ち出す傾向がある。その際に，政府の要請や法改正で金融追加支援策や返済猶予策が打ち出され，金融機関が協力するほか，金融機関自身の決算の観点からも破綻企業や破綻懸念企業を極力減らすためにこうした施策に尽力する傾向がある。

　それによって，厳しい状況から救われる企業が増えるメリットがある一方で，同時にゾンビ企業を継続または増加させてしまうことにもなり，非常に難しい政策の舵取りが求められることになる。

　帝国データバンクの調べでは，ゾンビ企業は2022年末で18万社以上存在するとされており，極めて深刻な状況といえる。

　このように日本には，低収益で成長しにくい経営環境に甘んじなければならない業界が多いという特徴がある。海外の動きを参考にすれば，M&Aによる業界再編は日本全体の成長のためにも本格的に考えなければならない時代といえる。

　現在，少子化かつ就業人口から団塊世代が抜ける時代に入り，人余りから人手不足に転じたため，企業では人材確保が必ず経営課題になる。そこで，廃業や業界再編で企業数を減らし，増加する有望ベンチャーや業績が良好で賃金水準も高い企業に人材をシフトさせ，成長業界が活性化すれば，必要な就業人口を十分まかなえる可能性がある。

　また，業界再編が進めば過当競争が減り，残った企業は利益を確保しやすくなるため，業界全体がレッド・オーシャンから少しブルー・オーシャンの状態に近づく可能性がある。M&Aによって買い手側は**売り手側の売上シェアを取り込み，事業を拡大**し，業界内で一気に市場シェアを高めることで，収益性を向上できる効用が期待できる。内部留保が増えれば，優秀な人材への賃金を適正にコスト負担できるようになり，好循環が生まれやすくなる。

ブルー・オーシャンとレッド・オーシャン　　　　　　Keyword

　W・チャン・キムおよびレネ・モボルニュが提唱した経営戦略論。事業成功のためには，競争のない未開拓市場である「ブルー・オーシャン（青い海：競合相手のいない領域）」を切り開き，既存のモノやサービスを「進化」させながら新規市場を創造するアプローチ。業界内で競合優位を確保するため，同業他社も所持する一般的な機能やサービスのうち，何かを「減らす」「取り除く」，そのうえで特定の機能を「増やす」あるいは新たに「付け加える」ことにより，それまでなかった価値を向上させる「バリューイノベーション」を行うことを提唱している。

　逆に，ライバル同士が血で血を洗うような激しい戦いをしている市場を「レッド・オーシャン（紅い海：すでに競合が業界に多数存在し，競争が激化している市場）」としている。

（２）本業とシナジーがある周辺事業の進出にM&Aを活用

　本業との相乗効果が高い周辺事業に新たに進出して事業展開するのであれば，**進出したい周辺事業をすでに業界内で事業展開している他社を買収**してグループ化する選択が考えられる。

　製造・販売のサプライチェーンを主な取引ごとに分解すると，販売するモノに対して，前工程や後工程を担う他の企業がいくつも通常は存在している。材料の提供，組立・加工，完成品の製造，仕入・販売，物流などいろいろな立場がある。そうした他の企業の協力や連携があって初めて事業展開できる場合が大半であり，サプライチェーンのすべてを自己完結できることのほうが少ない。

　しかし，業界内で一定の力をつけてくると，周辺事業も自社で行うほうが相乗効果やスケールメリットが生じる場合がある。仮に周辺事業も担えるならば，取引範囲，マージン確保が多様化するため，さらに収益性が高まり，業界内で大きく成長する可能性も出てくる。

　このような可能性を現実に検討する場合，周辺事業を一から立ち上げて新規事業としてトライする選択肢もあるが，その周辺事業を手掛ける他の企業をM&Aによってグループ化することもありうる。周辺事業もサプライチェーン全体の観点では同じ業界であるので，買収候補先の経営状況（最近の業績や課題，ブランド力，経営資源など）はある程度わかるケースが多いといえ，候補を選定しやすい面もある。また，現時点で実際に取引をしている連携企業で，業務上も幹部同士がいろいろ協議しやすい関係にある場合も多い。話の切り出し方は難しいが，取引先なので相手の内部事情はわかりやすい面もあり，**図表6-1**のような経営課題が見えれば協議してみる価値はある。

　このような経営課題が買収候補先にある場合には，お互い腹を割って協議することで打開できる可能性が多く，先方にとっても課題解決に向けて意外にいい話となる場合もある。仮に交渉が成立すれば，もともと不可欠な周辺事業をグループ化でき，より強固なサプライチェーンを手にすることができる。本業も周辺事業も相乗効果で成長につながる可能性が高いので，検討する価値はある。

　さらに，業績好調で豊富な資金力があれば，自社に関連するサプライチェー

図表6-1 **M&Aの可能性がある買収先の経営状況**

- 事業承継問題を抱えている
- 技術やノウハウが生かし切れていない
- いい仕事はするが業績が芳しくない
- 資金繰りの課題が噂されている
- 経営幹部の離反があった
- 大口の取引先との契約打ち切りがあった
- 他社にM&Aをされるリスクがある　など

ンに属する周辺事業のすべてをM&Aする選択肢もある。ただし，この場合には留意点がある。サプライチェーンのすべてを抱えることは盤石な経営基盤を構築できるように思えるが，長い目で見ると，事業リスクをすべて背負うことになるということである。景気変動によって需給調整が困難になったり，固定費水準が上昇するなどの構造的な問題が生じやすい。

　その意味で，**重要な周辺事業だけを最低限グループ化**するという選択もある。つまり，周辺事業を手がける他の企業が複数存在する状態は残しつつ，周辺事業を担う企業を必ず1社以上はM&Aによりグループ化する。そして，周辺事業の収益構造や環境変化などの内情を得る役割を担わせることで，グループ内に業界全体の情報を取り込みやすくする。そうすれば，**図表6-2**のように，周辺取引に関する交渉力強化や事業構造の安定化を以前よりも図れる可能性がある。

図表6-2 **周辺事業のグループ化のメリット**

- 周辺事業の適正な取引価格を知ることで，周辺事業のグループ外の取引先との価格交渉力を強化できる可能性がある。
- すべて子会社化すると，取引量が縮小した場合などにグループ内の固定費が重くのしかかるリスクがある。よって，一部の企業について変動費的に選択対応できる余地を残し，環境変化に適応しやすい状況にしておく。

　以上のように，自社の周辺事業を取り込む場合には，効用や留意点について
よく検討すべきである。一方で，周辺事業を担うグループ企業がまだ存在して
ない場合には，周辺事業を取り込むためのM&Aを模索すべきである。

（3）本業と関係のない新規事業参入にM&Aを活用

　本業とはまったく関係ない事業を他社から買収することがある。そのような
選択は世の中では多く行われているが，本来は研究開発，設備投資，人材確保
など本業を強化するために使うべき資金を新規事業に投入するので，本業の拡
大と利益相反になる可能性があり，慎重な経営判断が必要となる。仮に買収し
た事業がうまくいかなければ資金をドブに捨てることとなり，後悔することに
なる。したがって，成長に陰りが生じた本業の不振をカバーするための新規事
業のM&Aは慎重に判断すべきで，安易に行うことは回避すべきである。

　ただし，本業と相乗効果が一切ない場合でも，例えば，**図表6-3**のような
2つの経営環境がある場合は，新規事業のM&Aをする選択もありうる。**本業
をいずれ撤退する覚悟のもと，新たな稼ぎ頭となる事業の柱を見つけるM&A**
である。このように，持続可能性を高めて生き残るために，過去から蓄積して
きた内部留保が枯渇する前にM&Aを活用し，グループ全体の事業を再構築す
るという選択は十分ありうる。

図表6-3　　事業構造を大転換するためのM&A

　事業の柱を抜本的に変えないと生き残れない以下のような局面がある場合は，M&Aを活
用して事業展開を見直す選択も必要である。

- 本業の業界全体が市場縮小または将来的に消滅する危惧があるような状況
- 競合他社が圧倒的に強く勝ち目がなく，市場シェアも右肩下がりが続く状況

　上記のような状況に経営環境が至った場合，今の業界にしがみつくのでなく，新たな本業
を事業構想として打ち立ててグループ全体の持続可能性を高めることも，経営判断として十
分ありうる。

　図表6-3のような状況で，自社だけで新規事業に一から参入することもあ
りうる。しかし，**事業転換のスピードを重視**して，すでに一定の市場シェアを

持つ他社を買収してグループ化することで一気に新規参入し，もう１つの自社の新たな本業として事業展開を進める選択も検討に値する。

Column　**大手企業のM&Aにおける経営判断**

　大手企業が本業の今後の展望が見出せない場合，新規事業創出として，今後の有望なスタートアップを買収する場合がある。本業と関係があまりない事業なので相乗効果はないが，本業のリストラを緩やかに進めながら新規事業を育て，グループの今後の中核事業にする経営判断としてM&Aを選択することになる。

　しかし，この場合，本業のライフサイクルの終焉タイミングが予見され，本業の業績不振によって豊富な資金力を持つことも難しい状況の中で上記の決断をすることになるので，M&Aを選択できる大手企業はそう多くはない。

　また，本業以外の成長分野をグループ化するために買収するとしても，グループ内にまったく知見がない新規事業を買収する場合，スタートアップ側の事業展開に翻弄される可能性も高い。

　いずれにしても，グループのパーパスに適う事業かどうかを見極め，いかにグループ力を強化していくかが，M&Aを実行するか判断するカギといえる。

---

② 売り手側から見たM&Aの効果と留意点

　一生のうちに１つの企業を創業するだけでも凄いことである。だからこそ，その大事な創業した企業を売却するということは絶対に考えられないという経営者はまだ多いかもしれない。また，売却するという行為自体が，事業から撤退することと同じ意味合いで世間から見られてしまうと感じるため，プライド的にも売却はありえないと考える向きも当然あると思われる。

　しかし，M&Aによって自社を売却することはすでに当たり前の時代になっている。わが国においては，上記のような考え方が以前は主流であり，M&Aが欧米ほど盛んではなかった遠因だったが，最近における日本の多くの経営者の意識はM&Aを活用する選択肢も考えるように変化してきている。

　では，起業家が売り手側となってM&Aを活用する場合，どのようなことに留意すべきだろうか。

（1）事業承継型M&A

　現在，事業をしているオーナーが後継者問題を抱えている場合や事業継続をする意思がない場合などに，新たな買い手が登場すればM&Aに発展することが多い。特に，戦後の高度経済成長の頃に創業した企業が多く，創業者も高齢になって，社内や身内になかなかいい後継者が見当たらない場合も増えたため，自社をどうするか悩む時期を迎えているケースが増えている。

　実際，1人の起業家が精神面と健康面ともに充実して経営できるのは，通常であれば30年程度である。そのため，後継者問題はどの企業にも発生する。

　仮に，上記のような状況で，業界内で一定のポジションを確立してきていれば，新規参入した他の企業や同じ業界で市場シェアを伸ばしたい他の企業は，自社グループに取り込みたいと思う可能性は高く，M&Aが成立しやすくなる。

　例えば，創業年数にかかわらず，現在の事業について自社単独では将来の展望が描けない状況であっても，買い手側から見て**相乗効果**，**周辺事業の強化**，**新規事業進出**などを実現するメリットが可能性として十分あれば，M&Aは十分成立するのである。

　この事業承継型のM&Aが成立した場合には，売り手側の創業者および一族は，会社清算をする手間がなくなるばかりでなく，事業価値を認めてもらえれば一定のキャピタルゲインを手にする効用もある。また，M&Aの交渉で現従業員の雇用維持を第一に掲げる創業家も多く，今後も必要な人材，組織であることを説明，説得することによって，多くの従業員が再就職の苦労なく，新たなオーナーのもとで，慣れた職場で仕事を続けられるケースも多い。

　最近では多くのM&A仲介会社が登場し，日本全国の企業の事業承継目的のM&Aを数多くアレンジする時代になっている。

（2）業界再編型M&A

　買い手側が業界再編を狙ってM&Aを活用することがあることは前述したが，逆に，売り手側にも効用や留意点がある。

　日本では，大半の業界で市場規模に比して企業数が多いため，その弊害として，全体的に低収益で事業を継続している企業が多いことが指摘されている。

この実態を是正するとしても，下位企業にしてみれば，撤退や会社清算をする場合は犠牲が大きく，従業員を路頭に迷わせてしまうリスクがある。その点，同じ業界の上位企業に自社を買収してもらえれば，上記のような犠牲は出ないことになる。**業界内の過当競争も緩和**されうる効用もある。

　また，買い手側の強いグループの傘下になることで激しい企業間競争から解放され，売り手側は以前より**持続可能性が高くなる可能性**もある。さらに，起業家は自社株を売却することでキャピタルゲインを手にすることができ，次の人生を組み立て直す効用がある。

（3）シリアルアントレプレナーになる選択

　M&Aのメリットを享受できるのは高齢の創業者に限られたことではない。最近では，20代で起業して業界内で一定の影響力を持つ企業にまで成長させて，30代や40代で会社を売却し，若くして多額のキャピタルゲインを得るケースが増えてきている。

　このようなケースは，周りから見れば，なぜ事業を続けないのかと疑問を持たれるような行為だが，欧米では珍しくない流れである。**会社売却で資産家の仲間入り**を果たし，次の夢の実現に向けて**新たに起業したり投資家になる選択**である。

･･

Column　起業してM&Aされるという選択

　欧米の若手企業の中には，最終的に世の中を変えるような起業やその他の壮大な夢の実現を構想しているが，その前に軍資金を稼ぐために，短期間に一定の規模で事業展開できる起業をして，数年後に会社を売却し，キャピタルゲインを得る場合がよくある。

　日本では稀有な例だが，孫正義氏はソフトバンクを起業する前に，計算機や電卓の原型になるような技術を留学中に開発し，シャープに技術を1億円で買い取ってもらい，起業資金に充てたという。

　最近，日本でも徐々にではあるが，早い段階で違和感なく売り手側になる選択をする起業家が増えつつあり，今後も増える可能性は十分あると思われる。

　男子一生の仕事を選ぶという日本における過去の考え方とは一線を画している。人生100年時代においては，ライフプラン，会社経営を長い人生の中でいくつかのス

テージに分けて考え，何が最も自分のパフォーマンスを向上させ，ステップアップできるのかを冷静に判断すべきである。

　一方で，当初はあくまでも単独で事業を拡大するつもりであったが，中期的に最大限努力しても結果的に業界1位，2位になれないと判断した場合，業界上位大手にグループ入りすることで，**買い手側はグループ全体の業績を短期間で向上**させ，業界内でのポジションを一気に上げて1番を目指しやすくするM&Aもある。その際，売り手側の若手起業家も業界上位大手に自社を売却することで若くしてキャピタルゲインを得て資産家になれる機会を得ることになるので，WIN-WINな状況にもなりうる。

　しかし，この場合，起業家の自社の経営に固執する考えが強いと成立しない。要するに，真に自社の価値や社員の今後のキャリアや処遇を最大化することを優先して考えれば，M&Aという選択が最適解となる可能性があることを理解し，M&Aを選択するかどうかを判断すべきである。

　当該若手起業家は，買い手側に請われれば，グループの子会社社長になる例も多いが，あらためて別のスタートアップを起業する例も増えている。事業意欲があれば，会社売却で得た豊富な資金でシリアルアントレプレナーとして第2，第3の創業を目指すこともできるのである。むろん，次の起業をせず，投資家になる，プライベートの充実や社会貢献活動などに向かう人生設計もありうる。

　また，その他の判断としては，創業した企業の属する市場がブルー・オーシャンであれば事業継続もあるが，レッド・オーシャンであれば，八方ふさがりでも頑張るというよりは，意欲のある買い手側にM&Aをされるほうが双方にとって望ましいという判断もあると思われる。

　なお，実際にM&Aが成立するには，現時点で事業展開を任せられる経営幹部が存在し，十分成長できる見込みの立っていることが不可欠である。残る**経営幹部が主要株主になれるMBO**（後述）の手法を活用する選択もありうる。重要な経営判断は急にはできないので，起業家は自社を引き継ぐ経営幹部と日頃から信頼関係を築き，ビジョンを共有しつつ事業展開することが必要になる。

（4）M&Aの売り手側になる際の留意点

　売り手側になるM&Aは，あくまでも選択肢の1つである。通常は，起業したからには業界トップを目指し，成長のためにIPOも検討し，その過程で**M&AとIPOを両睨みで経営判断**し，その結果としてM&Aをされるという選択に行きつく流れが健全な考え方といえる。よって，売り手側になるのは，あくまでも事業展開の結果であり，最初から売り物を生み出すために起業するのは本末転倒であるし，志が低ければそもそも売れるような起業をすることもできないと思われる。

　売り手側になる場合は，単純にモノを売る行為ではないことをよく理解してM&Aを進めないと後悔することになるので，留意すべきである。

　まず，売却対象となる資産や事業の価値は，値段が正式にあるわけではないので，買い手側にいかに正当に評価してもらえるかが重要である。実際には，いくらであれば納得できるかの落としどころを見出すのは非常に難しいので，最後まで買い手側と協議を徹底して行い，お互いに納得してM&Aを実行すべきである。

　また，買い手側は相乗効果などを期待するとともに，できるだけ安く買収したいはずなので，売り手側として高く評価してもらうには，買収後に収益を上げて成長できることをいかに説明できるかがカギとなる。そのため，売り手側は**今後の成長ストーリー**を明確にして，数値的にも**中長期経営計画**を示すことで，自分たちとしても望ましいと思える価格で売却できる可能性を高める努力をすべきである。

　さらに，事業や技術，サービスだけを売却するのではなく，今まで一緒に働いてきた人材が買い手側グループに入ることに責任を持つべきである。つまり，同僚や部下たちの人生は，M&Aによって企業文化の異なる他のグループに入ることで多かれ少なかれ翻弄されることになるのである。その意味で，少しで高く売却できる買い手側候補とだけ金銭的な交渉をするのではなく，売却する事業や買い手側の従業員になっていく**人材を有効活用してくれる買い手を選定**することも重要である。先方で適切な処遇がもたらされるのかなどに十分配慮し，必要な条件を契約に織り込む努力も不可欠である。

　人材の行く末を気にするところまでできるのが，同僚や部下をそれまで鼓舞し運命共同体としてともに企業を成長させてきた起業家の本分といえる。

Column　欧米の起業家のM&Aに対する考え方

　欧米では，M&Aの売り手側になることは，資金も実績もまだない起業家がまずは世の中に出て一旗揚げるために実際よくある。

　例えば，市場規模が大きく上位企業数社で覇権をほぼ握っているような業界では，対抗馬として新規参入するのは困難である。しかし，業界内で今後必要となる技術やアイデアを開発，企画できればベンチャーを起業し，その技術やアイデアが業界上位企業から一定の評価を得たところで売りに出し，起業家としてキャピタルゲインを得ることも可能である。

　その後は，買い手側に依頼されて子会社社長にそのままなるか，売却した事業からは完全に身を引き，獲得した資金を活用して，もともと考えてはいたものの多額の資金が必要なため参入できなかった他の事業を一念発起して起業するという選択もよくある。あるいは，起業家人生は辞めて実業界から離れ，豊富な資金で投資家，ベンチャーキャピタリストになる，資産家として悠々自適な人生を送るなど，人生の選択の幅は大きく広がる。

　いずれにしても，起業することは，多くの選択肢を生み出し，世の中で何者でもない状態から，自分の意思で何でもできる立場に這い上がる機会を得る醍醐味がある。

　例えばGAFAMは，周辺事業や新規事業に進出する目的で，毎年かなりの数のグループ外の新興企業を買収している。こういった動きは，いろいろな業界上位企業でも行われており，M&Aを行った企業の業界内での競争力はますます増強している。この状況を見ると，やはりM&Aのメリットはあるといえる。

　このような欧米の動きの中で，日本でも最近は，ゲームアプリやネットポータルサービスの技術やアイデアを業界大手に買い取ってもらう若手起業家が増えつつある。したがって，国内でもM&Aの売り手側になることへの抵抗感はだいぶ薄れてきているように思われる。実際に，シリアルアントレプレナーや投資家，ベンチャーキャピタリストになっている起業家も徐々に出てきている状況にあるため，今後も期待したいところである。

③ グループの事業部門や子会社を切り出す M&Aの効果と留意点

グループ内に複数の事業がある場合には，事業部門や子会社を切り出すM&Aが行われることがよくある。

各事業の収益性や成長性が同じということはほとんどない。その中で，収益性が低かったり成長が横ばいの事業などは，成長事業が稼いだ資金を使って継続される場合が多い。そうすると，成長事業側では，**自ら稼いだ資金を他の事業に奪われる**ために，さらなる成長のための設備投資，研究開発，人材増強などに資金を十分に回せない，つまりは成長を最大限追求できなくなってしまう。

仮に，成長事業との間に一定の相乗効果がある場合や成長事業の周辺分野として新たな収益源になる新規事業である場合であれば，成長事業から生み出された内部留保をそれらの投資に回すことは，成長事業自体の事業基盤の強化につながる可能性もあるので，グループ全体として許容できるかもしれない。

しかし，各事業が明確に分かれて独立運営され，成長事業との相乗効果がないようであれば，グループ一体でいる必然性がない。そのような場合には，M&Aの手法を活用して，資本関係も含めてグループを別々にする選択も検討すべきである。つまり，事業の選択と集中を図り，**相乗効果の認められないような事業はグループから切り離す**ほうが，企業価値を最大化する可能性がある。

その際に活用できるM&A手法としてMBO，LBO，カーブアウト，スピンオフ，スピンアウトなどがある。売り手と買い手だけでなく，金融機関やVC，投資ファンドが介在するケースがほとんどである。こうした外部の第三者は，M&Aスキームに参加することで，手数料，金利，配当，キャピタルゲインなどを稼ぐビジネスとして参入してくるのである。

いずれの手法を採用するかは，企業グループが置かれた実際の状況に沿って選択すべきなので，**投資銀行，弁護士，公認会計士などの助言が不可欠**になる。

以下で各手法について説明する。

Column 事業を切り離すM&Aの効用

M&Aによって，売り手側には売却資金が入るため，本業の事業資金に活用できる

メリットがある。

　一方，切り出された企業・事業は，新たに起業され独立する形となり，その後に稼いだ資金や増資した資金はすべて自社の成長資金に当然活用できるので，最大限の成長機会を得ることになる。また，独立によって以前の企業グループの縛りがなくなるため，取引先の新たな開拓など外部連携が増える副次的な可能性もあり，想定以上に新たな事業展開が追加的に生み出される期待も出てくる。

　さらに，独立することでスタートアップとして評価されれば，主体的に支援協力したいVC，投資ファンド，CVCなどから多額の第三者割当増資を受けられる可能性も出てくる。

　その後は，成長する独立企業としてIPOをする選択肢まで視野に入ってくる。IPOをすれば，さらに事業拡大を目指せる可能性も追加されることになる。独立する際，新会社の経営幹部は何も後ろ盾のない新たな独立企業の創業メンバーともいえるので，そうした幹部たちの経営パフォーマンスを向上させるために，新たな大株主の計らいで，新経営陣へのインセンティブとして一部の株式を個人的に取得できるようにする資本政策も多くある。また，ストックオプションを付与されれば，IPOによってキャピタルゲインを得て，自らが創業した起業家のような待遇を受けられるメリットもある。

（1）MBO

　MBO（Management Buyout）とは，現経営陣が，VCや投資ファンド等からの出資，必要に応じて金融機関からの借入れも組み合わせて資金手当てを行い，創業者またはグループ企業の親会社などから企業または事業部門を買収するM&Aの手法の1つである。結果として，現経営陣が新たなオーナーとなり，独立起業することになる。

　また，創業家や現経営者が上場企業の非公開化（Going Private）に踏み切るための手段としても活用される（非公開化については**第8章**参照）。なお，現経営陣と従業員が一体となって同じスキームを活用して株式を譲り受ける場合をMEBO（Management Employee Buyout）という。

　多くの場合，VCや投資ファンドが主要株主に入るため，M&Aの数年後には，VC等の**投資の出口としてIPO**を目指す場合が多い。

（ 図表6-4 ） MBOのスキーム例

A社株主が（オーナー一族）→（ファンド）→（ファンド，役員，従業員）に変更

MBO後にIPO

MBO後にIPOのために社内体制等を整備

（2）LBO

　LBO（Leveraged Buyout）とは，買収先の資産およびキャッシュフローを担保に借入金などで資金を調達し，買収先の資産の売却や買収後に経営変革を実施してキャッシュフローを増加させ，負債を返済していくM&A手法の1つである。主として，大型買収やプライベートエクイティファンド等により活用される。

　LBOでは，相対的に多額の資産や大きな無形資産（知財など）を持つ企業を，自己資金は最小限で，ほぼ借入金で資金手当てして買収できるため，**てこ（Lever）の原理**になぞらえて，このように呼ばれる。

　バイアウト系の投資ファンドや企業グループを急拡大させている事業会社が，新聞の1面を飾るような大型M&Aを実現するような場合は，LBOスキームを活用していることが多い。

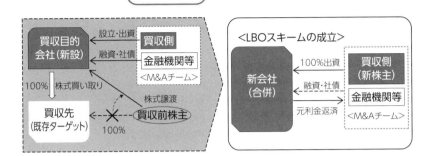

図表6-5　LBOのスキーム例

ポイントは，SPCを設立し，それを受け皿にして買収するスキームの流れ
- 買収側は，買収目的会社（SPC）を設立
- 大型買収では資金が不足するため，金融機関等が買収資金を融通
- 買収先の既存株主から株式を100％買い取り
- 買収完了後，融資返済スキームのためにSPCと買収先は合併
- 合併後，買収先の財産・収益・C/F等から金融機関等へ返済

（3）カーブアウト，スピンオフ，スピンアウト

① カーブアウト

カーブアウト（Carveout）とは，自社グループ内の企業や事業部門を切り出すこと，またはその切り出した企業等を資本関係のない他の企業に売却するM&A手法のことをいう。実務的には，会社法における事業譲渡や会社分割のスキームとなる。

カーブアウトは，**事業の選択と集中**を行う際に，ノンコア事業を対象に実施される。ノンコア事業であるだけに，潤沢に資金投入できなかったものがカーブアウトにより別会社となることで，他社からの投融資を受け入れやすくなる。

また，カーブアウトで独立して別会社となった会社が買収に発展すれば，買い手としても，必要としていたスキルを持つ人材，設備，技術，取引チャネルを一気に手に入れ，短期間でグループ内の有望な企業として事業価値を高めることができる。つまり，買い手にとってはノンコアでなく重要事業といえる。

　売り手としては，売却資金を得ることでコア事業にその資金を活用できるメリットがある。ほとんど売却資金を得られない場合でも，コア事業に専念しやすくなるため，事業の選択と集中をする効用は大きい。

②　スピンオフ，スピンアウト

　カーブアウトという意味ではどちらも同じ手法といえるが，元の親会社が出資することで一定の資本関係が続く場合がスピンオフ，元の親会社がまったく出資せず資本関係が一切なくなるのがスピンアウトである。

　スピンオフ（Spin-off）とは，新規分野や将来の戦略分野を担う**独立させたい既存事業**がある場合，元の親会社が出資して新会社を設立してその**既存事業を移管・分離**する手法である。

　実務的には，新会社は独立して通常は連結グループではなくなるが，元の親会社が少数株主として存在し続け，一定の影響力を持つことが多い。逆に，スピンオフをしても，親会社のブランドや販売チャネルなどは活用することができることもある。場合によってはグループ外の主要株主も生まれるが，親会社としての資本関係を保つことができる利便性が特徴といえる。

　よくあるスピンオフの例は，グループ内の新規事業で優れた経営幹部が頭角を現してスタートアップ的になり，多額の資金調達が必要になる場合である。本来は成長を期待してグループ内に残したいが，コア事業ではないため十分資金を供給できない。よって，グループ以外の投資家を集めやすくする必要性から独立企業にする際に活用される。

　なお，日本では，事業の選択と集中のために，不採算事業等を子会社として切り離す場合にも活用され，想定どおり経営改善できればグループに残し，そうでない場合はスピンアウトに発展することもある。

　スピンアウト（Spin-out）とは，元の親会社は設立した新会社に一切投資しないため資本関係はなくなり，分離した人材，設備，技術などは活用できなくなり，**完全な独立企業**となる手法である。実務的には，不採算部門を切り離すことが目的でありグループに残す未練はないため，他の企業グループに100％売却する場合に活用されることが多い。

Column　コア事業を強化するカーブアウト

　複数事業を展開する企業においてコア事業が明確になった段階で，コア事業に経営資源を集中的に投下するために，ノンコア事業に位置づけられた子会社や事業部門を売却する際にカーブアウトを活用する。ノンコア事業の子会社や事業部門をカーブアウトし，事業ポートフォリオを再構築し，コア事業をピカピカに磨き，経営効率を高めることができる。

　これらの事業選択，つまりはノンコア事業の引き算に躊躇すると，企業全体の成長の阻害要因をいつまでも抱えることになり，結果として競争力が低下する可能性が高くなるので，留意すべきである。ノンコアの事業価値の毀損が大きく進行する前なら買収したい相手先が見つかるが，そうでない場合は単に撤退に追い込まれ，整理損などの発生リスクが生じるので，迅速な経営判断が重要となる。

④　スタートアップ企業もM&Aを多用する時代

　スタートアップ企業の特徴は，ヒト・モノ・カネを早い段階で潤沢に整え，デスバレーを一気に突破し，短期間で急成長するビジネスモデルである点である。短期間での急成長を図るため，経済合理性の観点から，時間を買うためのM&Aも選択肢として検討する場合がある。

（1）スタートアップ企業が買い手側になるケース

　スタートアップ企業が買い手側である場合，成長をさらに加速するためのM&Aの活用となる。通常は，何もない状態から一気に成長していくので，事業拡大の中で追加したい事業分野が目白押しである。

　しかし，追加が不可欠な事業領域をゼロから立ち上げる場合や競合他社が新たに始めた類似事業の立ち上がりが早い場合，同様の新事業をすぐに展開しないと，競合状態で不利な立場になるリスクがある。つまり，新たな事業分野をとにかく成長させて本業との相乗効果を早期に整えなければ，顧客から見た魅力がライバルと比べて急速に劣化して不利な事態を招くことも十分ありうる。

　そのような局面において，すでに同種の事業を行っている他の企業があれば，

その企業をM&Aすることで，短期間でグループ力を一気に上げ，ライバルより優位な事業展開ができる可能性が出てくる。つまり，同様の事業を自社で立ち上げ時間をかけて成長させるよりも，**M&Aによって時間を買い**，買収したベンチャーを手厚く支援してスピーディに自社グループ事業の1つの柱に育てられれば，一気に**グループ全体の競争力強化**につながる効用がある。

　なお，買い手側となる場合のM&Aの判断は，スタートアップの起業家自身や経営幹部が通常検討するが，早い段階で投資したVC，投資ファンド，CVCなどがスタートアップの企業価値を最大化するために，グループ化すべきベンチャーを模索し，スタートアップの企業価値をより向上させられると判断したベンチャー投資を提案，後押しする実務もよくある。

Column　GAFAMもグループ化でM&Aを多用

　GAFAMも，まさにM&Aを多用することで盤石な地位を獲得したといえる。現時点で事業の柱になっている子会社や中核技術の多くは，独立ベンチャーをM&Aで得たものが実際に多い。例えば，メタ（フェイスブック）によるインスタグラムやワッツアップなど，アルファベット（グーグル）によるユーチューブ，アンドロイドなど，マイクロソフトによるオープンAI（ChatGPT）のように，多数のスタートアップをM&Aでグループ化し，さらに成長している現実がある。

　事業，特許技術，開発陣，得意先，商圏，ノウハウなどを手に入れるためなど，世界中で同様のM&Aは広範に行われており，自社で立ち上げるよりも確かで効率よく事業展開ができる場合が多い。

（2）スタートアップ企業が売り手側になるケース

　スタートアップ企業は急成長していくが，事業展開する市場によっては，今後も独立企業として展開するほうがいい場合と，売り手側となって大きな企業グループの中で相乗効果を持たせて展開するほうがいい場合がある。

　本当に独り立ちして業界最大手になるスタートアップであれば，M&Aをされるよりは，投資家から大規模増資を受けて，将来の圧倒的な成長を手にしようとするのが通常の流れであり，さらに成長を加速するなら，前述した買い手側となるM&Aも視野に入れるべきである。

　しかし，**大手企業と相乗効果のあるような事業**を手がけているスタートアップであれば，事業提携という道もあり，グループに入るほうがお互いにメリットがある場合も多いため，**M&Aをされるという選択も現実的**にありうる。以下でいくつかのパターンを説明する。

①　業界上位とタッグを組むケース

　自社が事業展開する業界に巨大大手企業が存在し，市場シェアを拡大するためには業界内で相互依存関係が不可欠な経営環境の場合は，その業界大手のグループに入ったほうが結果的に自社事業を最大限に伸ばせる可能性が高くなる場合がある。実際，買収されたスタートアップは単独で事業展開するよりも豊富にリソースやチャネルを獲得できるため，何倍も早く成長する場合が多い。大手企業と，まさにWIN-WINの関係を築ける。

　まだ赤字で成長途上であっても，よいビジネスモデルを持つベンチャーであれば，M&Aで従来よりも潤沢にヒト，モノ，カネを投入され，急成長できる可能性が増える。つまり，買収される前では売り手側は信用もなく，独自の少ない資金で事業展開せざるを得ないが，買収後に，ただちに必要な資金を投入してもらい，設備投資，研究開発，人材獲得，マーケティングなどを一気に進め，成長が加速する場合も多い。そのため，**買収される以前には望めなかった成長**ができ，買い手側企業にも想定以上の貢献ができる効用がある。

　最近は，本業のB2B事業を強化するためにクラウドサービス，プラットフォーム，サブスクリプション，AI，SaaSなどのスタートアップに買収されるケースが特に目立っている。

②　エリア展開でタッグを組むケース

　多くのスタートアップ企業は，現在のところ国内中心で事業展開している。しかし，海外にも同じ業界がすでにあって海外大手がいる場合，いずれ日本に進出してくるおそれがある。

　この場合，自社が日本市場を一手に担う存在になると同業の海外大手から評価される可能性があるなら，今後日本に進出してくる海外大手とあえて競争せず，M&Aでグループ入りして，**日本エリアでの覇権は自社が主導する**という

選択がありうる。この選択によって，今後，最大のライバルになりうる海外大手とは競合しなくなるので，国内で一番を目指しやすくなる効用がある。

　しかし，同時に，エリアの棲み分けがグループ内で行われるので，自ら海外に進出する道が絶たれることにもなる。よって，業界での力関係や市場動向から冷静に判断すべきである。一方で，欧米大手が買い手側であれば，M&Aをされた後も，例えばアジア進出の権利についてはグループ内で地の利がある自社が手掛けることを合意してもらえるチャンスが残る場合もある。それを経営判断として望むのであれば，自社の拡大余地を少しでも残せるように，現実にはタフな交渉をしながら，M&Aの際の条件に入れてもらうべきである。

③　本業以外の専門機能を切り離すケース

　業務プロセスの一部の専門的な機能をM&Aしてもらい，事業効率を上げて成長を加速させる選択もある。

　通常，スタートアップ企業は事業構想の実現に集中しているため，本業を支える業務の各機能，業務オペレーションは苦手，または担っても不採算，不効率な場合が多い。例えば，物流・在庫管理，製造加工，販売などである。その場合，苦手な業務部門を採算や効率も度外視で続けると，コスト負担増だけでなく，本業に経営資源を集中できなくなる。

　そこで，当該業務部門を専門的かつ効率的に行う他の企業に丸ごとM&Aで売却し，同じ業務を専門的に業務受託してもらう。**自社は得意な本業だけに集中**して，経営効率を短期間で改善，向上させるアンバンドル化（**第3章**参照）の選択である。

④　シリアルアントレプレナーを目指すケース

　起業家個人として，スタートアップを起業してみたものの，実はもっとやりたい素晴らしいアイデア，大きな事業構想が浮上した場合，M&Aで売却する選択もありうる。シリアルアントレプレナー（2（3）「シリアルアントレプレナーになる選択」参照）となる選択である。

　スタートアップを起業して成長したらIPOをするというのが一般的なストーリーといえる。しかし最近では，日本においてもスタートアップ企業を対象にしたM&Aは，当たり前の時代になっている。

　東証への新規上場の年間社数とスタートアップの年間M&A社数は同じ程度になってきており，年によってはM&A社数のほうが多い年度もあるようになった。金額ベースでも，IPOの公募増資よりもM&Aの売買金額のほうが大きい年も増えているので，起業家としてはIPOとM&Aをいかに選択するかについて同じレベルで冷静に経営判断すべき時代になっている。

　また，スタートアップのM&Aは，創業から数年のタイミングでも生じており，長くても創業から10年以内には実行する傾向がある。その要因はいろいろあると思われるが，スタートアップは数年という早い段階でデスバレーに直面するため，デスバレーを突破できたか否かで業界内での事業の成長可能性や市場シェアの獲得状況が見え，買い手側も早い段階で投資判断しやすくなる可能性はある。

5　M&Aの主な流れ

（1）M&A成立までの主要ポイント

　ここでは，M&Aの売買契約が成立するまでのおおよその流れを説明する。

　買い手と売り手は，お互いに詳細をまだ知らないうちは，世の中の評判や公表されて知りうる範囲で企業情報を入手する。金融機関やM&A専門会社からお互い匿名で情報を得ることも多い。

　その後，双方が興味を持てば，まずは売買前に**売買基本合意**を締結して交渉がスタートする。

　買い手側は，買収する資産や事業について，話し合いや最低限の資料のやり取りをして，可能な範囲で調査・検討を進める。その際，社内で調査チームを立ち上げて調査・検討を進めるが，資産内容，事業の取引契約内容，知的財産，簿外債務や保証，訴訟や法令違反等について可能な限り詳細を調査すべきである。なぜなら，買収後に知らなかった事実が発覚して事業展開に大きな支障を

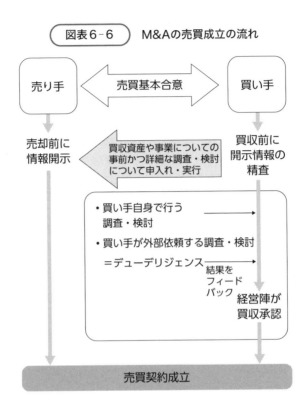

図表6-6　M&Aの売買成立の流れ

きたす場合もあるので，後悔しないためにも，リスクを十分知っておく必要があるからである。

　最初は社内調査チームだけで調査するが，自分たちでは手に負えない専門分野や念のため複眼的に検討したい事項が生じることも多い。仮に，専門知識が必要な場合には，**専門分野ごとに外部の専門家を活用**すべきである。このように，買収前に行う詳細調査をデューデリジェンスという。

　外部に実際に依頼するかどうかは，コストのかかる事案でもあるので，起業家の任意の判断である。しかし，買収後に，マイナス要因やコスト要因が新たに発覚するリスクの可能性が大きそうであれば，コストをかけても外部専門家に依頼すべきである。

デューデリジェンス

デューデリジェンス（Due diligence）とは，M&A，事業再編や不動産投資などの取引の対象となる企業や事業部門，不動産・金融商品などについて，事前に詳細を調査，検討するものである。実務においては，事業，財務，税務，法務，人事，年金，IT，不動産，知財，環境などの観点から必要に応じて実施される。デューデリジェンスの結果は契約締結における経営判断に反映され，発見した問題点に応じて契約を進めるか，見直すかなどが決められる。売買価格の算定基礎も提供する。

主として，買い手側の企業が，M&Aや事業再編によって他の企業を丸ごと，または事業部門だけを買収する場合や，プロジェクトファイナンスを実行する場合，投資用不動産の取引を行う場合などに，本当に適正な投資なのか，投資する価値があるのかなどを経営判断するために，事前に詳細調査を行うプロセスである。

デューデリジェンスの報告を受けて，経営陣が買収するかどうかを経営判断し，売り手側と最終合意をすれば，会社の**売買契約**は成立することになる。

（2）M&Aの流れ

以下では，買い手側から見た一般的なM&Aの流れについて説明する。

① 買収戦略の策定

まずは，以下の内容を十分検討して，M&Aを**実行するべきか否かを判断**する。

- 本業と相乗効果のある資産や事業を，自己調達するよりM&Aで得るべきか
- 現在の事業の成長やシェア拡大を後押し，促進するM&Aであるか
- 事業展開について，自社だけで長期間かけて行うよりもM&Aをすることで加速するか　など

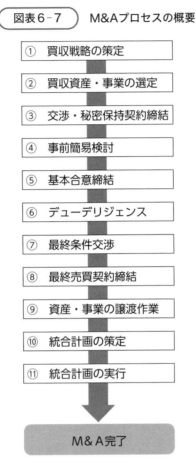

図表6-7　M&Aプロセスの概要

① 買収戦略の策定

② 買収資産・事業の選定

③ 交渉・秘密保持契約締結

④ 事前簡易検討

⑤ 基本合意締結

⑥ デューデリジェンス

⑦ 最終条件交渉

⑧ 最終売買契約締結

⑨ 資産・事業の譲渡作業

⑩ 統合計画の策定

⑪ 統合計画の実行

M&A完了

② 買収資産・事業の選定

　買収する方向性を決定したら，自社の事業構想に合致した資産や事業であるかを検証する必要がある。具体的な検証作業をする際に，手当て可能な資金額と**買収する資産や事業の評価価値**を斟酌して，現実的に買収できる金額かどうかを検討し，買収の目途がつけば，売り手側と接触を始める。

　検証にあたっては，公開されている情報を入手するとともに，自社の取引先ルートで知りうる情報なども極力集める。M&A専門業者が売り手側を紹介した場合などは，その業者に内偵を依頼する場合もある。

③　交渉・秘密保持契約締結

　売り手側がすでに知り合いであれば直接交渉を進める場合もある。しかし，まったく関係がない場合や，関係があっても諸事情により売り手側に自社の意思を伝えたくない場合には，**第三者を介在**させることもある。

　第三者としては，売り手側と直接話ができる人物に協力を依頼する場合のほかに，M&A専門業者に依頼する場合もある。M&A専門業者としては証券会社，銀行，M&A助言会社・仲介会社などがあり，それらに業務委託し，売り手と接触，交渉をしてもらう実務はよくあることである。この場合，買い手側とM&A専門業者は秘密保持契約（NDA）を締結するのが一般的である。

秘密保持契約（NDA）　　

　秘密保持契約（NDA：Non-Disclosure Agreement）とは，交渉や取引を始める際に，営業秘密や個人情報など業務に関して知った秘密を第三者に開示しない合意をする契約。事業内容や研究開発，技術の説明，商談，取引交渉などの事前段階で秘密情報を開示する場合に，相手方に開示する自社の秘密情報について，契約手続以外に流用することや第三者に開示することを禁止したい場合に相手方に秘密保持を合意してもらう。

---

④　事前簡易検討

　NDAを締結したら，買い手側は社内調査チームを立ち上げ，経営者とごく限られたメンバーで**基本合意に進むか否かを判断**するために調査を進める。また，買い手側が自ら集めた情報のほか，M&A専門業者が所持している売り手側や業界の情報があれば広く入手し，調査を進めることもある。

　なお，競合他社にM&Aを検討していること自体を知られないようにするのが得策であり，水面下で密かにM&A交渉をすべきである。仮に，M&A情報が業界内で広がると，競合他社の意表を突くことができず，競合他社の対抗策が早まり，事業上のプラス効果が薄れてしまうので，情報管理は十分に留意すべきである。

⑤　基本合意締結

　事前検討が進み，売り手と買い手がM&A交渉を進めることになると，本格的かつ個別具体的な手続に進むために，基本合意書（LOIまたはMOU）を締結して，**売買価格，統合形態，その他の手続**について諸条件を決めることになる。

　なお，当該合意書自体は一般的には法的な拘束力はないので，交渉をスムーズに進めるために，双方で誠意を持って合意内容を遵守すべきである。

基本合意の段階での取り交わし文書　

　LOI（Letter of Intent）とは，売り手と買い手の双方のトップが面談を終えた時点で買い手側から提示される文書で，意向表明書と呼ばれる。

　MOU（Memorandum of Understanding）とは，上記のLOIが交わされ，実際のM&Aの手段や取引の諸条件を確認した後に，あらためてお互いに取り交わす文書で，基本合意契約書と呼ばれる。

　いずれも本格的な交渉やデューデリジェンスに入る前に買収意向を伝える手続といえ，売買契約を正式に締結する前に，交渉での確認事項，交渉方針，売買成立までの日程等を記載する書類である。よって，一般的には売買契約と異なり法的拘束力はないとされ，覚書や予備的合意書として扱われる。

---

⑥　デューデリジェンス

　⑤を経て，買い手側はデューデリジェンスを行う。実際にどの範囲をどの程度まで行うかは買い手側の判断によるが，M&A後に事業上のマイナス面や想定外のコスト負担が生じるのは回避すべきなので，**必要な調査事項**を慎重に決めることが重要になる。

　デューデリジェンスを行う範囲，見極める内容について，社内調査チームで主体的に検討しつつも，失敗しないM&Aを心掛けるために必要と判断した事項は，前述したように外部専門家を利用して適切な調査を行うべきである。

⑦　最終条件交渉

　デューデリジェンス結果を受けて，今後の自社の事業展開と本当に合致する

会社か否かを再考して，M&Aを進めるべきか判断する。当初想定していた事実と大きく乖離した場合には，交渉決裂か，**基本合意内容を変更すべきか判断**する。売り手側との交渉で変更，見直しを可能にするように交渉努力をすることになる。

　状況によっては，必要と考えた変更，見直しをせず，**売買価格の値下げ交渉**で双方歩み寄る場合もある。仮に，希望どおりの資産や事業であると交渉が甘くなりがちだが，買い手側は高値づかみしないように，売買契約に至る前に必要な交渉を冷静に行うべきである。

　売買価格はあくまでも相対で決定するので，交渉における駆け引きの巧拙が最後にはカギとなる。そのような時に備えて，起業家としては胆力，人間力，交渉力などを磨いておくべきである。

　また，M&Aの取得対象としては，**資産**や**知財**だけでなく**人的資本**も非常に重要である。つまり，買収後も事業展開のキーパーソンとなる人材には在籍してもらわないと支障が出る場合が多いため，そうしたキーパーソンが買収後一定期間はリテイン（Retain，人材の確保）するように交渉することが実務上もよくある。

‥‥

Column　リテイン（Retain）の事例

　例えば，新体制に変わっても優秀な幹部や従業員がすぐに退職しないように，求心力のある売り手側の社長に1年または数年は会長などの立場で継続してもらう交渉がありうる。社長以外の現場キーマンとして技術や営業のトップについても，やはり数年間は継続して陣頭指揮をとることを交渉する例もある。

　また，CEOには外部人材を投入する場合もあるが，その場合は，売り手側の残る経営幹部を昇進させて副社長や専務などの重要ポストで処遇するなどして，リテインを実現しやすい環境にする買収後の施策などがある。

‥‥

⑧　最終売買契約締結

　最終条件交渉の結果を反映して，オーダーメードで契約書が作成されることになるが，あらためて売買対象の特定，売買価格，価格調整条項，売り手・買い手双方の表明保証事項，売り手側の業務に対するコベナンツ（特定の約束），

クロージング（取引完了）に関する条項，契約違反の損害賠償に関する補償条項などを協議して**契約内容を取り決める**ことになる。

コベナンツ契約

　コベナンツ（Covenants）とは，約束，誓約，制約条項などを意味する。金融機関等では，ファイナンスの実行（融資，社債など）にあたり，契約内容に一定の特約条項（義務，制限等）を付すことが多い。

　あらかじめ設定した条件に該当する事態となった場合，その効力が発生する条項であり，「情報開示義務」「財務制限条項」「資産処分等一定の行為に対する制限」などが実務で多い。

⑨　資産・事業の譲渡作業

　売り手側の資産や事業の譲渡には，有形財産（在庫，工場など）だけでなく，事業上の債権・債務，特許などの知的財産権，ブランドや取引先等の暖簾（のれん）なども含まれる。

　M&Aの際には，その事業を展開するうえで**必要な有形・無形のすべての財産（経営資源）を一体として買収**することが重要となる。つまり，一定の営業目的のために組織化され，有機的一体として機能する財産を譲渡してもらうことで，売り手側がその財産を使って営んでいた営業的活動を買い手側が丸ごと受け継げることになる。

　実際に，買収した事業を自前で一から立ち上げるよりも，M&Aによって事業展開を加速し，時間を買うメリットを享受できる効果がある。

　なお，売り手側は原則として競業避止義務を負うので，譲渡した事業について営業できなくなり，通常は今後のライバルになることは想定されない。

⑩　統合計画の策定

　売買日をもって引継ぎが円滑に進むように，事前準備，打ち合わせを周到に行う。買収した資産や事業を活用して自社グループの事業拡大ができなければ，M&Aを実施した意味がない。そのため，売り手側で運営していた以上のパ

フォーマンスをいかにあげていくかを入念に検討すべきである。つまり，M&A後に買収資産や事業が**自社の本業に最大のシナジーや価値向上**をもたらすように，統合計画を必ず策定すべきである。

　例えば，売り手側では何らかの課題があった資産や事業がある場合，買い手側のノウハウや新たなリソースを加味することで価値あるものに変えることができれば，M&Aは相乗効果を生むことになる。それまで売り手側では実行できなかった設備投資，人材投入などと併せて合理化策を新たに計画することもある。

　なお，合理化策を計画する場合，部門統合などによる**コスト削減**，グループ全体での**適正な配置転換**，買収資産・事業のうち**不要な部分の売却や除却**などの手法があるので，状況に応じて選択する。

⑪　統合計画の実行

　統合計画に沿ってM&Aの統合効果を最大化できるように，管理部門が全社に働きかけて統合作業（PMI）を計画的に進める。短期間で実行し，目に見える成果を上げることが士気を高めるためにも重要になる。

　2つ以上の企業を統合して1つにするので，会社全体をバランスよく統合していく必要があるが，**ガバナンス**，**業務フロー**，**組織風土**などについて，**図表6-8**のようないろいろな課題がPMIにおいて生じる。

　そのため，生じたそれらの課題を中心に短期間でのすり合わせ，課題整理をして，採るべき諸施策を決めて実行していく。1つの企業グループとしての事業展開を1日でも早く行えるようになることが重要であり，それが実現できるどうかでM&Aが成功するかどうかが決まってくる。

　以上のように，譲渡後の統合作業を順次スムーズに進め，相乗効果を生み出すことがパーパス，ビジョンの早期実現のために重要となる。よって，策定された統合計画に沿って，**計画の実行性を高めるためにPDCAを繰り返し**，予算管理を徹底して計画の実現可能性を少しでも高める創意工夫が必要になる。

　また，M&A成功のためのキーパーソンとなる，売り手側から買収先に移籍した経営幹部や従業員を活用して，買収した資産や事業を実際に効果的に動かすことも重要である。そのため，そうした**人材の移籍後のモチベーション**向上

（図表6‑8）　PMIで課題となる事例

A．ガバナンスのよくある課題

　自社グループのパーパス，ビジョンの理解・浸透のほか，経営陣が考えるべき人事・評価制度，システム対応，利益管理制度，職務分掌などの統一が課題になりやすい。
　その際，必ず買い手側の管理制度に合わせる必要はない。つまり，双方の制度を比較考量して，仮に，売り手側の制度が優れている場合には，売り手側の制度をグループ全体で採用するほうがグループ全体でプラスになるケースが実際によくある。特に，急成長のベンチャーが上場企業の子会社をM&Aする場合などは，売り手側の管理制度を引き継ぐ例がある。
　よって，是々非々で双方の管理制度のよい点を選択すべきである。最終的に，一方の良好な管理体制を採用するか，新たな枠組みを構築するか短期間で決定し，整備を行うべきである。

B．業務フローのよくある課題

　日常業務を1つの企業グループとしてスムーズにコントロールしていくには，業務プロセスを整備して役割分担を決め，業務に関連して必要なシステムを統一するか，新たに構築するか，いずれかの判断をすることになる。
　そして，すべての人員が動きやすいように部門構成を整備して組織体制を再構築し，新人事制度をなるべく早く発令して新たな部門配置を短期間で行うべきである。

C．組織風土のよくある課題

　ガバナンスや業務フローの整備が進んでも，それぞれの意識改革がないと真の統合はできない。よって，パーパス，ビジョンから導き出される共通の考え方を共有できる説明会や研修が絶対に不可欠であり，短期間で一枚岩になれるかが重要になる。
　さらに，統合後に経営者自身の志や熱意を語りかけ，グループ全体に共通意識を定着させる努力も必要であり，事あるごとに組織の末端まで情報発信することを心掛けるべきである。

策や**速やかな人的融合**，**交流**なども必要不可欠である。よって，統合後は，短期間で両社の融合を図るさまざまなアイデアや施策を打ち出すべきである。
　例えば，同一職階で同一待遇とするほか，各職階の待遇条件について両社で比較して望ましい側に合わせて設定することも検討するとよい。買い手側が一方的に指揮命令し，受け入れた人員を冷遇するような場合は，売り手側の人材のよさは引き出せず，双方に何もよい結果を生まないので留意すべきである。
　なお，統合が実現して事業展開が一枚岩になれば相乗効果が出るので，でき

るだけ**統合スピードを上げ，次のステップに進む**ことが重要となる。よって，M&Aの基本合意後は，短期間でできる施策を数多く検討し，それらをなるべく早い段階から実行して1つでも多くの**相乗効果を目に見える形で実現**すべきである。そうすれば，内外の信頼や期待が増して投資を得やすくなり，M&A後のグループ一体としての事業展開を拡大していくことができるようになる。

Keyword

PMI

Post Merger Integration（ポスト・マージャー・インテグレーション）の略。M&Aを実行した後，統合効果を最大化するために当初から計画的に統合プロセスを進めることをいう。主として，経営，業務，意識の3点を統合する場合が多い。このような一連の取組みを行うことで，M&Aのリスクを最小化し，成果を最大化することを目指す。

第 7 章

プライベートカンパニーとして
展開する選択

1 プライベートカンパニーのメリット・デメリット

プライベートカンパニーは，言葉どおり私的企業であり，パブリックな存在である上場企業とは異なり，未上場企業として存在する。

さまざまな未上場企業があるが，本章でいうプライベートカンパニーは，親会社に従う子会社などではなく，起業家自らが大株主かつ経営者でもある組織形態で運営されている未上場企業を対象にしている。親などから事業承継した未上場企業で，自身が大株主かつ経営者として跡継ぎになっているのであれば，上記に含まれる。

（1） プライベートカンパニーのメリット

プライベートカンパニーで事業展開すると関係者が限られるため，少数精鋭で限られたステークホルダーの中で意思決定できるメリットがある。すなわち，**経営判断のスピードを上げる**ことができ，**ぶれない一貫経営や中長期的な視野**での経営を実施しやすい。

また，上場企業のようにディスクロージャーやIRを対外的に広く行う必要がなく，決算公告や税務申告を最低限行えば済むため，間接コストをかなり低く抑えることができる。そのため，事業展開に資金を集中投入し，**事業に専念**しやすいメリットがある。

一方，上場企業の場合，投資家は株価の上下や配当水準で一喜一憂し，投資銘柄を長期的な目線で選び経営を見守ってくれるタイプはまだまだ少なく，短期思考で業績を見ることが多いので，どうしても結果をすぐに求められがちになるため，落ち着いて事業構想に沿った経営判断をしにくいといえる。例えば，業績をいったん立て直す場合や，勝負時と判断して積極果敢に巨額投資や新規事業を行う場合には投資家から横やりが入りやすく，資金投入を将来に向けてじっくり行えないことも多く，プライベートカンパニーのように機動的な経営判断をしにくい面がある。

本来は，上場企業こそがダイナミックに経営判断すべきであるが，足元のステークホルダーからの短期的な要求に応じるため，時間をかけて適切な経営改

革を最大限行えないジレンマに陥りやすい。

（2）プライベートカンパニーのデメリット

　プライベートカンパニーの場合，資金調達に苦労しやすい，知名度が低く雇用の拡大や維持がしづらい，取引の信用度が上場企業に比べると低いため取引拡大や新規先開拓に苦労する，といったことなどがデメリットとして一般的に挙げられる。つまりは，IPOでよくいわれるメリットを享受できないということである。

　特に，資金調達については，事業が軌道に乗るまでは銀行融資もままならないので苦労することが多い。そのため，**調達可能な資金の範囲で事業展開**をせざるを得ず，スタートアップのように短期間でデスバレー等を乗り越えることは通常難しい。つまり，デスバレー等を乗り越えられず暗礁に乗り上げるか，仮に乗り越えられたとしてもかなりの期間を要することになる。いずれにせよ，成長のための制約要因は上場企業よりも通常は多いといわざるを得ない。

　また，老舗企業などでありがちなのは，自分の代で自社を傾かせることは絶対にしたくないので，安定志向でリスクをとらない方向に向かいやすく，自分

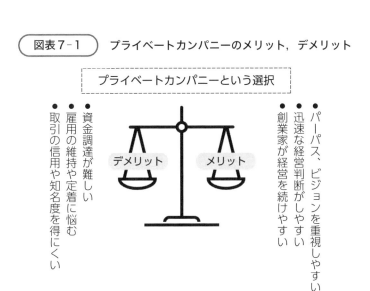

図表7-1　　プライベートカンパニーのメリット，デメリット

プライベートカンパニーという選択

デメリット
・資金調達が難しい
・雇用の維持や定着に悩む
・取引の信用や知名度を得にくい

メリット
・パーパス、ビジョンを重視しやすい
・迅速な経営判断がしやすい
・創業家が経営を続けやすい

の実力を十分出さずに，結果的に成長を最大化できない傾向がある。実際，経営を**次の代にうまくバトンタッチ**することを最大のミッションと考える向きが多く，自分の代で業績を急拡大させたいとは思わないのが多くの老舗企業の考え方と思われる。

　よって，上場企業のように，常に企業価値の向上を目指す志向と比べると，客観的に見て迫力に欠けるきらいがある。

（3）上場企業に負けないプライベートカンパニーづくり

　プライベートカンパニーのメリットを活かし，デメリットに留意しながら成長を実現していくためには，起業家の志や熱意をしっかり伝える不断の努力が重要である。また，自社の事業構想や今後の事業展開を練り，事業計画としてわかりやすく表現，文書化することも心掛けるべきである。

　つまり，企業として成長拡大し，自社の強みや独自性を対外的に説明する能力は，IPOやM&Aの時だけに必要なのではなく，プライベートカンパニーであってもステークホルダーに対して行うべき必須のビジネススキルといえる。どのような企業であっても，**事業展開する経営力**と，自社を説明する**プレゼンテーション能力**の両輪を起業家として磨くべきである。これらの能力を備えた起業家になれば，プライベートカンパニーであっても上場企業にも負けない企業体質となる可能性は十分ある。

　しかし，プライベートカンパニーには，メインバンク以外の外部のガバナンスが通常はないため，経営者の実行できることを中心に事業展開しがちになり，計画的でないがゆえに，理想と現実の間のギャップが大きくなりやすい。また，対外的に内部の実情が見えにくい閉鎖的な経営になりがちなため，起業家の経営方針は社会に通じない自己流が横行しても，誰も異論を唱えない場合が大半であり，そのようなガバナンスが効かない状態が続くと業績が悪化する確率も高くなり，そのような状態が慢性化すると，倒産や廃業に向かいやすくなる。

　よって，プライベートカンパニーの経営者は常に自制し，自社が社会に受け入れられる持続可能性の高いサステナブルな企業になるにはどうすればよいかをトコトン考え抜き，実行することが肝要である。

　後述する長寿企業，老舗企業の多くは，パーパス，ビジョンに類似する**企業**

理念，**社訓**，**社是**（以下，企業理念等）などをしっかり持っている場合が大半といえる。先代から引き継いだ経営者は，企業理念等の意味するところを深く理解し，その内容は変わらないが自身が経営している時代における新たな解釈を見出して，新たな事業展開も加え，現時点での経営課題を乗り越えている場合が多い。

　そのような事業展開を心掛けることで，長寿企業，老舗企業は代々成功を繰り返し，次の代への事業継承を実現しやすくなると思われる。つまり，伝統を守るだけではサステナブルではいられないので，いつの時代でも不易流行（本章③（３）で後述）を常に実践すべきということである。

② プライベートカンパニーを継続するか否かの経営判断

　ここでは，成長してきたベンチャー企業が，IPOでもM&Aでもなく，プライベートカンパニーのまま生き続けることを選ぶべきかどうかについて説明する。IPOやM&Aは企業成長のための重要な選択肢であるが，プライベートカンパニーであっても，規模や特徴で上場企業にまったく見劣りせず，毎年継続して成長してきている素晴らしい企業が実際に多く存在する。

　したがって，今後，自社が成長するために，これら３つのどれをいつどのように選択すべきか，十分に検討する必要がある。

図表7-2　今後の事業展開における３つの経営判断

（1）経営判断としての選択

　プライベートカンパニーが今後どのような道を進んでいくのかを検討する場合，IPOやM&Aも含めた３つの選択肢それぞれのメリット・デメリット，選択した際の事業上の特性や留意点を理解したうえで，検討，判断すべきである。その際，他の企業の成功例に左右され，「自社の歴史の１ページとして，IPOやM&Aをすることが責務であり，時代の流れに沿うべき」という経営判断は早計であり，無責任であるので，そのような考えは捨てるべきである。また，他の企業のIPOやM&Aの苦労を見て，自社としては外部に翻弄されたくない，面倒を持ち込みたくない等の理由で現状維持するという選択も，現実逃避，思考停止であり，経営の怠慢といわざるを得ない。

　自社の企業理念等から打ち立てた事業構想を実現する場合，プライベートカンパニー，IPO，M&Aのいずれが適した選択であるかを事業展開の段階ごとに熟考し，時間をかけて方向性を探るべきである。つまり，**３つの選択肢はどれも一長一短がある**ことを十分理解したうえで，選択する理由をさまざまな角度から冷静に判断し，自社が中長期的にどうあるべきかについてフラットに検討して選択していくべきである。

　実際には，入念に調査や検討を重ねると選択の判断が変わる場合も当然生じる。例えば，成長のためにIPOを選択したものの，監査法人のショートレビューの結果，IPOをすることで生じる経営課題などを吟味すると，結果としてIPOをしないことになる企業も見受けられる。また，M&Aも，デューデリジェンス後に課題を精査し，結果としてM&Aをしない場合もある。さらに，プライベートカンパニーを続ける意向を先代までは貫いていても，世代交代した時の経営環境からIPOを目指す企業も現実にはよくある。

　現在のように経営環境の変化が読みにくい時代では，経営判断を随時切り替えて，よりよい方向を模索することは決して悪いことではない。企業は継続していく以上，時代とともに経営環境は変化するのだから，その時点でベストと思う選択を躊躇なく素早く果敢にすべきである。

　たとえ，長寿企業，老舗企業といえるのプライベートカンパニーであっても**攻めの経営は必要**であり，実際にIPOやM&Aを決断している場合も増えてい

る。何もせず守りに入り，事業を前進させない経営は持続可能性を最も阻害するといえ，そうした企業の多くは老舗になる前に世の中から消える運命かもしれない。

（2）プライベートカンパニーの経営上の留意点

プライベートカンパニーがIPOやM&Aと一番異なる点は，ステークホルダーが比較的少ない状態で事業展開をできるということである。つまり，起業家が自ら主導し，少数の経営幹部の経営判断で何でも迅速に進めていきやすい点が大きなメリットといえる。そのため，起業家自身に，経営者として事業構想を実現する強い志や熱意があり，事業展開する能力があれば，プライベートカンパニーが最も経営スピードを上げられ，**適時の経営判断で事業を推進**しやすいといえる。

一方，経営スピードが速い反面，起業家の経営判断に大きく依存するので，起業家の質が悪いと的確ではない経営判断に翻弄され，業績向上が難しい展開に直結してしまうリスクが高い特徴がある。例えば，起業家の意思決定が優柔不断で多くの事案が先延ばしされる状況などがあっても，社内の誰も文句を言えないようであれば，指示待ち体質となり，組織が機能せず業績不振を招く可能性が高い。つまり，外部の目をあまり気にせず，経営を大胆，柔軟かつ迅速にできる一方で，経営判断が硬直的かつ遅滞しても誰も批判しないので，前例踏襲のまま，本当は行うべき経営改革の機会を逸してしまうことも多い。

いずれにしても，プライベートカンパニーは経営者が少数精鋭でダイナミックな経営判断をするやり甲斐があるとともに，**経営者の力量次第で事業の舵取りが大きく変わる**怖さがあることに留意して事業展開すべきである。

（3）プライベートカンパニーのIPOに対する考え方

代々続く家系でプライベートカンパニーを事業承継した人でも，起業家のようなマインドを持っていれば，単なる守りだけでなく，事業拡大を積極的に考え，成長可能性を高める場合がある。その際，事業拡大や組織的経営を進めたいなどの理由で，長年の経営方針を変えてIPOの実施を決断する場合がある。あるいは，IPOの前後で経営スピードを高めるため，必要に応じて，買い手側

としてのM&Aも並行して行い，事業展開を大きく方向転換する場合もある。

　IPOをすることで経営の透明性が高まり，社会的な信頼性も増えるため，プライベートカンパニーの時よりも優秀な幹部を登用しやすくなり，組織的な経営に移行していくことになる。管理体制もIPO準備の過程で上場企業のレベルに近づいていくため，不祥事などを未然に防ぎやすくなり，企業としての持続可能性を高めることも同時にできる。

　これは，創業家にとっても決して悪いことではない。IPOによって自由度が減るというデメリットが強調されやすいが，1人の経営判断ですべてうまくいくほど経営は甘くないのは当然である。やはり，優秀な経営幹部による分業体制で日々の業務が進み，そのうえで，経営者が経営の根幹に関わる事項を中心に最終決断していくような体制ができれば，ガバナンスが安定し，持続可能性が高くなりやすいと思われる。

　一般的には，上場企業はコーポレートガバナンスを徹底する経営を求められるので，程度の善し悪しは当然あるが，経営執行体制がIPO準備以前よりは組織的に整った運営に移行しやすい。よって，さらに**長寿企業になるための仕掛けとしてIPO**をするという判断も十分ありうると思われる。

　また，IPOの際の資本政策のやり方次第で大株主として残るスキームも可能であるため，創業家にとって財産形成上もメリットもある。例えば，経営者個人としてだけではなく，資産管理会社や財団を設立して自社株を保有し，それらを通して自社株の一定割合を代々保有し続けることも可能である。つまり，IPO後も自社株の一部は所有を**継続して相変わらず筆頭株主**となり，新経営陣となっても自社の成長や企業理念等の遵守が続いているかを見守り，何かあれば提言するという創業家としての生き方もある。

　したがって，上場企業になることで，自社の持続可能性を高めやすくするとともに，**創業家の資産形成，一定の経営支配権の保持**ができるのであれば，必ずしもプライベートカンパニーでなければならない理由はないはずである。もちろん，IPOが選択のすべてではなく，プライベートカンパニーのまま健全経営を続け，十分サステナブルな持続可能性の高い企業であり続けている企業が存在することも事実なので，企業実態に合わせて方向を決断すべきである。

（4）プライベートカンパニーの経営方針

　プライベートカンパニーを続ける場合でも，**自らが経営**するのか，創業家以外から**優れた経営者を別途迎え入れる**のかという選択が必要になる。どちらを選択するかは，経営陣の実力や経営状況に鑑みて，企業の持続可能性を高めるには何がベストかよく見極めて判断していく必要がある。

　なお，プライベートカンパニーを継続する場合，本章①（2）「プライベートカンパニーのデメリット」の説明でデメリットとして挙げた資金調達，雇用確保，取引の信用などが上場企業よりも一般的に不利になりやすい点をいかにカバーして事業拡大し，パフォーマンスを上げていけるかが重要になる。

　実務的には，本社や工場などの担保や創業家の莫大な資産を背景にした経営者保証などで，必要な資金調達が十分できるケースも多い。しかし，あくまでも**創業家が担保や保証**をしたうえでの金融機関等からの融資が大半なので，創業家の個人的な負担が上場企業の経営者よりも圧倒的に重い中で事業展開していくことになる。通常，上場企業の経営者は個人保証を一切しないので，日々の経営に対する個人的な重圧感はプライベートカンパニーとまったく比較できない。今後は，経営者保証をしない融資も制度改正で増える可能性も高いが，経営状態を見たうえでの話なので，自社の事業展開をできる限り優良な状態にして，個人保証を求められないようにはすべきである。

　また，プライベートカンパニーとして事業展開し，事業拡大を進めるためには，上場企業と同様に**販促マーケティングや広告に関する最新**の活動も取り入れながら，自社のモノやサービスを顧客に周知し，自社のブランド力をさらに向上させる努力は不可欠である。つまり，同じ業界に上場企業がいる場合も多いので，それに臆することなく，顧客基盤を固めつつ，さらに業界上位を目指す事業展開をしなければ，業界内で埋没してしまうリスクがある。プライベートカンパニーのままでも，守りに徹するのではなく，**常に経営強化**を図り，持続可能性を高めれば長寿企業を続けられるはずである。業界上位のポジションが上場企業に約束されているわけでなく，株主の期待に応えるべく上場企業も企業努力を日々繰り返している。

　したがって，プライベートカンパニーも，外的プレッシャーは少ないが，持

続可能性を高めるために，より業界上位になることを意識して，老舗であることに胡坐をかかず事業展開を躍動させ，成長を進めていくべきである。その際，自社の独自性や強み，成長性を効果的にアピールする場をメディア，SNS，自社サイトなどを通じて意識的に作り，臆せず，**上場企業よりも目立つこと**なども実践すべきである。

そうすれば，自社の企業イメージが社会に定着し，プライベートカンパニーであっても新入社員や転職者を雇用できる可能性は高くなりやすい。やはり，**やり甲斐や成長可能性を感じられる企業**に人は集まりやすいものである。

③　長寿企業，老舗企業になる秘訣

日本は海外に比べて長寿企業が圧倒的に多く，全世界に8万社程度あるといわれている長寿企業のうちの4万社以上が日本に存在している。企業のライフサイクルは30年程度といわれ，30年以内に存亡の危機が発生するのが一般的な中で，それらの企業は100年以上も企業経営を代々引き継いできており，さらに今後100年を迎える企業，つまり長寿企業予備軍もかなり多く存在する。

この日本の長寿企業4万社は，業種的には，不動産・建設，小売，卸売，サービスに属する企業が多く，製造業は比較的少ない。また，「創業家の後継ぎが代々事業を継承して商売をし続け，多くは地域密着で行っているため，売上規模も大半は10億円未満，大きくても100億円未満くらいの商いを丁寧にしている」という老舗企業特有の特徴を多く持つ。実際，長寿企業の80％以上が売上規模10億円未満で，100億円未満まで入れると95％以上になる。

そのような中で，**創業100年を超え，売上500億円を超える企業も600社以上**（うち1,000億円以上が350社以上）あり，誰もが知っている有名大手企業も含まれている。プライベートカンパニーのままの企業もあるが，すでに上場している企業もあり，いずれにしても社会的な存在感はかなり大きい。例えば，**図表7‐5**のような企業がそれらの長寿企業に該当するが，多くの人がよく知っている企業だろう。現時点で100年超え（1922年以前の設立）を長寿企業としているが，まもなく100年となる有名企業も多いので，大正時代以前，つ

まり1926年までに設立された企業も列記した。

図表7‐3　長寿企業（100年企業）の売上規模別集計

業歴100年を超える企業

売上規模別	社数	構成比
1億円未満	18,126社	45%
1億～10億円未満	14,533社	36%
10～50億円未満	4,804社	12%
50～100億円未満	1,090社	3%
100～500億円未満	1,251社	3%
500～1,000億円未満	242社	1%
1,000億円以上	363社	1%
100年企業合計	40,409社	100%

※2022年8月時点，帝国データバンク調べを筆者加工

図表7‐4　長寿企業（業歴100年を超える企業）の時代別集計

長寿企業（業歴/和暦別）	社数		社数	構成比
江戸幕府開府以前（～1603年）	152	江戸以前	3,497	8.7%
江戸時代（1603年～1868年）	3,345			
明治時代（1868年～1912年）	22,122	明治以降	36,912	91.3%
大正時代（1912年～1926年）	14,790			
100年企業合計	40,409		40,409	100.0%

※2022年8月時点，帝国データバンク調べを筆者加工
※大正時代は100年企業の対象となる1922年までを集計

図表7-5　有名な長寿企業

明治維新（1867年）以前

1590年　住友金属鉱山	1673年　三井不動産
1598年　綿半HD	1678年　田辺三菱製薬
1602年　養命酒酒造	1691年　住友林業
1611年　J．フロントリテイリング（松坂屋，大丸）	1712年　国分グループ本社
	1781年　武田薬品工業
1661年　キッコーマン	1804年　清水建設
1673年　三越伊勢丹HD	1831年　髙島屋

明治維新から明治終わり（1912年7月）まで

1869年　松屋	1889年　IHI
1872年　日本通運	1894年　大日本印刷
1874年　読売新聞	1896年　ニチアス
1876年　サッポロビール	1897年　ヤマハ
1878年　塩野義製薬	1904年　東芝
1881年　太平洋セメント	1907年　阪急阪神ホールディングス
1882年　日本銀行	1908年　凸版印刷
1884年　商船三井	1909年　竹中工務店
1885年　日本郵船，田中貴金属工業	1910年　森永製菓
1879年　朝日新聞社	1911年　日本経済新聞社，神戸製作所
1885年　東京ガス	1912年　ヤンマーHD
1887年　帝国ホテル	

※1800年代に渋沢栄一や財閥の尽力で銀行系，紡績会社系が多く創業したが，多数のため省略

大正時代（1912年から1926年）

1913年　三共	1921年　テルモ，小松製作所，サントリーHD
1914年　星野リゾート	
1917年　TOTO，島津製作所	1922年　東急
1918年　SMBC日興証券	1923年　ミズノ，農林中央金庫
1919年　オリンパス	1924年　日本放送協会，中部電力
1919年　キユーピー	1925年　味の素，野村HD
1919年　住友商事	1926年　信越化学工業，東レ
1920年　松竹，日立製作所	

　以上のように，長寿企業には日本経済全体に今でも大きな影響を与えている
ような有名企業がかなりあり，持続可能性をどのように高めているかは大きな
関心事といえる。

　長寿企業になるためには，上場・未上場に関係なく，会社の中身や考え方を
どう展開するかに特徴があると考えられる。少し探しただけでも上記のような
有名企業が目白押しであるが，それらの中で国分，田中貴金属，朝日新聞，竹
中工務店，サントリーなどは，実は未上場である（後述4参照）。したがって，
業界上位に存在し続けるためには，上場企業であることが絶対条件ではないこ
とを証明しているといえる。

　それでは，どうすれば有名大手の長寿企業のようになれるかを考えた場合，
各社各様の個別要因，自助努力ということに帰結するかと思うが，いくつかの
共通点は見出せる。**長寿企業の経営の秘訣**を以下でまとめてみたい。

（1）企業理念等を創業以来守り，大事にしている

　長寿企業は企業理念等を必ず持っており，創業から継続して語り継がれ，歴
代の当主が堅く守り続けている場合がほとんどである。世代ごとに時代の要請，
期待に応えて事業展開は変化していくが，自社がなぜ社会に存在すべきなのか，
何を目指すのかを明確にしたうえで，事業基盤の中で絶対に変わらないもの，
変えないものを持つことで，**自社のアイデンティティー，DNA**が脈々と受け
継がれている。

　企業理念等は，これまで述べてきたパーパス，ビジョンにあたるものといえ，
その内容について経営陣は当然理解している。それにとどまらず，多くの長寿
企業では，末端の従業員も歴史ある企業で働く自負やプライドを持ったうえで，
企業理念等をしっかり共有している。そのため，各現場で起こるさまざまな出
来事について，企業理念等に立ち返って判断するという尺度を全員が持ち，極
力それらの考え方に立ち戻れる行動をとることができるため，一貫した企業行
動が生まれやすくなるといえる。

　このように，社内全体に浸透しやすい企業理念等を持てるかどうかで組織風
土が決まってきて，長寿企業になれるか否かのポイントになる。最近よく見か
ける事細かなマニュアル経営とは異なり，企業理念等から読み取るモノづくり

の心，おもてなしの心などについて**自社の行動原理**や**考えるヒント**を番頭格の長老が伝え，従業員各人にとるべき行動を考えてもらい，その努力を尊重し，各人が企業理念等に沿って自律的に動くことが重要になる。長寿企業の従業員全員には**一本筋の通った変わらないこだわりの部分**があることで，顧客や取引先をはじめとした外部からも統一したコンセプトで企業自体を見てもらうことができ，**独自性の源泉**にもつながる。

（2）無理をせず，段階的に着実に成長を目指す

　長寿企業はスタートアップ企業の急成長志向とは異なる経営志向を持つといえ，ハイリスクハイリターンの方針はとらず，持続可能性を第一に考える。同様に，企業理念等を社内に浸透しやすくするために，自社を支える従業員の定着率をかなり重視し，儲けを優先して従業員に無理がかかる繁忙な状態を続けることは長期的にはよくないと考える。つまり，決して無理はせず，いかに良好な働き方ができるかを第一に考えた職場の環境作りを目指している傾向がある。

　そうすると，従業員の多くが創業家を支えようとするマインドを持ちやすなり，定着率も上がりやすくなる。また，従業員自体だけでなく，その家族構成や生活環境などもお互いに理解することで，仕事の負荷の状況をお互いに気遣い，支え合う**家族経営**的な面も醸成され，それもまた**人員の定着**につながりやすくなっている。人員が定着すれば，自社のモノやサービスは忠誠心を持ったベテラン従業員に支えられ，従業員教育も代々受け継がれ，組織が一枚岩になりやすい状態の中で，企業努力をしながら**安定した品質で顧客にモノやサービスを提供**することが実現しやすくなる。

　そのうえで，企業努力してもなかなか生き残れない競争の中において，自社の持続可能性を高めるために，無理なジャンプまでして急成長を目指さないものの，背伸びする程度，つまりは**地に足がついた状態で最大限の努力**を全社一丸で地道に行うことを心掛けることで，長期間にわたって進歩していく事業展開を目指しているといえる。

（3）不易流行を大事にしている

　不易流行とは，マーケティングの説明でよく使われる四字熟語であるが，もともとは松尾芭蕉を源流にした俳諧の理念である。永遠に変わらぬ本質的なものを「不易」，新味を求めて時々に移り変わるものを「流行」とし，不易の中に流行を取り入れるのが不易の本質であり，そうすることで流行が永遠性を獲得し，その後は不易になるという考えである。

　これは経営にも通じる考えであり，経営が短期的に終わらず，永遠性（持続可能性）を持てるようにするには，恒久的に変化しない本質的なものを持ちつつも，**新しい変化も併せて取り入れていかなければ今後の不易を実現できない**ということである。例えば，新たな流行をキャッチアップするために，さまざまな調査，聞き込み，企画作り，サンプル試作，研究開発，関連技術取得，M&A，外部連携などを試みて，今の時代の顧客のニーズ，つまり購買行動やその動機を徹底的に把握したうえで，自社の販売機会の発見を心掛けることである。そして，現実に世の中で起きていることから自社の将来を担う新たなモノやサービスの兆候を発見し，自社として事業展開する際には，経営者としての志，熱意のほか，世の中を俯瞰する大局観，経験，直観，思い切り等が経営者に備わっていることが重要になる。

　そのうえで，現在の自社の扱うモノやサービスが顧客のニーズに合致していないと察知した場合，本質は変えないが付加すべきことやイノベーションすべきことが何かを，早めに検討するべきである。そして，必要と判断した事項についてマーケティングを行い，事業拡大の可能性を吟味するために，付加した，またはイノベーションしたモノやサービスを**優良顧客中心に小さく市場投入**することを実行していくことになる。なお，ここでいうイノベーションとは，ちょっとした創意工夫で従来のモノやサービスに少し変化を加えることで，今よりも同業他社との差別化，独自化ができる可能性があることを意味しているので，本邦初の何かを発見するという大それた話ではない。

204

イノベーション

新しい技術・ノウハウの発明だけではなく，新しいアイデアから社会的意義の
ある新たな事業価値を創造し，社会的に大きな変化をもたらす自発的な幅広い変
革。従来のモノやサービス，事業の一般的な仕組みなどと異なる新しい技術や事
業の流れ，考え方を取り入れて新たな価値を生み出し，社会的に大きな変化を引
き起こすことになるような事実。

　新たなモノやサービスを試してくれる優良顧客の反応を見ながら試行錯誤を
繰り返し，多くの顧客ニーズに合致すると確信したら，**徐々に大きく育ててい
く**。こうして，今後の自社のモノやサービスの主軸に育てることが「不易」に
つながっていく。

　したがって，経営に永続性を持たせ長寿企業になるには，時代ごとに流行→
不易，流行→不易という循環を繰り返せるかが重要であり，その繰り返しの決
断が，時代の寵児として終わるのか，長寿企業になるかの分水嶺になるといえ
る。

4　未上場のエクセレントカンパニー

　未上場の長寿企業というと身内だけの中小企業をイメージしがちであるが，
前述したように，上場企業にも負けないような大企業も多くあり，未上場のま
までもエクセレントカンパニーになれることを証明している。例えば，国内大
手の有名未上場企業には**図表7-6**のように比較的大規模な事業展開もしてい
る企業がある（グループ企業が上場している場合もあるが，あくまでもグルー
プトップの親会社が未上場である企業をピックアップしている）。

　そのほか，海外にも有名な未上場企業は多いが，どの企業もモノやサービス
の市場シェアが高く，業界内ではいずれも大手であり，独自性があり，稀有な
存在といえる。上場企業としての看板がなくても十分な知名度をもって事業展
開ができている。

図表 7‒6　日本の未上場エクセレントカンパニーの最近の業績

社名，グループ名	設立	最近の業績（連結売上高）
国分グループ本社	1712年	1兆9,330億円（2022年12月期）
田中貴金属工業	1885年	7,877億円（2022年3月期）
朝日新聞	1879年	2,724億円（2022年3月期）
竹中工務店	1909年	1兆3,754億円（2022年12月期）
ヤンマーHD	1912年	8,714億円（2022年3月期）
サントリーHD	1921年	2兆9,701億円（2022年12月期）
東京地下鉄（メトロ）	1941年	3,069億円（2022年3月期）
YKK（吉田工業）	1945年	7,970億円（2022年3月期）
小学館	1945年	1,057億円（2022年2月期）
森ビル	1959年	2,453億円（2022年3月期）
富士ゼロックス	1962年	9,435億円（2022年3月期）
ジェイティービー（JTB）	1963年	5,823億円（2022年3月期）
大創産業（ダイソー）	1977年	5,493億円（2022年2月期）

図表 7‒7　海外大手の有名な未上場企業

- イケア（IKEA International Group）
  設立1943年，家具の設計・製造および販売
- カーギル（Cargill, Inc.）
  設立1865年，穀物，家畜，食物，健康医学，薬学，工業・金融・リスクマネジメント，電気，ガスなど幅広いビジネスを展開
- ボッシュ（Robert Bosch Gmb）
  設立1886年，自動車機器，産業機器，消費財・建築関連機器の製造・販売
- ロレックス（Rolex SA）
  設立1905年，「ウォッチ」に分類される腕時計等の製造・販売
- レゴ（LEGO）
  設立1932年，プラスチック製の組立ブロックの玩具の製造・販売

そのほかにも，登山用品のパタゴニア，家電メーカーのダイソン，TikTok運営のバイトダンス，航空宇宙産業のスペースXなどが挙げられる。

　つまり，未上場企業であっても上場企業に匹敵するような大手が数多く存在している事実があり，必ずIPOをしなければ成長できない，大手企業になれないという構図にはならないということである。

　また，**第8章**の上場企業の説明の中で言及する「非上場化」，つまり過去にIPOを実現して上場企業になったが，経営判断を見直して未上場企業に戻る「**Going-Private**」という選択も最近は増えている。あらためてプライベートカンパニーに戻る選択をしているが，その非上場化の理由を確認すると，逆にIPOをするかどうかを考える際のヒントにもなるだろう。なお，いったんGoing-Privateをしたため未上場企業となっているが，現時点でもかなり有名で，今後も事業拡大していくであろう企業も多く存在している。場合によっては，経営環境の変化で再びIPOを選択する企業も出てくる可能性は十分あると思われる。

　上記の図表で列記したような日本および海外の未上場のエクセレントカンパニーは，プライベートカンパニーのデメリットとして前述した資金面，雇用面，信用面などの課題は過去にほぼ克服し，現時点では経営に何ら影響しない段階に至っている場合が多い。仮にこれらの企業が今後IPOをするとしたら，上記のデメリット以外の**大きな経営判断の変化**が生じた時であると思われる。例えば，**事業承継**，**海外展開**，**業界再編**，**海外同業大手との競争激化**などが想定しうる。

⑤　プライベートカンパニーでも失敗しない事業展開

　事業展開できちんとやるべきことをやれば，IPOをしなくても十分に成長機会を得られることは，ここまでに説明してきたとおりである。それを可能にする前提としては，プライベートカンパニーが苦労する資金面，雇用面，信用面などについて，IPOをせずに自社の努力で克服できるかがカギとなることも説明してきた。

　要するに，未上場企業のままでもIPOで求められるような課題を1つでも多くクリアできれば，持続可能性が現時点よりも増すということである。

　例えば，仮にIPOをしない場合でも，**IPOの上場審査事項**はプライベートカンパニーの経営課題を解決するヒントになる。なぜなら，IPOで求められる管理体制は手間もコストもかかるが，IPO後も**持続可能性を高く維持できるように一般投資家から求められる体制**なので，業績の維持向上や企業不祥事を防ぐために役立つことが多いからである。

　一般に，上場企業であれば，上場審査で求められる管理体制の内容はIPOをするまでに検討し，解決している。つまり，業績を管理し，かつ不祥事を極力防ぐ仕組みを基本的に持っているため，一定の事業基盤が整備されており，多くは安定成長しやすいといえる。プライベートカンパニーであっても，上場企業と同様な管理体制作りを心掛け，改善課題を克服できれば，管理面でも上場企業に伍していける可能性が大いにあり，サステナブルな企業になることにつながるはずである。

　では，プライベートカンパニーが管理体制で改善すべき経営課題とは何か。以下で6つに分けて解説する。

（1）ビジネスモデルや事業構造の変革

　通常，時代の変遷によって，顧客ニーズや販売機会は移り変わる。そのため，自社のビジネスモデルや事業構造をよく理解し，環境変化に応じて変えていかないと，時代に取り残され，経営効率が悪くなる可能性が高い。よって，企業理念等は中長期的に不変なものとして定めたうえで，ビジネスモデルや事業構造は経営環境の変化に沿って変えていくべきである。

　その際，経営陣の責務としては，顧客や市場のニーズの変化に適うモノやサービスの見直しをタイムリーに行うことである。また，必要に応じて新規のモノやサービスの投入を企画，実行するとともに，今後の時代の変化や技術革新のキャッチアップなどを先導し，**経営変革を常に行うべき**である。

（2）利益向上策

　営業をひたすら強化して，全員野球でひたすら頑張って組織をやみくもに鼓舞して進むよりも，管理することが重要である。つまり，利益管理制度をしっかり整備して，いわゆる**PDCAサイクルを計画的にきちんと回す**ことで，毎月

改善策を実行しながら，確実に利益を上げていく体制作りを進めるべきである（**第４章**②（３）「利益管理の体制整備のポイント」参照）。

利益管理を徹底することで，利益が上がる要因，上がらない要因がハッキリするので，改善策を打つことができ，目標に近づきやすくなる。上場企業はそうしているはずだが，未上場企業の多くは計画値を持たない例が多いので，利益管理を始めるためには，まずは**計画の立案が不可欠**である。

実務上，利益管理の仕組みは，利益を確実に出すように組織的に改善アクションを進める行為なので，上場・未上場に限らず，経営のために絶対に必要であり，業績予想を確実に実現していくための管理体制といえる。そのためには，**マーケティング・チームを組成**し，自社を取り巻く**経営環境を把握する**方法を管理体制として確立すべきである。

（３）シェア拡大

自社単独でできる事業は，業界内での差別化によって市場シェアを伸ばすことを検討すべきである。

業界の中で自社のモノやサービスが選ばれるには，**他社にない強みや独自性**が最も競争力を高める要因になる。それらを伸ばすには，自社のモノやサービスの特徴を際立たせることで，同じ業界でも**他社より目立つ存在になることに創意工夫をすべき**であり，それが実現すれば顧客のニーズに応えることにもなり，結果として，販売機会が増え，市場シェアが広がることにもつながるはずである。

....

Column 　総花経営はやめ，引き算で勝負

日本企業は業界内での競争において，以下のように他社よりもいろいろ盛り込み，足し算をしていく事業展開になりがちである。

- 他社よりも多くのアイテムを用意する
- 多くの機能を考えて数多く付加する
- 関連するモノやサービスをいろいろ取り揃える

当初は顧客も興味を示すかもしれないが，結果として総花的な経営となり，いろ

いろ揃ってはいるが欲しいものがさほどない，本当に魅力的なモノやサービスがない企業になりがちである。

　よって，業界内で目立つ特徴を持ち，シンプルにワンフレーズで語ってもらえるような魅力的なモノやサービスをいかに生み出し，いかに勝負できるかに執着し，いろいろ盛り込み過ぎないように引き算に徹するべきである。

　そのようにして企業イメージが定着すれば，同業と比べられることは減り，自社のモノやサービスは他社と似て非なる，オンリーワンとして選んでもらえる可能性が生まれる。そして販売機会が増えると，自社のモノやサービスに他の地域のバイヤーや販売代理店が興味を持ち，取扱いを申し入れてくるなど，商圏の拡大につながる可能性がある。

　さらに，国内で競争力がつけば海外のバイヤーや販売代理店も興味を持ち，グローバルでの取扱いに発展する可能性も生まれる。第6章で説明した買い手としてのM&Aを活用することもありうる。

（4）業界再編

　すべての業界とはいわないが，日本においては業界内に**競合他社が群雄割拠**している例が多い。そうすると，過当競争が生じやすく，大半の企業が低収益に甘んじる状況になってしまう。

　したがって，業界の日和見的な状況を脱し，自社グループの成長性をいかに確保していくかについて真剣に考えるべきである。その際に，自社が業界のマーケットリーダーとなり，**第6章**で説明した**業界再編型のM&Aを活用**する選択も検討すべきである。

マーケットリーダー

　業界内で最大の市場シェアを持ち，業界を主導して牽引する立場にある企業。自社の市場シェアを維持・強化するだけでなく，市場全体の拡大を牽引する役割もある。

　仮に，自社よりも圧倒的に強い業界大手がいる場合でも，M&Aで業界再編して業界上位に躍り出て，今よりも競争力をつける選択もある。例えば，同業

の他の企業と統合してグループの売上規模で上位，できれば**1位になるという選択**も，業界再編の進め方としてありうる。2社統合で足りない場合は3社以上で統合新会社を作り，業界最上位になるという選択もありうる。その時の業界の状況や経営者の考えから判断して，柔軟に業界再編を行う規模を模索すべきである。

図表7-8　業界再編イメージの進め方

【○○業界】

売上

2社再編後1位 1,340

1位　1,200
2位　1,000
3位　　860
4位　　600
5位　　480
6位　　250
・　　・
・　　・
・　　・

【△△業界】

売上

3社再編後に1位 1,800

1位　1,600
2位　1,100
3位　　950
4位　　750
5位　　550
6位　　400
・　　・
・　　・
・　　・

（5）周辺事業進出

　業界の市場規模が横ばいか縮小傾向にあり，業界再編の協議も遅々として進まない場合がある。しかし，打つ手なしということで胡坐をかいているだけでは，自社の業績も横ばいか低迷を余儀なくされるリスクがある。

　そのような場合には，横展開で追加事業への参入を模索すべきである。周辺事業の市場調査をして参入余地があれば，まったく知らない業界ではないので，**違う業界において新規事業するよりも参入リスクは小さい**はずである。仮に周辺事業に参入する場合，新会社の設立が通常であるが，周辺事業の手頃な友好的な企業があれば，**第6章**で説明したようにM&Aをして短期に参入を実現す

る選択もある。

（6）コア事業集中

　プライベートカンパニーであっても複数の事業を手がけている場合もある。特に，過去に本業で大きく稼ぎ豊富な内部留保を積み上げてきたが，現在は本業に陰りが出ているので，豊富な資金で多角化をかなり進めている企業が多い傾向にある。

　その場合，1つひとつの事業を見ると不採算なものも多いが，グループ全体の総和で売上や利益の規模を何とか確保して満足している場合がある。グループ全体が黒字であっても，内容を見ると，儲からない事業のマイナス面を儲かる事業がカバーしているわけである。お荷物の事業と稼ぎ頭の事業の実態がまったくわからず，稼ぎ頭の事業が，本当はさらに成長するために設備投資や研究開発，人員拡大を行いたいとしても，その資金を他に使われてしまう。これでは，利益管理として問題である。

　したがって，**事業ごとに利益管理を徹底**したうえで，いくつかの厳選したコア事業にいかに集中していくかが，企業の持続可能性の向上には不可欠である。

6　プライベートカンパニーでも SDGs，ESGを意識する時代

　プライベートカンパニーとして事業展開するとしても，成長するためには上場企業と競合しても負けないように企業努力をしないと，持続可能性を高めることができない。そのため，上場企業が心掛けていることと同じことを極力行い，業界内で**顧客からモノやサービスを選んでもらえる存在になる努力**が必要といえる。しかし最近は，自社が儲かるために手段を選ばないという発想の企業を顧客は敏感に感じ，購買を敬遠する傾向が強い。

（1）上場・未上場いずれもSDGs，ESGは重要な経営テーマ

　顧客は，無意識かもしれないが環境問題などを通じてSDGs，ESGのような考え方を持つことが主流になりつつあり，値段とは無関係に販売する企業を見

て選別する傾向がある。そのため，SDGs，ESGを意識して対応しなければ，相対的に選ばれる企業にはなれない社会になりつつある。

それとは別に，ESGは企業行動を進めるうえで重視すべき要素であり，ESGへの対応を適切にすることで，結果として，自社にとって重要なステークホルダーとも良好な関係を築きやすくなり，経営上もプラス効果があるといえる。また，ESGに配慮しながら事業展開を進めることで，結果として，SDGsで定められている目標達成を実現しやすくなると考えられている。

一般的に考えれば，SDGsは全人類を救うための目標を発展させて策定されたものなので，もともとは大風呂敷な目標設定といえる。しかし，SDGsの各項目について自社の事業展開の方向性や内容とすり合わせて検討することは大事であり，結果として，今後の自社のESGの中身を吟味する際に大いに役立つはずである。

現在は，社会全体として，それぞれの企業で経済合理性以外の経営判断が求められる時代であり，事業の選択と集中をいかにしていくかを見極める際に，座標軸としてSDGsを活用し，いかなるESGに取り組むかを考えていけば，将来の事業の方向性を見出しやすくなるはずである。

以上のように，SDGsとESGの関係性を理解しながら企業努力して，自社として何について対応すべきかを明確にして，施策を考えることが肝要である。

実際には，社会貢献にも配慮した事業展開は企業のコスト負担増にはなるが，事業が社会に及ぼす影響，逆に社会が事業に及ぼす影響を総合的に吟味して事業展開できれば，**社会と共通の利益（共通善）** を享受しやすい企業，顧客から選ばれる企業になり，販売機会も増えて持続可能性の高い企業になっていくことができると思われる。

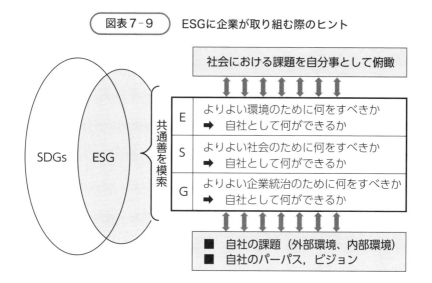

図表7-9　ESGに企業が取り組む際のヒント

（2）持続可能性が高まる能動的な企業行動

　企業行動は，受動的ではあまり成果は上がらない。受動的に法律を遵守する
だけでは，最低限法律違反をせず，何とか後ろ指をさされないようにする事業
展開になる。もちろん，法律やルールをしっかり守るという企業行動は重要で
あり，必要不可欠である。しかし，コスト負担をして，社会の期待や要請に
もっと能動的にチャレンジしている企業と比べると，意識が低すぎるといわざ
るを得ない。法律に抵触しないぎりぎりの経営行動を現場がとるリスクも抱え
やすい。その場合，少しミスをすれば法律違反や不祥事につながる可能性もあ
る。

　最近は上述したとおり，SDGs，ESGに対応できるような事業展開を考える
時代であり，それらを目標にすると，自ずと**法律よりも上の水準で能動的な企
業行動**をせざるを得なくなるはずである。実務上，法律に従うことは当たり前
で最低限の企業行動であり，SDGs，ESGに対応するための能動的な企業行動
からすると非常に低い行動レベルといえるので，何らかの対処をすべきである。

　そうはいっても，いきなりSDGs，ESGに完全に適応する努力をするのは無
理があり，ましてや上場企業以外の企業が対応するのにはコスト面からも限度

があるはずである。よって，まずは，上場企業が整備運用するコーポレートガ
バナンス，内部統制，コンプライアンスなどに可能な範囲で対応できるように
社内整備をし，その後，次のチャレンジに進むべきである。つまり，できると
ころから改善し，1つ達成したら次の1つに取り組むといった改善対応を進め，
企業行動レベルを向上させていくのである。要するに，上場企業のように投資
家のさまざまな声を同時に聴かなくてよいので，順次じっくり整えることがで
きる。

　実際に，実務で能動的な企業行動をとるためには，いくらでも実例にヒント
がある。例えば，SDGs，ESGの対応で先進的な動きを実践している上場企業
はメディアなどで取り上げられているので，その中から，自社として違和感が
なく採用できる事例を経営陣でしっかり検討し，選択，実行すればいいのであ
る。

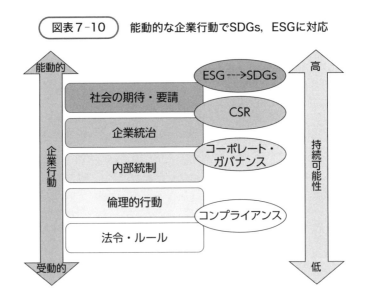

図表7-10　能動的な企業行動でSDGs，ESGに対応

　実は，上場企業といっても大半は，SDGs，ESGにどのように対応すべきか
を現時点ではまだ模索している状況である。上場企業も先進事例を参考にして，
自社でできるところから始めている最中であるので，プライベートカンパニー

が急いで取り組む状況にはない。よって，焦らずに，今ある先進事例を研究して対応できるところから自社の独自性を出して徐々に始めることである。

　そのほか，海外の有名プライベートカンパニー（**図表7‐7参照**）の行動も大変参考になると思われる。これらのプライベートカンパニーは，社会の期待や要請に応えるSDGs，ESGに対応した企業行動を，内容によっては上場企業以上に行っている。自社の社会に対する想いをより多く実現するために，IPOせずプライベートカンパニーを継続している向きもある。

　いずれにしても，プライベートカンパニーであっても企業行動をより能動的にする努力を上場企業並みに行うことによって，企業の持続可能性を高め，サステナブルな企業になっていけるチャンスは十分にありうる。

第 8 章

上場企業としての
経営上の留意事項

① 上場企業における健全な経営

　事業展開上，経営判断としてIPOを選択した場合，実現すれば上場企業になるので，自社を取り巻く経営環境は大きく変わり，経営判断も資本市場，その先の投資家目線をしっかり意識したものが求められるようになる。そのため，上場企業として何を大事に考えるべきか，いかなる所作が必要かなどについて知っておくべきである。

　ここでは，IPOをする前に知っておくべき上場企業としての健全な経営について，いくつかのポイントを説明する。

（1）売上規模より稼ぐ力が重要な時代

　現在，上場企業に対する評価は，売上規模よりも**稼ぐ力が問われる時代**になっている。実力をどのように評価するかはいろいろな見方があるが，何といっても将来の企業価値向上を単純に示せる「**成長性**」があるかどうかが一番重要である。成長性があれば，企業としての持続可能性が高くなるので，投資家も安心して投資することになる。

　企業評価によく使われる経営指標としては，ROE，ROICなどが一般的であり，上場企業はこれらの指標を高めることをかなり意識している。これらの指標について他社よりも良好な状態を投資家から求められ，良好であれば，より稼ぐ力があるとみなされる。その結果，**PER（株価収益率）**が相対的に高くなり，同じ程度の利益規模の上場企業と比べると時価総額も高くなる。

ROE

　Return On Equityの略。株主から得た資本に対してどのくらい利益を稼いだかを表す指標であり，自己資本利益率，株主資本利益率などとも呼ばれる。分子の当期純利益は，税金を支払った後の最終利益を用いる。また，分母の株主資本について，現在の上場企業の連結財務諸表上では「親会社の所有者に帰属する持分」と表現されていることもあるので，経営分析する際には，その用語の数値を分母に置くことになる。

ROE＝当期純利益÷株主資本（純資産，自己資本，親会社の所有者に帰属する持分）

　この率が高いほど稼げる会社ということになり，資本効率のよさを表す代表的な経営指標といえる。実務において，比較的単純に算定できるため，株主に成果を報告するのに利用する企業が多い。

Keyword

ROIC

　Return on Invested Capitalの略で，投下資本利益率，資本効率を表す経営指標である。会社が事業活動のために投じた資金を使って，どれだけ利益を生み出したかを示す。外部から調達した資金を事業に投資した投下資本が，事業展開によってどの程度のリターンを得られたか，つまり，企業の純粋な稼ぐ力を投資効果から測ることができる。投資をした場合，算式上はROICが下がるが，長期的にリターンを得ればROICは上がるので，投資は近視眼的にならずに積極展開すべきといえる。最近では，投資リターンを判断する指標としてROEと同様によく用いられている。

ROIC＝NOPAT（税引後営業利益）÷投下資本

　分子のNOPATは，Net Operating Profit After Taxesの略で，税引後営業利益のことをいう。営業利益は，金利や配当を支払う前の利益であるため，金融機関，社債権者，株主などに対するリターン（金利や配当）の将来的な支払原資といえるが，リターンを支払う前には税金費用がまずは納付されるので，その分を差し引いた利益（NOPAT）こそが，投資リターンであると考える。よって，NOPATを増やせれば，投下資本に報いることができるので，ROICを向上させるべきである。
　一方，分母の投下資本には2つの算定方法がある。1つは，投資家から調達した資本と捉える場合で，貸借対照表の貸方の「有利子負債＋株主資本」を投下資本と考える。もう1つは，実際に事業で活用している資本と捉える場合で，貸借対照表の借方の「運転資本＋固定資産」を投下資本と考える。

① 投下資本を「有利子負債＋株主資本」と考える場合

ROIC＝NOPAT÷（有利子負債＋株主資本）

　一般的に，会社は，株主から預かった株主資本（自己資本）と金融機関などから借り入れた有利子負債を投下して事業を行うが，株主資本に対する当期純利益の割合を示すROEに対して，ROICは，有利子負債も含む実質的な投下資本からどれだけ効率的に利益を稼いだかを測るため，企業全体の投資リターンを把握する指標といえ，ROEより経営判断に資すると考える経営者も多い。借入れが多い企業は，ROICのほうが経営実態を表すはずである。

② 投下資本を「運転資本＋固定資産」と考える場合

ROIC＝NOPAT÷（運転資本＋固定資産）

　事業展開するうえでの資金運用の観点から考えたもので，運転資金や設備を事業に投じた結果，どの程度稼いでいるのかを測る考え方である。いくつかの事業をしている場合，実務上は，事業別に株主資本や有利子負債を分けるのは難しいため，事業別にROICを分析する場合は，この算式のほうが簡便に使える。ただし，本社社屋，福利厚生施設，研究所など非事業用資産が多額に存在する企業では，事業別にそれらを按分する検討が必要といえる。

　なお，上式は次のような分解もできる。つまり，売上が同じであっても，原価低減やコスト削減で利益率を上げる施策や，運転資本の圧縮や不要・不効率な設備の廃棄や売却の実行で回転率を上げる施策などを打つことで，ROIC向上を図れる。

$$\text{ROIC} = \underbrace{\frac{\text{税引後営業利益}}{\text{売上高}}}_{\text{『売上高利益率』}} \times \underbrace{\frac{\text{売上高}}{\text{運転資本 ＋ 固定資産}}}_{\text{『運転資本回転率』\&『固定資産回転率』}}$$

（2）コーポレートガバナンスを重視した経営

　2014年に伊藤レポートが公表されたことで，日本の上場企業において資本コストを意識した経営を考える流れができた。それまで稼ぐ力を説明する明確な座標軸がなかったが，成長戦略の確実な実行の仕組みや経営の方向性を考える際の重要な考え方の1つとして，ROEが示された。

　このレポートでは，中期的に**資本コストを上回るROE**を上げることが持続的な成長をもたらすということを強調しており，当面の目標を8％と具体的に示したことは当時反響を呼んだ。

　それまで日本企業がさほど意識していなかったROEの向上という観点で上場企業の優劣を計る指標を示した功績は大きく，今では多くの上場企業がROEの目標設定を公表しており，10%以上を掲げる企業も徐々に出てきている。

伊藤レポート

　経済産業省が2014年8月に公表した「持続的成長への競争力とインセンティブ～企業と投資家の望ましい関係構築～」プロジェクトの最終報告書のこと。プロジェクトの座長であった一橋大学の伊藤邦雄教授の名前からついた通称であり，海外でも「Ito Review」と呼ばれている。

　日本の上場企業が投資家との対話を通じて持続的成長に向けた資金を獲得し，企業価値を高めていくための課題を分析した提言書であり，特徴としてはROE8%を目標水準に明確に掲げたことが挙げられる。2017年10月にアップデート版「伊藤レポート2.0」が公表されている。

資本コスト

　企業が，借入れ（他人資本）や増資（自己資本，株主資本）をする際に必要なコストのことである。資本コストを把握する指標の代表的なものとしてWACCがある。WACC（ワック）は，Weighted Average Cost of Capitalの略であり，「加重平均資本コスト」のことをいう。負債利子に加えて，配当や株主のキャピタルゲインへの期待も織り込んだコスト概念といえる。

　企業が事業を行うためには資金調達が不可欠であるが，資金調達には当然費用がかかる。銀行や債権者からの借入れ時に発生する「負債コスト」が比較的イメージしやすいと思われる。しかし，株主（投資家）から投資を受ける場合も費用が生じることを意識する必要があり，それを「株主資本コスト」と呼ぶ。資本全体のコストを算定するためには，負債規模と株主資本規模の割合に応じてそれぞれのコストを加重平均するという考え方である。

$$WACC = 負債コスト \times (1 - 実効税率)^{※} \times \frac{負債}{負債 + 株主資本}$$

$$+ 株主資本コスト \times \frac{株主資本}{負債 + 株主資本}$$

　　負債　　　　：借入金，社債など
　　負債コスト　：上記に対する支払利息(実効税率影響前)
　　※負債コストには節税効果（金利費用が税控除されることによるコスト低減効果）があるため，WACCは，負債コストについては（1−実効税率）を掛ける必要がある。
　　株主資本　　：株主から投資を受けた資本金，過去から積み上がった内部留保など
　　株主資本コスト：株主の期待収益率(投資に対する配当や，株価の値上がり期待値など)

　上記の算式の中で株主資本コスト，つまり株主からの期待収益率をいくらにするかが実務上は一番難しい。実務的にはCAPM（Capital Asset Pricing Model）を用いる場合が多い。算定式としては次のとおりである。

　期待収益率＝リスクフリーレート＋β値×マーケットリスクプレミアム
　　●リスクフリーレート（安全利子率）：10年物国債利回りを利用するのが
　　　　　　　　　　　　　　　　　　　　一般的
　　●β（ベータ）値：市場全体に対する個別株式の感応度
　　●マーケットリスクプレミアム（株式市場の期待収益率−リスクフリーレート）：
　　　投資家が安全な形態の資産をリスク資産に投入するときに求める超過収益率

　β値は，株式市場全体の株価の動き（株式投資収益率）と自社の株価との相関関係を示す指標である。市場全体よりも株価の変動が大きい企業は，価格変動のボラテリティが大きくなるのでβ値が1以上になり，投資家も大きなマーケットリスクプレミアムを期待することになる。株式市場全体の株価の動きとしては，5年間程度のTOPIX（東証株価指数）などが多く利用される。

　マーケットリスクプレミアムは，株式市場における過去の実績をベースにした株式投資における期待収益率と，リスクフリーレートの差で求める。つまり，投資家が株式市場において投資を行う際に，リスクを享受することへの見返りとして株式市場に期待する追加収益率といえる。

　計算式からすると，リスクが高いほど率が高くなるが，実際にも投資家は高リスクな投資対象には高いリターンを求めるので，投資家の行動パターンを反映しているといえる。なお，βは上場企業のデータがある。非上場企業の場合，類似する上場企業を何社か選定した平均値を用いるのが一般的である。

　このように資本コストは，企業側から見たらコストであるが，投資家側から見ると「投資家の期待する最低限の収益率」ともいえ，資本コストを超えた稼ぐ力がなければ，投資家に期待される企業にはなれないことになる。そのため，利益を稼ぐ指標といえるROEは資本コストを上回るべきであり，ROEの向上を目指して事業展開することをROE経営と呼ぶことになる。

　また，2015年からコーポレートガバナンス・コードの適用が始まり，上場企業は自社のコーポレートガバナンスの状況を開示し，ガバナンスに対する考え

方や行動を積極的に表明するようになっている。

　一方，同時に機関投資家側においてもスチュワードシップ・コードの適用が始まった。自らの投資スタンスを明確に公表し，投資方針だけでなく，投資しない方針も明らかにするもので，**実際の投資行動に直結**するため，投資先に対するガバナンスの監視の強化につながっている。

　このように，ここ10年の間に矢継ぎ早に上場企業のガバナンスに対する考え方や実際の実務活動が内外から強化されてきており，上場企業の行動方針に大きな影響を与えることになっている。

コーポレートガバナンス・コード（Corporate Governance Code）

　東証が公表する，上場企業が自社の対応状況を開示するためのソフトロー。実効的なコーポレートガバナンスの実現に資する主要な原則を取りまとめたものである。CGコードと略す場合もある。当初2015年に策定され，2018年に1回目の改訂，2021年に2回目の改訂がなされた。

　CGコードの原則が適切に実践されることは，それぞれの企業において持続的な成長と中長期的な企業価値の向上のための自律的な対応が図られることを通じて，企業，投資家，ひいては経済全体の発展にも寄与することとなるものと考えられる。上場企業が行うガバナンスにおけるガイドラインとして参照すべき原則・指針が示されており，各社が自社の状況を「コーポレートガバナンス報告書」として開示しているため，当該原則・指針に従っているかはそれを見れば明確に判断できる。

　ちなみに，コーポレートガバナンスとは，企業が，株主をはじめ顧客・従業員・地域社会等の立場を踏まえたうえで，透明・公正かつ迅速・果断な意思決定を行うための仕組みを意味する。

スチュワードシップ・コード（Stewardship Code）

　コーポレートガバナンスの向上を目的とした機関投資家の行動規範であり，機関投資家のあるべき姿を規定したガイダンスといえる。機関投資家の行動によって企業経営の収益力を向上させ，企業不正を監視することなども期待されている。

　投資先企業の企業価値を向上させ，受益者のリターンを最大化する狙いのもと，機関投資家は，①受託者責任の果たし方の方針公表②利益相反の管理に関する方

（3）収益性を高めるポイント

　従来のように，売上高の拡大をとにかく重視していれば業界で生き残れる時代ではなくなっている。しかし，まだ特定の業界や上場企業の一部では売上至上主義が残っている。売上を減らさないことに執着すると，業界内での各社の均衡，マーケット維持，売上水準維持のため総花的に新規事業を展開するなどの経営行動に偏りがちになり，売上は何とか維持拡大できても，結果として，**低収益傾向に甘んじる状態**に陥りやすい。

　前述したとおり，現在は稼ぐ力が投資家からの評価に直結する時代なので，資本市場を意識している上場企業では，収益性を高めるために**利益率や投資効率の向上**に努力している。実際，1つの業界内で売上が小さい企業でも収益性が高いなどの要因で時価総額が大きい企業も増えている。

　実際に，**図表8-1**のように，3つの主要業界を見ただけでも，各業界の売上順位と時価総額順位は異なっていることがわかる。時価総額はROE，PER，利益水準，今後の事業見通しなどの要因が影響して決まってくるため，売上との関係は希薄といえる。

　ただ売上が伸びても，低収益を反映した決算が続けば，ROEが低い水準となり，PERも上がらず期待されない銘柄になるおそれがある。したがって，投資家に評価されるためには，収益性を高める施策が必要であり，目標とする企業行動としては，資本コストを意識してROEをそれ以上に高める事業展開が不可欠となる。

　例えば，売上規模の序列を重視する業界に所属する場合，収益性を高めるために，低収益になりやすい過当競争をなくすことが重要となる。そのためには，業界再編やマーケットシェア拡大のための**M&Aの活用**，自社の収益性を高めるための**事業の選択と集中，次のコア事業の追加創出**などを行い，コア事業への投資を加速し，ノンコア事業の売却または撤退を徹底すべきである。

　いずれにしても，稼ぐ力をいかに持つかに経営の舵を大きく切ってROEなどの経営指標が向上するように努力し，上場企業として健全な経営を模索していくべきである。

<table>
<tr><td colspan="10">図表8-1　売上順位と時価総額の順位の比較</td></tr>
</table>

大手商社			売上(億円)	営業利益(億円)	利益率	税引前利益(億円)	利益率	時価総額(億円)※2022年1月20日	
三菱商事	(22/3期)	1位	172,648	7,187	4.2%	12,931	7.5%	63,565	2位
伊藤忠商事	(22/3期)	2位	122,933	5,904	4.8%	11,500	9.4%	64,631	1位
三井物産	(22/3期)	3位	117,575	5,450	4.6%	11,644	9.9%	61,182	3位
丸紅	(22/3期)	4位	85,085	2,888	3.4%	5,287	6.2%	26,529	4位
豊田通商	(22/3期)	5位	80,280	3,090	3.8%	3,301	4.1%	18,198	5位

製薬業			売上(億円)	営業利益(億円)	利益率	税引前利益(億円)	利益率	時価総額(億円)※2022年1月20日	
武田薬品工業	(22/3期)	1位	35,690	4,608	12.9%	3,025	8.5%	66,013	2位
アステラス製薬	(22/3期)	2位	12,961	1,556	12.0%	1,568	12.1%	35,955	4位
第一三共	(22/3期)	3位	10,448	730	7.0%	735	7.0%	81,931	1位
中外製薬	(21/12期)	4位	9,997	4,218	42.2%	4,193	41.9%	56,282	3位
エーザイ	(22/3期)	5位	7,562	537	7.1%	544	7.2%	24,893	5位

化学業			売上(億円)	営業利益(億円)	利益率	税引前利益(億円)	利益率	時価総額(億円)※2022年1月20日	
三菱ケミカルグループ	(22/3期)	1位	39,769	3,031	7.6%	2,903	7.3%	10,622	3位
住友化学	(22/3期)	2位	27,653	2,150	7.8%	2,511	9.1%	7,931	4位
旭化成	(22/3期)	3位	24,613	2,026	8.2%	2,151	8.7%	13,155	2位
信越化学工業	(22/3期)	4位	20,744	6,763	32.6%	6,961	33.6%	69,038	1位
三井化学	(22/3期)	5位	16,126	1,473	9.1%	1,412	8.8%	5,908	5位

（4）稼ぐ力の次に意識すべき健全な経営

　最近は，上場企業のあり方に対し，社会の期待や投資家の投資方針のハードルがかなり上がっている。自社が稼ぐ力を持つことは1つの目標でしかなく，さらに高い目標が求められる。したがって，**社会ニーズに合致する共通価値（共通の利益，共通善）**を見出すことを同時に実現できる手段を積極的に選択したうえで，収益を確保していくことが必要となる。そうしなければ，中長期的に企業価値を高めることができないからである。

　その際，社会ニーズに合致する共通価値をどう考えるかであるが，企業行動の方向としてSDGs，ESG，さらにサステナビリティなどを意識した経営を行うことになる。

　ESG活動は，PERの引上げに寄与するといわれている。例えば，環境問題への対応や内部統制・ガバナンスの強化を図れば資本コスト低減につながり，DE&Iの積極対応（女性登用，働き方改革など）や脱炭素・CO_2削減などの技術開発や改善への取組みは顧客からの支持を得て今後の利益成長率を高め，持続可能性に貢献しやすくなると思われる。また，それらに対応することを重視し，できる限り事業展開に反映すれば，社会ニーズの実現に貢献できる領域が生まれ，少しでも共通価値を実現できる方向が見出せるはずである（第7章⑥(1)「上場・未上場いずれもSDGs，ESGは重要な経営テーマ」参照）。

　つまり，共通価値を高めることができれば，社会および顧客からの評価も高まり，共通価値を実践しない**競合他社よりも収益機会を得やすくなる**。その結果，持続可能性も高まり，上場企業として評価され，投資家に継続的に選ばれる流れが生まれやすくなる。

　したがって，今後の上場企業は，稼ぐ力を磨きながらも，社会と共存共栄できる行動を優先して実践すべきである。そのことが，自社の中長期的な成長をもたらすと考え，SDGs，ESG，サステナビリティなどを意識した企業行動を心掛けることが非常に重要になる。

　なお，上場企業の中でも**プライム市場**や**TOPIX銘柄**となることを目指したいのであれば，さらに高い意識，高い目標，高いガバナンスを持つことが必要となり，SDGsやESGへの取組みも先進的な事例になるような企業行動が不可欠となる。

② 上場企業に対する期待と株価形成要因

　上場企業は，資本市場で評価されるために日夜，企業努力を続けている。前述したとおり，今は売上規模より稼ぐ力が重要であり，収益性の低い売上は一切評価されない。しかし，稼ぐだけでも最高の評価を得にくい時代に突入して

おり，SDGs，ESG，サステナビリティなども十分意識し，可能な限りの企業努力をしていくことが求められている。

　では，具体的にどうすれば資本市場からの評価を上げられるのか，以下にそのポイントを説明する。

（1）ROEの向上

　ROEの向上は，実際には事業展開によって実現するものであるが，事業展開のパフォーマンスが結果として経営指標に表われるので，それらの経営指標をどの程度にしたいか目標を作り，その目標に向けて実際に企業活動をしていく。

　ROEの算式を分解すると，**図表8-2**のようになる。

図表8-2　ROEを構成する経営指標

　以下で，図表内で示した「稼ぐ力」「資産効率性」「資金効率性」といった3つの要素をもとに，ROEの向上策について説明する。

①　「稼ぐ力」がROEにとって重要

　前述したように，最近は「稼ぐ力」（＝売上高利益率）が問われる時代になっている。そして，売上高利益率を高めるとROEが向上するため，売上拡大よりも**収益性を向上させる施策**を打ち出して事業展開することが重要になる。

　多くの日本企業は，過去の内部留保を積み上げるだけで，積極投資をしていないと報じられている。設備投資を増強して利益率の高い事業を強化することで稼ぐ力を高められることを理解し，設備投資を実行する経営判断が必要といえる。

② 「資産効率性」がROEにとって重要

ROEは総資産回転率を上げることでも向上する。売上高が同じなら，総資産が小さい規模で事業展開できると総資産回転率が上がることになる。つまり，販売機会を減らさずに，無駄な資産を処分する，借入返済で資産や負債を減らす，自己株式の消却などで純資産を減らすなどを実践し，**総資産を圧縮できれば総資産回転率が向上**する。結果として，財務的な改善も同時にできる効用がある。

また，最近はコーポレートガバナンス・コード上，政策保有株式に関する開示が求められており，そのために政策保有株式を縮減する上場企業が増えている。その施策も結果として，分母の総資産を圧縮することに貢献する。

政策保有株式 Keyword

上場企業間の持合株式とも呼ばれ，経営の安定（安定株主策），買収防衛策，取引強化などのために生じた日本独特の株式保有の仕組み。株式の流動性の低下や株主総会の形骸化などの弊害がある。

持合株式については，会計ルールが時価評価に移行し，業績の悪い持合先の株式が決算に直接影響するようになったことで，持合いの解消が進んできた。また，コーポレートガバナンスの強化や物言う株主の台頭で，持合株式は資本効率が悪くROEの向上を妨げるほか，ガバナンス上も経営が甘くなる遠因になるなどの問題が指摘され，減少の一途を辿っている。

一方，売上拡大が目的ではないが，分母を構成する自社の設備等を活用することで，最大限の販売機会（分子の売上増）を得る努力はすべきである。なぜなら，売上にこだわるのではなく，同じ資産規模なら，売上は大きいほうが資産効率は当然よくなるからである。

③ 「資金効率性」がROEにとって重要

財務レバレッジを上げることもROEの向上につながる。総資産が同じ金額であれば，株主資本が少ないほど財務レバレッジは高い数値となり，資金効率性が向上することになる。例えば，株主資本が増えてしまう増資よりも，借入

れなどの負債を選択するほうがROEを向上できることになる。つまり，**少ない資本で負債を多く活用して事業拡大**することで，資金効率性は改善することになる。

　このことから，ROEの観点から見ると，増資は善，借入れは悪という単純な話ではないことがわかる。このような，少ない株主で資本を維持し，借入れなどを多用して事業を拡大し，投資リターンを増やすことを**レバレッジ経営**と呼び，CEOとCFOは増資か借入れかの選択をファイナンス理論の観点から常に検討すべきである。

（2）株価とROE等との関係

　株価は，**図表8-3**で示す算式のとおり，経営指標から導くことができる。ROEが主な株価形成項目として，非常に重要であることがわかる。

　要するに，株価を上げるためにはROEの向上が必要であるという一般的な話について，理論的にも説明できるということである。

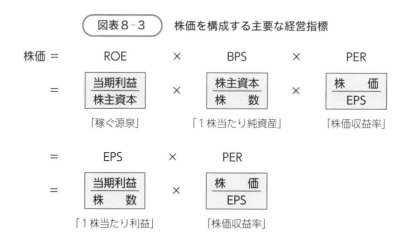

図表8-3　株価を構成する主要な経営指標

以下では，株価に関する算式の展開について説明する。

① ROEの向上が株価にとって重要

　上記算式のうちBPSとPERは事業展開の結果として計算される要素が多いため，経営努力する際には，株価向上のためにROEを上げることが重要であることがわかる。一方，(1)で説明したように，ROEの中身は売上高利益率，総資産回転率，財務レバレッジで構成されている。そのため，それらを総合的に検討，改善して事業展開をマネジメントできればROEが向上し，連動して収益性を向上させることになる。

② BPSの向上が株価にとって重要

　1株当たり純資産（BPS）を上げることも株価形成要因として必要になる。分母の株数が同じであれば，分子の株主資本（純資産）が多いほどBPSは上がることになる。この場合，株主資本を動かさずに株数を増減させるのは実務的に難しいので，BPS向上は，株数に対して株主資本を相対的にいかに高くできるかにかかっている。

　例えば，毎期の最終利益を多くできれば，利益が蓄積して内部留保が増えて株主資本は高まり，同じ株数に対して株主資本が相対的に多くなるのでBPSが高まることになる。つまり，最終利益を持続的に確保をし，**内部留保を毎期積み上げることが重要**となる。

　そのほか，株数が増資等で増える際に，**以前よりも高い株価で増資**ができれば，株数に対する株主資本の増加額が相対的に多くなるので，BPSが向上することになる。よって，できるだけ高い株価でファイナンスできるように，事業内容，業績予想，経営改善などを対外的に説明する機会を増やし，自社が投資家から高い評価を受けられるように経営努力することが重要である。

③ PERの向上が株価にとって重要

　株価収益率（PER）を上げることも株価形成要因として必要である。PER（Price Earnings Ratio）は，株価が当期純利益に対して割高か割安か，すなわち投資家の期待を表す指標といえる。

　分子の株価は自社の努力やアピールの結果であるので，マネジメントできるものではない。よって，分母のEPS（1株当たり利益）に対して株価が少しで

も高くなるように，株式銘柄として**自社が高く評価されるように**，他社よりも経営努力することが最重要となる。よって，起業家自身が対外的に自社の魅力，成長性，独自性をアピールして，かつ毎期の業績予想のとおり着実に実績を出す事業展開をすることで**投資家の信頼を獲得**していくしかない。

　自己株式の消却などを実施することで発行済株式総数を減らし，同じ利益でもEPSを高めることもできる。

　また，間接的影響としては，ROEが高い企業はPERが高くなりやすい，つまり株価が上昇する傾向もあるので，やはり原点に戻り，**ROEの向上**のために努力することは経営上の重要なテーマといえる。

　なお，算式にある「株価÷EPS」のほか，「時価総額÷当期利益（税引後当期純利益）」でも同様にPERを算出できる。要するにPERは，**当期の利益水準よりも将来どの程度伸びるかを期待**している指標といえ，期待が高いほど当期の利益水準に対して倍率が高くなり，PERが高くなるのである。通常，PERが10倍以下だとあまり期待されていない，30倍前後以上だとかなり期待されている，それらの間であればまあまあ期待されている，というような見立てかと思われる。ちなみに，最近10年間においては，東証の本則市場のPERは20倍前後，新興企業向け市場のPERは100倍前後の水準である。

（3）そのほかに期待評価されるポイント

　上場企業が国にいかに期待され貢献しているかを説明する。

　国家は，国力を増加させ，安定した社会を実現するため，豊かな社会，産業振興，経済成長，雇用創出，法治国家体制維持，国際競争力強化などをキーワードに国家施策を打ち出している。

　一方，日本に4,000社近くある上場企業は，最近の集計結果として，2021年度決算短信集計（東証上場銘柄3,394社）の連結売上合計で764兆円という規模をあげ，日本の法人全体の営業収入（売上）1,478兆円（国税庁の「令和3年度分会社標本調査」の半分以上の割合を占めており，当然に国力（GDPなど）への影響力も大きいはずである。

　また，上場企業の1社当たりの従業員数，人件費のボリュームは大きく，通常は毎年増加する傾向もあるので，**雇用創出**という国の施策にも貢献すること

になる。利益水準も未上場企業より大きい企業が多いため，株主，投資家に対して配当を拡大しやすく，国や自治体に支払う税金も自ずと大きく，社会貢献度が高い傾向にあり，豊かな社会の一助になっている。

　もっとも，日本全体の就業者数（労働人口）は，2023年2月時点で6,667万人であり，上場企業全体の雇用者数は，その5％にも満たないため，国全体の雇用政策は未上場企業を中心に吟味されることになる。

　そのような中で，上場企業1社当たりの雇用者数や人件費負担能力は未上場企業より大きいため，上場企業が増加することは国全体の雇用環境の向上に貢献することは確かである。

　そのほか，上場企業のほうがグローバルに展開するためのヒト，モノ，カネを十分持っているため，先端の研究成果，知財確保，全国展開，海外進出拡大

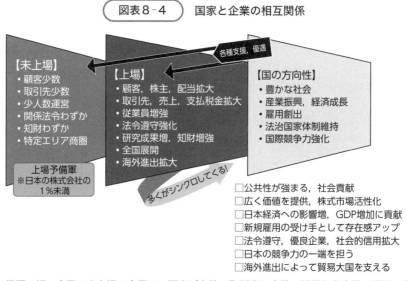

図表8-4　国家と企業の相互関係

　業歴の短い企業や未上場の企業は，顧客が少数，取引先も少数，組織を少人数で運営，遵守すべき関係法令はわずか，知財もわずか，特定エリアを商圏とする狭い営業範囲などの特徴があり，国家に貢献するほどのインパクトは持ちにくい。

　しかし，方向性としては上記の国家の方向性に沿うキーワードを意識して経営していくことが将来的な成功につながりやすいといえ，企業に対する社会からの期待がわかり，上場企業を目指す際のイメージや目標も持ちやすい。

などの企業努力も比較的進めやすい。結果として，**国の国際競争力**にも貢献しやすい。

　さらに，国は国家安定のために法治体制を整備しているが，すべての企業で法令遵守が重視されれば安泰である。しかし，多くの企業で法令違反が毎年生じている。上場企業も例外ではなく，法令違反をするケースが散見されるが，大半の上場企業は，上場維持のために東証から厳しい義務が課されるとともに，未上場企業よりも多くのステークホルダーからのさまざまな要求と期待があり，**コンプライアンスを重視した健全経営**を維持しやすい。

　このように，上場企業は多くの義務や要求期待に応えるために，法令遵守，ガバナンス，内部統制などについて，未上場企業よりも多額のコストをかけて高い水準で整備しているため，社会全体の法治国家の体制の維持に大きく貢献しているといえる。

　以上のように，上場企業の多くは規模的にも国に一定のインパクトを与え，国の産業振興，経済成長を後押ししやすい存在といえ，また，企業活動の法令への順応性が高ければ，国家施策の方向性とシンクロすることにもなる。したがって，上場企業と国はお互いに強い影響を及ぼす関係であり，上場企業は社会に必要な存在となり，結果として，事業の持続可能性が高まり，サステナブルな企業となる可能性が強まる。

③　業績修正に対する市場の評価

　市場から評価されるポイントの1つに，**業績に関する市場予想を裏切らない**ことがある。市場予想に大きく反すると評価がただちに下がることになる。

　したがって，自社の事業展開について対外的に説明したことと異なる結果に極力ならないようにするために，予算管理の精度を高め，1年後の予測を実際に達成できる企業になる努力をすることになる。

　とはいえ，現実には，予実が乖離して予想が下回ることはある。その時，すべて悪く見られるかといえばそうではなく，実際には乖離の中身による。

　例えば，以下のような場合には経営管理能力に問題があるとみなされ，今後

の予想も当てにならないとして市場の評価は下がるだろう。投資家側はただち
に把握しにくい実態ではあるが，何回か業績修正を繰り返す，また予実の乖離
原因の説明がいつも明確でないなどの事実から，今後の業績予想が信用されな
い企業になり下がる可能性が高くなる。

- 社内で予想と実績が乖離することがもともとわかっていたのに，体裁よく
  見せたいがために，実態よりもよい数字で業績予想を公表した場合
- 悪気はないが，普通であれば十分把握できる自社の経営環境に関するマイ
  ナス要因を業績予想に織り込めずに乖離した場合

これらの場合，自社の信用力を回復させて市場の評価を得るためには，業績
予想の精度を上げることに注力すべきであり，経営環境の的確な把握および分
析，それに基づいた**合理的な事業計画を作成できる管理能力**が非常に重要にな
る。管理能力をしっかり確保できれば，あらゆる角度から経営環境を検討する
ことで，外部のステークホルダーの誰よりも適切なデータで予想ができ，急激
な経営環境の変化があっても，タイムリーかつ正直に，**予想困難な環境変化で**
あることを公表できるはずである。外部から客観的に見ても，当該事実は当事
者でも予測不能なやむを得ない突然の事態と判断されれば，市場で大きなレ
ピュテーション悪化にならない可能性が高い。

また，最近のコロナ禍やウクライナ情勢など誰も想定できない事態が起き，
1年前には**業績予想に織り込める**はず**がないような事実**によって予実が乖離す
る場合，投資家に丁寧に状況説明することで信頼を失わない場合もある。その
際，正直な説明は最も大事だが，同時に，**対処すべき課題，次のアクション，
改善の予定時期**などを極力明確に伝えることも重要である。結果として市場の
評価は下がらず，投資家から経営環境の変化に適切に対処できる企業であると
判断され，今後の事業展開を一層期待される可能性もある。

（1）業績予想および業績修正の情報開示ルール

上場企業は，**決算短信**と呼ばれるディスクロージャー資料を決算期末後45日
以内に公表する義務がある。その際には，年間の当期実績および概況説明を主

に開示するが，**次期の年間業績予想**も記載する必要がある。その記載をもとに，メディア，金融機関，機関投資家などが上場企業の業績予想として把握するわけである。その後，予想数値は，各上場企業の次期の事業展開の善し悪しの判断や業績修正の度合いの分析に活用される。

　公表した後の業績修正の仕方については，予想との乖離状況に応じて明確にルール化されている。業績修正のルールの大枠としては，売上高の予想と実績の乖離が10％以上または各段階の利益の予想と実績の乖離が30％以上のいずれかに該当すれば，すみやかに**業績予想の修正発表**をすることになっている。

　その乖離について数字が上振れても下振れても上記のルールに従って業績修正発表が必要となる。しかし，市場からの評価は，やはり下振れした場合には成長期待を裏切るので，印象はあまりよくない。**予想はなるべく固めに公表し**，下振れは極力回避したいところである。

　なお，憂慮すべき事態としては，やはり不正会計関連がある。仮に，不正会計が発覚すると株価の下落に漏れなく直結し，経営陣の説明責任の重さは頂点に達する。多くは首尾よく説明できず，メディアにも叩かれ，泥沼化する。

　東証など証券取引所側も，生じた事態を色分けして投資家に状況を周知することになる。その結果，株式市場で監理銘柄，整理銘柄，特設注意市場銘柄のいずれかに登録される可能性もあり，信用はガタ落ちとなり，**最悪の場合，不正会計をしてまで最も避けたかった上場廃止**という，お粗末な末路を辿る。このような割に合わない不正会計は絶対にすべきではない。

図表8-5　上場企業の業績修正発表ルール

売上高予想と実績 10％以上乖離	or	利益の予想と実績 30％以上乖離

前回予想値と今回予想値または当期実績値とを比較して，増減が右の基準を超える場合は修正発表が必要	売上高	10％以上
	営業利益	30％以上
	経常利益	30％以上
	当期純利益	30％以上

236

監理銘柄，整理銘柄，特設注意市場銘柄

監理銘柄

　上場企業のうち，証券取引所の上場廃止基準に該当する可能性のある場合に指定される銘柄。上場廃止以降は証券取引所で売買できなくなるため，廃止になる可能性のある段階で投資家に広く周知する際の名称。あくまでも可能性がある段階で監理銘柄になるので，実際の上場廃止に至らなかった場合には，通常の上場銘柄に戻される。

整理銘柄

　上場企業のうち監理銘柄に移行して，確認や審査を一定期間行った後に上場廃止が決定した段階で指定される銘柄。現実に上場廃止に至ると取引停止となり，投資家の売買機会は逸失する。原則として，整理銘柄に1か月間指定されると，その後に上場廃止となる。

特設注意市場銘柄

　法定開示で問題があった場合に，上場維持のためには内部管理体制等の改善の必要性が高いと取引所が判断した銘柄。問題としては，有価証券報告書等の虚偽記載，監査の不適正意見，上場契約違反等がある。この銘柄に指定されると通常の取引銘柄と区別され，特設注意市場で売買される。当該企業は，証券取引所に内部管理体制確認書を提出し，指定から1年経過後，証券取引所が当該確認書の内容を審査し，内部管理体制が改善されたと判断すれば，通常の取引銘柄に戻る。さらに改善が必要と判断された場合には，一定期間改善見直しが審査され，最悪の場合は上場廃止となる。

....

Column　不正会計は結局のところ割に合わない

　不正会計と不祥事隠しは，会社にプラス材料は一切ない。これらを隠蔽するために辻褄合わせを行うことが組織内，特に上層部の主たる業務となり，対外的に事実が漏れ，社会に暴露されるまで悪循環は続くことになる。

　次期以降に隠蔽のツケが回り，隠蔽した累積の赤字を隠すために実態のない収益をまた不正に計上せざるを得なくなり，虚偽の利益がどんどん表面的に積み上がるのと同時に，実際に積み上がった赤字は表面化しない状態が続く。

　内部留保につながる実際の利益やキャッシュが伴わない架空取引が多いため，資金繰りはたいてい不足するようになる。そのため，経営はどんどん苦しくなり，い

わゆる自転車操業に陥り，資金ショートが現実化する頃に不正が発覚する。会計や財務の専門的な見地からすれば，不正は永遠には続かない，いつかは破綻する仕組みであることは明白である。

　経営者自身は，不正の全体像や経営へのインパクトが見えなくなる場合が多い。不正行為が複数年にわたって複合化することで，真の業績数値，不正の規模や真相が複雑になればなるほど，経営者自身も自社がどこまで悪化しているか実態がつかめず，レッドゾーンにいるかさえわからない状況に置かれる場合が多くなるのである。

　資金繰りが続かなくなった段階でやっと状況に気づき，破綻の一歩手前で巨額損失が白日の下に公表されることになる。最悪の場合，倒産に至って初めて終わりの時が実は近かったと振り返るお粗末な経営者もいる。

　ほとんどの場合，事後的に不正の手口や取引の全容が解明されることになるが，企業にとって何もいいことがないことは歴史が証明している。不正会計に安易に手を染める企業が今後登場してこないことを期待したい。

（2）業績修正時の留意点

　業績を修正すべき事実は外部からは見えにくいが，社内では一目瞭然である。通常は，毎月の取締役会において月次決算報告をしている。したがって，その時々において，予実の乖離幅が深刻なのか，重要ではないのか，期末には予想に近づくのかなどの状況把握ができるはずである。つまり，決算時点で急に業績予想と実績の乖離が表面化するのではないということである。仮に，乖離幅が深刻かつ証券取引所の修正ルールに該当する可能性があり，修正やむなしの事実が判明すれば，その時点でただちに開示しなければならない。

　修正発表のタイミングは証券取引所の求めるルールに則り，それ自体に躊躇があってはならない。修正発表がすべてネガティブに見られることはなく，経営環境の変化で業績に影響があれば，すぐに正直に説明するほうが信頼を得やすい。もし，会社としては精一杯だったとしても発表時期が遅いと判断されれば，市場の評価は冷ややかになり，次の投資行動は慎重になるかもしれない。特に，業績修正を頻繁に何度も繰り返すようでは，その後，よい業績予想を公表しても誰も信じてくれず，ほぼ投資されない銘柄となり，流動性がなくなり，株価が長期低迷するリスクが出てくる。

　一般的に，株価の向上は，前述したとおり，EPS（1株当たり利益）とPER

（株価収益率）が高いほうが上がる。この2つの**経営指標は業績修正によって大きく下がる**場合が多く，株価にとっては下落要因のダブルパンチとなる。つまり，業績が下方修正されるとEPSは予想時点から引き下げられ，かつ，業績悪化要因から市場期待が薄れてPERも下がり，結果としては株価下落の可能性が高くなる。

（3）業績予想を的確に行う管理体制

的確な業績予想のためには，まずは，自社の置かれた経営環境を適切に把握するスキルを磨き，事業計画の作成，予算管理を徹底するほかない（**第4章[2]（3）**「利益管理の体制整備のポイント」参照）。

ありがちなのは，IPOを急ぐあまり，上場審査に提出する事業計画を表面的に作る企業があるが，その考え方は志が低すぎる。仮にIPOが実現しても，利益管理制度のレベルが低いため，業績予想をうまくできない企業として評価されてしまう。やはり**IPO前から利益管理制度の確立を優先**し，真面目に時間をかけて取り組むべきである。

そして，利益管理制度は上場審査でも最重視されている。主に，「企業内容の開示の適切性」および「内部管理体制の有効性」の観点から審査され，不備があれば，IPO前に徹底的に改善指導される。

通常は，経営環境の把握，的確な業績見通し，月次単位での業績データの分析，必要な修正を適時に行える社内データの集計などが整備され，はじめて**ディスクロージャー体制**が整備されることになる。

多くの上場企業は一定の業績のライフサイクルがあるので，どこかの時点で業績に陰りが当然出てくる。業績で連戦連勝できる企業は稀であり，常に右肩上がりの予想を出すと，必ず業績修正する局面が訪れる。その際には，無理をせず現実を直視し，状況に応じて右肩下がりの計画，変化が読みにくい時は少し固めの計画にすることで，結果的に想定外の大きな業績修正に至らないようにすべきである。

また，**計画はズレるという前提**に立って，ズレた場合の改善施策や次のアクションプランを計画し，想定する経営環境ごとにいくつか代替計画案を用意しておき，修正局面においてそれを利用して迅速に見直すべきである。実際に修

正局面が訪れた時には，用意してあった計画案の中で一番適するものを活用し，必要な現実的な対応をすみやかに行い，**実際の改善施策として公表**できれば，投資家の理解，賛同を得やすくなる。

④ 不祥事の発生メカニズム

　前節のコラムでも触れたが，不正会計や不祥事隠しは，会社にプラス材料は一切ない。不祥事はすべて企業にとってダメージになるが，上場企業で発生した場合は深刻な経営課題になりやすい。

　一般的に上場企業は知名度があるので，多くのステークホルダーに普段から注目されている。いったん不祥事が発覚し，その事実の公表時期や報告内容，解決の方向性を誤ると，批判を受け，レピュテーションは悪化し，信用低下につながる。そうなると，その後の事業展開にも支障をきたし，**信用低下から販売機会が縮小**し，業績低迷にもつながるリスクがある。したがって，当然のことながら，不祥事は極力回避する企業努力が普段から必要であり，未然に防ぐ施策も整備すべきである。

（1）不祥事が及ぼす影響

　上場企業の管理体制の整備は未上場企業よりできているはずだが，経営者の考え方が健全でなく，不具合を起こす例も散見されている。

　IPO前は，間接コストを極力減らしたい，管理部門は最低限で運営したいと思う経営者は比較的多い。その意識が残ったままIPOを目指し，管理体制を上場審査上で必要な最低レベルで整備し，さらにIPOをした後は管理体制を緩めてまたコスト削減，間接部門のスリム化を図る悪例がある。

　その場合，管理体制はIPO前と同じく脆弱になるため，決算開示の遅滞や計算ミスが生まれやすくなり，コーポレートガバナンスや内部統制も形骸化しやすい。そのため，上場企業として最も回避すべきディスクロージャー上の不祥事といえる不正会計が蔓延るリスクが高くなる。そのような状況が一定期間続

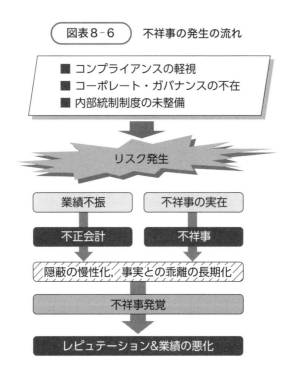

図表8-6　不祥事の発生の流れ

■ コンプライアンスの軽視
■ コーポレート・ガバナンスの不在
■ 内部統制制度の未整備

リスク発生

業績不振　　不祥事の実在

不正会計　　不祥事

隠蔽の慢性化，事実との乖離の長期化

不祥事発覚

レピュテーション&業績の悪化

くと，現実に不祥事が起きる可能性が高くなる。例えば，**不祥事を誘発する原因**になりやすい例としては，以下のようなものがある。

- 経営層の私利私欲や保身のため，コーポレートガバナンスが骨抜きにされている
- 組織全体で過度に業績優先を図り，コンプライアンスが軽視されている
- 間接コスト削減や管理人員の不足で，内部統制が有効でなくなる

このように，組織全体が機能不全に陥ると，遅かれ早かれ，ある時点で不祥事が発生する可能性が高くなる。

管理体制の部分的な欠落が生じる程度では，すぐに会社の存亡の危機に至らないこともある。しかし，それで高を括り，起業家自身が自社も大事には至らないと考え，管理体制の整備を重視しないと，現場部門も管理軽視の傾向が強

まり，組織全体で管理が疎かになりやすくなる。

　やはり，**起業家自身が，日頃から管理体制の強化を目指し，組織を鼓舞**するくらいでなければ，組織全体で不祥事を予防することはできない。実際，トップの管理意識が低く，組織が事なかれ主義に向かうと，全体的に隠蔽体質が常態化し，小さな不祥事が問題視されず傍観され，マグマだまりのように隠蔽が積み重なっていく傾向がある。その後，内外で経営課題として指摘される頃には，企業の存続に大きな影響を与える不祥事に発展している可能性がある。

　なお，不祥事の内容が法令違反などにもつながる場合には，対外的にはメディアを通じて連日報道され，企業として信用の大きな失墜となる可能性もあり，事実が発覚した瞬間に販売におけるマイナスの影響が増大し，一気に不安定な経営状態に陥る。

　経営者は**悪い情報もすべて吸い上げる組織体制を構築**すべきであり，それが自社を守り，持続可能性を高めることにつながるはずである。

　いずれにしても，**不祥事は小さいうちに対処**することが肝心であり，小さな不祥事でも一事が万事と考え，それらを教訓にして，次から未然に防ぐ新たな対策を講じることで，他の企業よりも不祥事が起こりにくい組織になっていくべきである。

（2）不正会計が及ぼす影響

　上場企業にとって会社の根幹を揺るがす不祥事といえる不正会計は，経営者や管理部門が自社の業績を少しでもよく見せようとして，事実と異なる取引を意図的に操作して作り，業績を表面的にプラスに見せる経理操作であり，経営実態に架空の内容を加味するものである。

　実際に取引実態を操作するには，事実と異なる書類や説明を偽装して，一時的に責任逃れをすることになる。不正を主導した経営層が現役でいる間は，周りの社員が忖度して隠蔽を手助けし，長い間続くことも多い。

　しかし，最後は**必ず明らかになる**ものである。不正会計は企業の透明性，ディスクロージャーを大きく歪め，本来の上場企業の**説明責任を反故**にすることと同じであり，大問題である。

　不正会計は，過去から上場企業でたびたび繰り返し発生してきているが，企

242

業ごとに原因はさまざまである。そのうち主な原因としては，**図表8-7**のような例が挙げられる。

> **図表8-7**　上場企業で不正会計が起こる主な原因

- 本来は最も重視すべきステークホルダーを軽視した事業展開
- 経営トップの暴走や判断ミスを放置する組織風土
- トップの見解に誰も異を唱えず，内部的に忖度がはびこり，外部には隠蔽する間違った組織防衛
- 経営層の一時的な自己保身や実力に見合わない虚栄心などが錯綜して繰り返され，組織全体にはマイナスとなる意思決定の蔓延

　不正会計が隠蔽される場合，多くは経営層が絡んでいる。そのため，不祥事が組織内で取り繕われ，対外的に発覚するまで一定期間は何もないかのように企業活動が行われる。しかし，**リスクが隠し切れない規模まで累積**すると，最後は辻褄が合わなくなり，必ずマイナス局面が表面化して不正会計の事実が顕在化し，一気に業績の悪材料を公表せざるを得ない状況に至ることになる。その後は，いわゆる企業不祥事の発覚という非常事態に至り，レピュテーションの悪化，信用低下で販売機会が減り，**業績悪化という結末**を迎えることになる。

　不正会計は，内部告発，社外役員や監査法人や取引先，税務調査の指摘などから発覚することが多く，状況によっては外部の第三者調査委員会が設置される。重要であれば，過去に遡って決算修正を余儀なくされる。その結果，市場で悪評が立ち，後ろ指を長い間刺される企業に成り下がる可能性が高い。

　よって，経営者は市場に評価されたければ，好調ではない時も一時的な自己保身や虚栄心に走らず，清濁すべて**正直に自社の事実を語る覚悟**を持ち，不正会計に手を染めないことである。また，経営者自身が率先して，不正につながる行為を絶対に許さないような組織体制を積極的に整えるべきであり，そうせずに不正会計が発覚したら，すべて経営者の責任であり，必ず断罪されることになる。

　不正会計を行い，業績を取り繕うのは言語道断であり，株式市場では**上場企業として命取りになる行為**とむしろ考えるべきである。

（3）不祥事に対する考え方とあるべき対応

　社内関係者が周到に対応した不祥事や不正会計の隠蔽であっても，最後は必ず発覚し，業績が悪化し，関与した経営陣は法律で裁かれるだけでなく，社会からもバッシングを受けることは必須である。よって，上場企業として絶対にこれらに手を染めない覚悟は，IPOの前からしておくべきである。

　上場審査でも重視されるコンプライアンス，コーポレートガバナンス，内部統制の3つに真摯に向き合い，上場企業となった後，管理体制を後退させるのではなく，**自己責任のもとでさらに強化**するとともに，**自社のネガティブ情報を隠蔽せず，公表**することを心掛けるべきである。

　上場企業として，企業内容について透明性を確保し，ディスクロージャーを重視し，隠したい事実がたとえあったとしても，まずは公明正大に対外的に明らかにすべきである。その後，速やかに**改善策のアクションプラン**を明確に打ち出し，**説明責任を果たす**ことである。そうして，実際に是正する努力を粛々と進め，その経過を示し，成果を出すことで，社会からの信頼を獲得するしかない。

　いくら取り繕っても事実は変わらないので，**不祥事を隠すことは最善ではなく最悪**であると肝に銘じ，事実をただちに公表し，早い段階で迅速にかつ地道に改善努力をすることが解決への早道と心得るべきである。

⑤　非上場化という1つの経営判断

　本章の最後に，上場企業がプライベートカンパニーに戻る経営判断について説明する。

　非上場化（**Going-Private**）とは，上場企業が自らの意思で積極的に上場廃止して未上場企業に戻ることをいう。主な理由は，**図表8-8**のようなものが挙げられる。

> **図表 8-8** 非上場化の主な理由

- 資金調達の必要がなくなり，上場メリットが薄れたため
- ブランドイメージがすでに確立され，未上場でも十分やっていけるため
- 外部株主から経営に口を挟まれることで経営判断しづらくなったため
- 限られたステークホルダーの中で経営スピードを加速したいため
- 開示義務，IRなどの手間や資金負担が応分と感じなくなったため
- 高額な上場維持コストをすべて解消できるため
- 外部株主がいなくなるので敵対的買収をされなくなるため

　例えば，未上場企業でよくある「資金調達力が弱い」「知名度がない」「幅広く株主を募りたい」などの経営課題が非上場化しても生じない企業であれば，弊害は少ないので，非上場化が十分選択肢となりうるということである。

　よくあるケースとしては，上場後に業績が悪化し，経営改革を急ぐ必要があるが，外部株主に反対や異論を主張され，現経営陣も非難などされて，事業展開が進まない場合である。外部株主からの横やりで**経営の意思決定をスムーズかつスピーディに実施できないので，非上場化**することで，成長に必要な経営改革（本業のテコ入れ，新規事業立ち上げ，リストラなど）を，じっくり中長期的な観点で実行できる環境を手に入れたいと考えるためである。

　非上場化を目指す場合，上場企業の創業者や経営陣が外部株主と相対（あいたい）で株式の取引をする，または資本市場を通じて株式を取得することにより大半の経営権を確保し，流動性を低下させることで上場廃止になる。創業家が銀行の支援を受けて単独で行うケースのほか，外部の資金力のある投資会社と組んで設立したSPC（特別目的会社）を活用して，**一般投資家等から大半の株式を一気に取得**する場合もある。

SPC（特別目的会社）

　Special Purpose Companyの略。通常，会社は事業による利益の追求を目的とするが，SPCは資金調達や債券の発行，投資家への利益の配分などの目的だけのために設立される。特定目的だけが事業内容のため，金融機関も与信判断，融資実行がしやすい効用がある。

　非上場化においては，SPCが金融機関等から借入れを行い，その資金で，非上場化する会社の株式を取得し，SPCの子会社とする場合が多い。

　連結会計や税務の論点も多いので，専門家への相談は不可欠である。

　実務的には，TOBやMBO（**第6章**参照）などを実行し，全発行済株式を取得して，短期間で少数株主を減らす手法が選択肢されることが多い。この場合，SPCを設立するのは，金融機関の融資目的が明確にできるため，買収時に多額のローンが出やすいということと，TOBスキームをアレンジする専門の投資ファンドも新会社のほうがスキームを単純化しやすいためである。

TOB

　株式公開買付けのことであり，Take-Over Bidの略。経営支配権を得るために，現在の不特定多数の株主に対して買付価格や期間などの公告等を通じて，保有株式の売却を求めて勧誘し，取引所外で株式を買い付ける手法。企業買収，グループ再編，企業再生，非公開化などを行う際に利用されることが多く，投資者保護の観点に立った所要の要件のもとで手続が進められる。

　既存株主が求めに応じる確率を高めるために，通常，TOBの買付価格は，TOB表明時点での市場での取引株価よりもプレミアムをつけて高く設定される。上場企業のTOBは，経営権確保により流動性がなくなるため，非公開化に進み，プライベートカンパニーとなるか，上場企業の非上場子会社になる。

　なお，売買価格さえ合意すれば友好的にTOBは進められるが，経営支配権などをめぐって大株主同士の対立が発生すると敵対的TOBとなり，一方の大株主の合意がない中で，経営支配権を得ようとする買主側が一方的に対象企業の株式の大量保有を目指すことになる。

　また，業績の伸び悩みや低迷があった場合，または，旧経営陣が高齢等の理

由で事業承継が必要な場合などに，非上場化が行われる場合もある。その場合，創業者や経営陣は退陣して，投資ファンドが主体となり，新経営陣を改めて揃え，経営改革を実行していく。再び成長軌道に乗る算段がついたら再度IPOをして，投資ファンドは多額のキャピタルゲインを得て，大株主からフェイドアウトする。

　このような非上場化の主な具体例としては，ワールド，ポッカコーポレーション，すかいらーく，吉本興業，チムニー，エスエス製薬などが挙げられる。

　なお，上記は比較的オーナー系の企業が行う理由といえるが，大手企業グループでよく行われる非上場化もあり，次の2つの実務の流れがある。

　1つは，大手上場企業のグループ経営の観点で，上場子会社を非上場化する場合である。背景として，グループ傘下で上場している子会社がある場合，最近では親会社と他の株主との利益相反，グループ経営の最適化・迅速化，コーポレートガバナンスの強化などを理由にステークホルダーから批判されるケースも増えたため，親会社以外はすべて非上場化する流れがある。大手上場企業の子会社の非上場化の例としては，伊藤忠のファミリーマート，NTTのNTTドコモ，日立グループの複数の子会社などがある。

　もう1つは，業界再編の観点で行われるケースである。同業者同士が統合して1つのグループとなると，複数あった上場会社が1社となり，または，共同持株会社を設立して既存の上場会社は非上場の事業子会社となる流れである。これは，生き残りのため業界再編が必須な同業の大手メーカー同士が積極的に実施するケースである。

　時代背景としては，業界全体が低収益競争にさらされたり，グローバル競争に入り，1企業だけでは立ち打ちできない競合企業が増えつつあるため，大手も含めて経営資源の最適化，人材やノウハウの共有，設備・R&D・システムなどの効率的な投資，サプライチェーンの共同化，事業規模や市場シェアの拡大による安定成長などの実現を目指して協議，実行されている。上場企業も競合と共生して，サステナブルな企業を目指す時代といえる。

　いずれにしても，いったん上場企業となった後に**非上場化を行うのは，手間も資金負担も大きい**ので，慎重な経営判断が求められることになる。

第 9 章

著名経営者の
起業からの歩み

1 ベンチャー企業として起業した現在の著名企業と起業家たち

　日本経済は明治維新以降，近代化に大きく舵を切ったが，さらに先進国としての立場を盤石にしたのは，戦後の高度経済成長期といえる。高度経済成長期以降はバブル経済の崩壊，失われた30年など停滞ムードが続いたが，その間にも毎年起業されてきた企業のいくつかは成長し，日本を代表する企業にまでなり，現在に至っている。

　今では誰もが知っている有名大企業の多くは20世紀以降に設立された株式会社であり，最初は皆ベンチャー企業として大半がスタートしている（**第1章**参照）。これらの企業は，いずれも**経営者の強い意志で成長**し，さまざまな事業変革，多角化などを実現し，競合に打ち勝ち現存している。本書の他の章で説明している資本政策，IPO，M&A，海外進出，経営変革などの施策を徹底して事業展開を進め，日本を代表する上場企業に成長してきたといえる。

　例えば，ソフトバンク創業者の孫正義氏は，従業員数人の創業当時から「1兆，2兆」と豆腐のように経営を語りたいと宣言していたといわれているが，現在は実際に数兆円単位でのビジネスを毎年当たり前のように行っている。

　また，東証マザーズ創設時に資本市場が過熱した際に，多額の公募増資を実現して巨大グループに成長した楽天は，IPO時の業績はまだ売上30億円，赤字95億円という状況であったが，新規上場で当時としては破格の400億円を資金調達し，新規事業進出やM&Aで成長路線に乗って現在に至っている。

　ファーストリテイリングも上場する前は，売上1,000億円の地方企業であったが，20年後の2022年には，世界のアパレル産業で売上は3兆円弱の3位，時価総額は1位という驚異の成長を実現し，ファストファッションの世界競争を牽引している。10年後に売上10兆円の目標も公表している。

　以上のように，起業家が個人の強い想いで始めたベンチャー企業は，創意工夫を積み重ねて本業を強化，拡大し，さらなる成長のために，IPOやM&Aをタイミングよく実行，活用してきたことが如実に見て取れる。つまり，事業展開に合わせて迅速に意思決定をし，**機動的な資本政策**によるファイナンス，**IPO，M&A**等で財務構造やグループ経営をダイナミックに見直し進化させて

きている。さらに，かなり早い段階で**積極的に海外進出**する企業も多い。それらの**積極的な経営で自社を劇的に変革**させ，成長性を高める企業努力もしている。

　以下では，ベンチャー企業から有名大企業へと成長した数社を取り上げて説明する。起業からの事業展開を垣間見ることで，それらの企業が創業間もない頃から現在まで機動的な事業展開をいかに行い，成長していったかがわかるはずである。

　なお，以下で記述している事業内容や数値のすべては，各企業が自社の開示資料等で公表している情報およびメディアで発言している内容を筆者が加工して作成し，その分析結果を私見としてまとめたものである。

② 京セラの成長の軌跡

　京セラは，戦後の代表的な起業家で，経営塾なども主宰してベンチャー企業を営む多くの次世代経営者に影響を与えた稲盛和夫氏が設立した企業である。

　1959年に京都で設立され，事業エリアの拡大スピードが速いことが大きな特徴の１つである。創業の翌年1960年に東京進出，10年経たない1969年に米国進出を行った。その後も，1971年から2011年までに欧州，アジアに進出エリアを拡大し，急ピッチに世界のマーケットで販売機会を獲得した。

　通常は，創業して10年以内は国内での事業展開をしっかり拡大させることで精一杯だが，果敢に世界進出した決断が成長のきっかけを作ったといえる。実際には，本業のセラミック部材の需要が世界的に多くあったことが大きな要因ではあると思われるが，それにしても着実にタイムリーに**海外展開**を広げた手腕は途轍もない。

　また，**IPO**も，当時としては比較的早く実現している。創業から12年後の1971年に当時の大阪証券取引所の市場二部に新規上場し，その３年後の1974年には東証の市場一部に上場，1980年にニューヨーク証券取引所上場を果たしている。その後も，事業展開に合わせて資金調達も良好に進めており，1976年，1980年，1990年に米国ADR（預託証券）発行による公募増資をしている。また，

増資だけでなく社債発行も併用し，1987年に無担保転換社債，1989年にドル建新株引受権付社債などで着実に資金調達している。

このように，ベンチャーの段階から資本市場を有効活用して大規模化し，海外展開によって事業拡大を進めることで現在の地位を得たが，本業のセラミック関連とは無関係な産業にも進出しており，この点，稲盛氏の器の大きさが伺える。

例えば，本業の安定成長が盤石になった後に**多角化やM&A**を加速したが，象徴的な異業種進出として，1984年の第二電電（現KDDI）の創業がある。当時はNTTが電信電話事業を独占していたが，規制緩和を受けて新興勢力としてゼロから立ち上げ，現在，3大通信キャリアの一角にまで成長している。その他にも，1989年から2012年にかけてさまざまなM&Aを実施しており，その四半世紀の間にグループの事業多角化を推進してきている。

これらの事業多角化に共通する特徴は，本業と異なる事業をむやみやたらにM&Aするのではなく，社会のニーズがあり，かつ外資ではなく日本企業が手掛け続けるべき事業を選んで買収しているのではと思われる事案が多いことにある。

これらの多角化やM&Aを推し進められたのは，本業の安定成長があってこそだが，独自の競争力ある製品群を持ち，それぞれを世界の巨大かつ成長産業へバランスよくアプローチしていることが成功要因だろう。つまり，一本足打法に極力ならないよう，主力事業それぞれが全体の1割から2割程度で万遍なく独立採算で事業展開されており，一事業に依存し過ぎていないことが安定成長のカギのように思われる。

そして，現状に甘んじず，研究開発コストを毎年800億円程度（売上比5％）かけて事業強化を図っているため，グループ内においても**小さなイノベーション**を繰り返して次の成長要因を増やしているようにも見える。

また，京セラといえばアメーバ経営で知られており，**すべての事業で部門単位を細分化**し，それぞれに**独立採算制度**を導入し，利益を出す努力をしている。その効果といえるのかもしれないが，どのセグメントに属する事業も利益を確保して，業績も確実に伸ばしてきている。

アメーバ経営

　京セラ創業者である稲盛和夫氏が自社を経営する中で実体験から生まれた，全従業員が経営に参画する経営管理手法。組織内をアメーバのように独立採算で運営する小集団に分け，その小集団ごとにリーダーを任命し，共同経営のような形で運営していく。また，各小集団の活動の成果を明確に示すことで，経営者意識を持ったリーダーが生まれる。そして，そのリーダーを中心に，全社員がそれぞれの持ち場・立場で持てる能力を発揮し，自らの小集団の収支を意識しながら経営にあたる。その際に，仕事の成果を時間当たりの付加価値で数値化し，見える化することで利益確保に取り組む部門別採算制度の1つといえる。

　以上の結果，日本経済が低迷した失われた30年の間でも着実に成長をしてきている。**図表9‐1**のように2000年3月期と2023年3月期の対比でも業績や規模でほぼ倍増しており，安定した経営基盤を築き上げていることがわかる。

（　図表9‐1　）　京セラの成長

主な業績	2000年3月期	2023年3月期
売上	8千億円	2兆円
当期利益	5百億円	1千3百億円
営業キャッシュフロー	2千億円	1千8百億円
時価総額	1兆2千億円	2兆6千億円
人員	4万人	8万1千人

　なお，2023年3月期は当初の業績予想どおりに売上2兆円を達成した。中長期的にも売上3兆円，利益も現在の3倍程度を計画しており，稲盛氏亡き後も着実な事業拡大を見込み，さらなる成長を目指している。

図表 9‒2　京セラの事業別バランス構造

　2023年 3 月期の売上 2 兆253億円の事業別内訳は，以下のグラフのとおりである。各事業で成長しており，一事業に依存することがないため，各事業の業績のポートフォリオの善し悪しを全体で吸収でき，安定的に経営できる収益構造になりやすい。

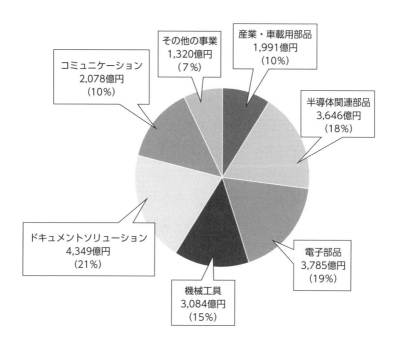

$$\boxed{\text{図表9-3}}\quad\text{京セラの概要}$$

企業社名：	京セラ（株）	
英文社名：	ＫＹＯＣＥＲＡ　ＣＯＲＰＯＲＡＴＩＯＮ	
設立年月：	1959年4月	上場年月日：1971年10月1日
株式市場：	東証プライム	銘柄コード：6971
業種分類：	電気機器	本社所在地：京都市伏見区
事業内容：	稲盛和夫氏創業。セラミック技術中心にしたコンデンサーなど電子部品大手。太陽電池モジュール，通信機器，複写機など多角化経営を標榜	
主要事業：	コアコンポーネント事業，電子部品事業，ソリューション事業，他【海外割合】67%	
平均年齢：	40.5歳	平均年収：7,250千円

【京セラ】業績推移

連結ベースの経営指標		第48期	第58期	第68期	第69期
決算年月		2002年3月	2012年3月	2022年3月	2023年3月
売上高	（百万円）	1,034,574	1,190,870	1,838,938	2,025,332
税引前利益	（百万円）	55,398	114,893	198,947	176,192
親会社の所有者に帰属する当期利益	（百万円）	31,953	79,357	148,414	127,988
親会社の所有者に帰属する当期包括利益	（百万円）	－	77,850	365,805	223,978
親会社の所有者に帰属する持分	（百万円）	1,039,478	1,469,505	2,871,554	3,023,777
資産合計	（百万円）	1,645,458	1,994,103	3,917,265	4,093,928
1株当たり親会社の所有者に帰属する持分	（円）	5,498.67	8,010.65	8,000.97	8,424.82
基本的1株当たり親会社の所有者に帰属する当期利益	（円）	169.02	432.58	411.15	356.60
希薄化後1株当たり親会社の所有者に帰属する当期利益	（円）	168.88	432.58	－	－
親会社の所有者に帰属する持分比率	（％）	63.2	73.7	73.3	73.9
親会社の所有者に帰属する持分当期利益率	（％）	3.1	5.5	5.4	4.3
株価収益率	（倍）	52.12	17.52	16.74	19.32
営業活動によるキャッシュ・フロー	（百万円）	140,929	109,065	201,957	179,212
投資活動によるキャッシュ・フロー	（百万円）	△51,138	△56,051	△79,457	△168,833
財務活動によるキャッシュ・フロー	（百万円）	△18,396	△50,769	△111,473	△61,257
現金及び現金同等物の期末残高	（百万円）	280,899	273,288	414,129	373,500
従業員数	（人）	44,235	71,489	83,001	81,209

③ ファーストリテイリングの成長の軌跡

　高度経済成長期に入り，衣食住に消費者がお金を使う時代にアパレル業界の風雲児として登場したのが，ユニクロを展開するファーストリテイリングの柳井正氏である。1つの業界で**世界企業と互角に勝負できる存在**にまで企業を成長させた名経営者であろう。

　ファーストリテイリングは1963年に広島で柳井氏の父親が設立した紳士服中心の企業が発端であるが，今のユニクロ業態は柳井氏が1972年に後継者となり，1974年にカジュアル衣料の新業態として立ち上げたものであり，新たな起業といえる。

　IPOとしては，1994年に広島証券取引所（2000年廃止）に上場後，1997年に東証第二部上場，1999年に東証第一部，2014年には香港証券取引所上場と続いた。

　事業拡大はIPO前後から本格化し，1997年に首都圏都心（渋谷）に進出，2000年に東京本部を開設し，全国展開，世界進出の土台が整備され，その後，世界の主要都市に店舗を構えている。

　店舗展開のスピードは凄まじく，1993年に100店舗（従業員数約6,000人），2001年には500店舗（同1万2,000人）と急増し，その後の20年間で世界展開を加速させ，2001年から2014年の間に欧米，アジアの主要国への進出を果たし，2022年には全世界で3,500店舗（同5万5,000千人以上）を擁するまでになっている。また，2004年以降は海外も含め店舗が大型化しており，**各国の商業エリアの一等地で店舗展開**し，1店舗当たりの初期投資は5～8億円程度と多額に上る。このように，世界の主要都市でランドマーク的な商業施設を展開するため，世界中でユニクロを知らない人は少ない状況にまで至っている。

　また，ユニクロといえば，SPA（製造小売り）方式が特徴であり，商品企画したモノを信頼できる製造専門メーカーに委託生産し，品質検査などの最終チェックは自社で行うことで品質を維持しつつ大量生産を可能にしている。1999年以降，中国を中心に主力商品のSPA方式での生産体制を整えて，現在では**グローバルに主力商品を同時供給**できるようになっている。

SPA

Specialty store retailer of Private label Apparelの略で，「製造小売り」と呼ばれる業態。商品企画，生産から販売まで，サプライチェーン上の各機能を一貫して行うビジネスモデルである。自社で在庫リスクを負うが，中間流通業者が介在しないため短納期で売れ行きに応じて生産調整でき，顧客ニーズを迅速に商品に反映させやすい。企画，品質検査，販売は自前で行うが，生産や物流などはアンバンドル化して専門業者に委託するケースも多い。

もともとは，米衣料品GAPの会長が自社のアパレル業態を語る時に使った言葉である。SPAを展開している代表例は，日本ではユニクロやニトリなど，海外ではZARAやH&Mなどが挙げられる。

2005年には純粋持株会社制に移行し，2005年から2009年にかけて，ユニクロ業態以外の有力ブランドを持つ複数の同業他社をM&Aでグループ化することで，**多角化**を加速している。

また，**新業態事業**として2006年に低価格ブランドg.u.（現在のGU）を立ち上げ，ユニクロと並行して多店舗展開を進めており，世界展開も始まっている。

2021年の国内アパレル市場の規模は４兆円だが，ファーストリテイリングは売上２兆円と，２位のしまむらの売上5,000億円を大きく引き離して断トツ１位である。世界の中でも最大手の一角となっており，2021年実績比較で，１位インディテックスの売上２兆6,000億円，２位H&Mの売上２兆4,000億円についで世界３位であり，猛追している。事業展開次第で世界１位を狙える位置に到達しているといえる。

以上の結果，**図表９-４**のように，1999年と2019年の対比でも業績が着実に伸びてきたことがわかる。

多くの経営者が業績低迷の理由をバブル崩壊，失われた30年，デフレ経済などのせいにする中，果敢に**攻める経営**を続け，設備投資もグローバルに着実に進め，事業成長させ続けている稀有な起業家である。20年間で売上22倍，当期利益36倍，時価総額13倍，人員56倍という大きな成長を遂げている。

柳井氏は早い段階から世界で勝負したいと宣言していたが，当初の大きな事業構想が結実したものであり，ベンチャー成功の代表例といえる。

256

図表9-4　ファーストリテイリングの成長

主な業績	1999年8月期	2019年8月期
売上	1千億円	2兆2千億円
当期利益	68億円	2千5百億円
時価総額	4千6百億円	6兆円
人員	1千人	5万6千人

図表9-5　ファーストリテイリングの最近の事業構造

現預金等	1兆円	借入金他	1兆円
在庫等	4千億円	資本および	1兆円
設備等	6千億円	内部留保ほか	

※時価総額　約10兆円（創業一族は約4割の株式を所有）
※最近の年間投資1千億円規模（約4割が海外出店，約4割がIT・物流整備）

<table>
<tr><td colspan="2">図表9-6</td><td>ファーストリテイリングの概要</td></tr>
</table>

企業社名：	（株）ファーストリテイリング	
英文社名：	ＦＡＳＴ　ＲＥＴＡＩＬＩＮＧ　ＣＯ．，ＬＴＤ．	
設立年月： 1963年5月	上場年月日：1994年7月14日	
株式市場： 東証プライム	銘柄コード：9983	
業種分類： 小売業	本社所在地：山口市佐山	
事業内容：	柳井正氏創業。世界3位のSPA大手。「ユニクロ」を世界展開。「ジーユー」も海外進出開始。中国と東南アジアが成長軸	
主要事業：	国内ユニクロ，海外ユニクロ，ジーユー，グローバルブランド，他【海外割合】48%	
平均年齢： 37.7歳	平均年収：9,630千円	

【ファーストリテイリング】業績推移

連結ベースの経営指標		第41期	第51期	第60期	第61期
決算年月		2002年8月	2012年8月	2021年8月	2022年8月
売上収益	(百万円)	344,170	928,669	2,132,992	2,301,122
営業利益	(百万円)	50,418	126,450	249,011	297,325
税引前利益	(百万円)	50,445	123,390	265,872	413,584
当期利益(親会社の所有者に帰属)	(百万円)	27,850	71,654	169,847	273,335
当期包括利益(親会社の所有者に帰属)	(百万円)	—	96,501	215,309	554,833
親会社の所有者に帰属する持分	(百万円)	123,631	394,892	1,116,484	1,561,652
資産合計	(百万円)	210,921	595,102	2,509,976	3,183,762
1株当たり親会社所有者帰属持分	(円)	1,215.43	3,797.04	10,930.42	15,281.90
基本的1株当たり当期利益	(円)	269.54	704	1,663.12	2,675.30
希薄化後1株当たり当期利益	(円)	—	703.06	1,660.44	2,671.29
親会社所有者帰属持分比率	(%)	58.6	65.00	44.5	49.1
親会社所有者帰属持分当期利益率	(%)	22.5	20.4	16.4	20.4
株価収益率	(倍)	12.7	26	43.6	30.6
営業活動によるキャッシュ・フロー	(百万円)	△19,361	127,643	428,968	430,817
投資活動によるキャッシュ・フロー	(百万円)	△9,927	△35,313	△82,597	△212,226
財務活動によるキャッシュ・フロー	(百万円)	△20,431	△29,056	△302,985	△213,050
現金及び現金同等物の期末残高	(百万円)	107,262	266,020	1,177,736	1,358,292
従業員数	(人)	1,853.00	18,854	55,589	57,576

4 ニデックの成長の軌跡

　京都は，首都圏以外で成功ベンチャー企業を多く輩出している稀な地域である。前述した京セラに続いてニデック（旧社名・日本電産）も，起業家の永守重信氏が率いる京都発ベンチャーであり，M&Aを活用して今では売上高2兆円に迫る大企業である。永守氏は一挙手一投足が注目される有名な経営者であり，ニデックはベンチャー企業がゼロから出発してどんどん世界中で事業拡大していく模範ともいえる。

　ニデックは1973年に京都で設立され，創業直後から海外進出を目指し，翌年の1974年には米国進出を果たしている。その後も，1989年から2012年にかけて矢継ぎ早に海外主要国に事業拠点を設置し，グローバル展開を素早く進めていった。まだまだ小さなベンチャーの段階から世界のマーケットに積極的にアプローチを進めることで，事業拡大を一歩ずつ実現していったのである。仮に，国内だけで事業展開を進めていたなら今日の事業規模には到底及ばなかった可能性もあり，**海外進出を創業当時から志向**する事業構想が成功の主因といえる。

　IPOは，創業から15年となる1988年に京都証券取引所（2001年廃止）および大阪証券取引所に新規上場し，1998年には東証第一部に上場，また，国際的に事業展開を進める際に周知度を上げられるニューヨーク証券取引所に2001年に上場している。これらの資本市場での動きは，タイミング的に海外進出と連動しており，上場することで海外顧客と海外投資家に自社の存在を同時に知らしめることになり，海外進出がしやすい経営環境を着実に整えてきたといえる。

　ニデックの経営の真骨頂は，**M&Aの活用**によるグループの急拡大といえる。1989年から2011年にかけて国内中心のM&Aを数多く手掛けていった。当初はM&Aのノウハウも資金力も乏しいため，すぐに丸ごと買収するのではなく，まずは資金的な負担も少ない資本提携から始め，双方の良好な関係性ができてから本格的に買収するという展開も組み合わせていた。これは，グループ化を無理せず柔軟に行い，双方の理解が進んだ後に，追加的に資本参加を実行して最終的に子会社化を実現していく手堅い手法といえる。

　2006年から2010年にかけては海外M&Aも増え出し，グループの世界展開の

加速に貢献している。

　M&Aの成約数は毎年増えてきており，2012年以降は1年間で複数社を買収，資本参加する例も増え，M&Aが経営の根幹ともいえる展開になっている。2022年時点でM&Aをした企業は60社以上と，**驚異のM&A実績**である。これらのM&Aの中心は，精密中小型モーターに特化しつつ，それらの周辺技術としてシナジーを持つ会社も含めて進められていると思われる。最近は，EV自動車関連の技術を持つ会社も含まれており，今後はEV関連が事業の柱になっていくことが想定され，注目されている。

　永守氏はM&Aの成功理由を「安く買うこと」と公言している。すべての経営者が適正な企業評価を行えるわけではないので参考にならないかもしれないが，一時的な判断で高値づかみしないように留意することが重要であるという意味だと思われる。公表情報で知りうる限り，永守氏は実際に30年以上の間，M&Aをした会社や事業で大きな失敗はしていないと思われる。取得価額の交渉がうまいことに加えて，**取得後の経営改善のノウハウ**が蓄積されていると考えられる。経営方針として，メーカーであれば「**営業利益率を10%は確保すべき，できるはずである**」とも公言しており，実際に取得前に赤字企業だった場合も，営業利益率10%前後に改善させている例が多い。

　このように，多数のM&Aができる要因は，取得後に確実に経営改善をする自信と実力があることといえる。永守氏は現場を鼓舞する力も度量もあるが，そればかりでなく，財務戦略の本をIPOをする直前に自ら執筆しているくらい，経営数値にも明るい経営者である。つまり，生産管理と経営管理の両面でバランスのとれた稀有な能力の持ち主であることが，傑出した起業家になった理由であろう。事業展開を数字で判断できる公認会計士とは話が合うようであり，社内には多くの公認会計士を所属させている。

....

Column　　**名高い起業家が自ら財務経理本を執筆する凄み**

　稲盛氏や永守氏は，経営本だけでなく財務経理に関する書物も出版するくらい，決算書や財務数値に対する造詣が深い。つまり，経営者にありがちな勘や直感だけでマネジメントをしているのでは決してない証しである。

　稲盛氏は数十冊を執筆しており，主に経営哲学，思想に関するものだが，財務経

理に関する書籍『稲盛和夫の実学』（日本経済新聞出版，2000年）はベストセラーとなっている。

永守氏はIPOをする２年前の1986年に，『技術ベンチャー社長が書いた体あたり財務戦略』（ジャテック出版）を刊行している。

また，孫氏は創業の頃，人生をかけて何を仕事にするか考え抜き，思いついた何十種類もの仕事のそれぞれの事業計画書を細かい数値を駆使して作り，徹底して将来予測をシミュレーションした。インターネットがない時代に，IT業界に関連する仕事を一生をかける事業であるとして選び，時流に沿った先端の事業展開をすることでネット社会における時代の寵児，情報革命の先頭ランナーであり続けている。

柳井氏も早い段階から多くの経営書を研究し，公認会計士に経営数値の見方を伝授されたエピソードを語っている。実際に，ニデックやファーストリテイリングの社内では多くの公認会計士が管理部門で働いているようである。

このように，本章で取り上げている起業家，名経営者はいずれも財務数値，経営管理を重視して経営を行い，大成功したことが見て取れる。

以上の結果，**図表９-７**のように，2000年３月期と2023年３月期の対比でも業績が着実に伸びてきたことがわかる。23年間で売上17倍，当期利益7.5倍，時価総額13倍，人員８倍という大きな成長を遂げている。

（図表９-７）　ニデックの成長

主な業績	2000年３月期	2023年３月期
売上	１千３百億円	２兆２千億円
当期利益	60億円	450億円
営業キャッシュフロー	125億円	１千４百億円
時価総額	３千億円	４兆円
人員	１万３千人	10万７千人

なお，ニデックは，2030年の売上目標はEV革命の潮流に乗って10兆円を目指すことを公表しており，さらなる事業拡大を見込んでいる。永守氏は多くの経営者の中でも傑出した存在であり，今でもグループ全体を自ら牽引しているため，次代を誰が担うのかは日本経済全体の大きな関心事といえる。

図表9-8　ニデックの概要

企業社名：	ニデック（株）	
英文社名：	ＮＩＤＥＣ　ＣＯＲＰＯＲＡＴＩＯＮ	
設立年月： 1973年7月		上場年月日：1988年11月7日
株式市場： 東証プライム		銘柄コード：6594
業種分類： 電気機器		本社所在地：京都市南区
事業内容：	永守重信氏創業。中小型モーター世界大手。精密小型から産業用など中大型シフト。EV向けなど車載用を主柱に育成中	
主要事業：	精密小型モータ事業，車載事業，家電・商業・産業用事業，機器装置事業，電子・光学部品事業，他【海外割合】88（2022.3）	
平均年齢： 39.2歳		6,450千円

【ニデック】業績推移

連結ベースの経営指標		第29期	第39期	第49期	第50期
決算年月		2002年3月	2012年3月	2022年3月	2023年3月
売上高	（百万円）	281,069	682,320	1,918,174	2,242,824
税引前当期利益	（百万円）	11,717	70,856	170,032	120,593
親会社の所有者に帰属する当期利益	（百万円）	6,461	40,731	135,759	45,003
親会社の所有者に帰属する当期包括利益	（百万円）	－	41,667	291,328	153,845
親会社の所有者に帰属する持分	（百万円）	89,551	370,182	1,292,241	1,354,505
資産合計	（百万円）	299,013	800,401	2,678,483	2,872,591
1株当たり親会社所有者帰属持分	（円）	1,408.87	2,705.32	2,227.00	2,356.66
基本的1株当たり当期利益	（円）	102	296.25	234.40	78.19
希薄化後1株当たり当期利益	（円）	97	276.89	－	－
親会社所有者帰属持分比率	（％）	30	46.2	48.2	47.2
親会社所有者帰属持分当期利益率	（％）	－	－	11.4	3.4
当期利益率	（％）	7.50	11.2	－	－
株価収益率	（倍）	84.10	25.5	41.6	83.8
営業活動によるキャッシュ・フロー	（百万円）	28,758	56,712	94,994	143,485
投資活動によるキャッシュ・フロー	（百万円）	△25,155	△19,918	△112,597	△164,943
財務活動によるキャッシュ・フロー	（百万円）	△3,664	△814	△64,393	△19,238
現金及び現金同等物の期末残高	（百万円）	53,586	130,290	199,655	186,098
従業員数	（人）	35,115	107,489	114,371	106,592

⑤　ソフトバンクの成長の軌跡

　ベンチャーから巨大企業となった代表例として必ず挙げられるのがソフトバンクである。起業家である孫正義氏は，インターネットが今のように普及する以前からPCやシステムが情報革命，社会革命を起こすと予想し，ソフトバンクを起業して今日に至っている。

　ソフトバンクは1981年に東京で設立された。業態は現在とは異なり，情報通信そのものではなく，当初はパソコンソフト流通業を手掛け，1982年からはパソコン情報誌を中心に出版業も開始した。その後，1994年にIPOで多額の資金調達を実現し，その資金や金融機関からの借入れ等，あらゆるファイナンス手法を駆使して**多額の資金を確保**し，**新規事業開発**，**M&A**や**事業提携**等を積極化して事業構造を大きく変えていった。

　当時米国で台頭してきていた，まだベンチャー企業のヤフーに破格の投資をして，インターネット関連サービスへ本格的に乗り出した。1996年には日本においてヤフージャパンを設立，翌年に時価総額3兆円でIPOさせ，新規上場時の株式売出しにより多額の売却益を得て，その後の事業資金をしっかり得ることとなった。

　自社がIPOをした後は，いろいろな業種がM&Aの対象になっている。展示会イベント主催企業，ハイテク機器製造企業，テレビ局，銀行，通信キャリア（携帯電話，固定電話など）などが挙げられる。しかし，コア事業に経営資源を集中するため，株式を売却している事業も多く，現在は情報インフラ事業のみとなっている。つまり，M&A後にグループ経営に残す事業を選別し，全体の事業構想から見てグループの将来ビジョンに合わない分野は短期間で売却するというスピードのある経営判断が特徴である。

　ソフトバンクが実行してきたM&Aは買収金額などが桁外れな場合が多く，また，失敗と成功，撤退とグループ化を素早く行うPIVOT経営（**第3章**参照）を大規模かつ大胆に実践しているといえる。外からは見えにくいが，孫氏の大きな事業構想に適う，つまりはパーパス，ビジョンに向かうための事業の選択と集中といえそうである。

このように，当初は業績に貢献しそうな企業を幅広い業種で買収対象にして試行錯誤を続けていたが，1998年に**持株会社制**に移行した後は，現在のコア事業といえる**情報インフラ**（ブロードバンド事業，固定電話事業，携帯電話事業など）に関係する企業に集中した大型M&Aや新規事業の立ち上げを加速していった。そうすることで3大通信キャリアの1つとしての地位を築き，グループの大きな収益源として貢献している。

また，情報インフラ関連が大規模化して安定した事業展開ができるようになると，もう1つのコア事業として，純粋な投資事業を**ビジョンファンド**と銘打って2017年から展開している。このビジョンファンドは，主力の情報インフラ事業とは関係なく，成長して大きな投資リターンを生む可能性の高い多種多様なスタートアップ企業に出資する純粋な投資事業会社としての一面が注目を浴びているのは，読者の皆さんもご存じのとおりである。

以上の結果，**図表9-9**のように2001年3月期と2021年3月期の対比では，着実に業績が伸びて巨大化してきたことがわかる。さらに，2023年3月期は2021年3月期との対比で売上が1兆円増加しており，投資事業などで一時的に最終損益はマイナスとなっているものの，キャッシュ残高は2兆円以上増加，人員は5千人以上増加しており，着実に事業拡大をしている。

図表9-9 ソフトバンクグループの成長

主な業績	2001年3月期	2021年3月期	2023年3月期
売上	3千9百億円	5兆5千億円	6兆5千億円
当期利益	366億円	4兆9千億円	△9千7百億円
キャッシュ残高	1千5百億円	4兆6千億円	6兆9千億円
時価総額	1兆5千億円	17兆円	7兆6千億円
人員	4千人	5万8千人	6万3千人

2001年3月期と2021年3月期との対比で見ると，20年前と比べて売上14倍，当期利益134倍，時価総額11倍，人員14倍という大きな成長を遂げている。

稀代の起業家である孫氏が創業当時「1兆，2兆と豆腐を数えるような経営をしたい」と，ミカン箱などを演台にして見渡せる程度しかいない全従業員の

図表9-10　ソフトバンクグループの概要

企業社名：	ソフトバンクグループ（株）	
英文社名：	ＳｏｆｔＢａｎｋ　Ｇｒｏｕｐ　Ｃｏｒｐ．	
設立年月：	1981年9月	上場年月日：1994年7月22日
株式市場：	東証プライム	銘柄コード：9984
業種分類：	情報・通信	本社所在地：東京都港区海岸
事業内容：	孫正義氏創業。ベンチャー投資ファンド，通信会社，スマートフォン決済事業，オルタナティブ投資の資産運用事業，福岡ソフトバンクホークス関連事業など	
主要事業：	持株会社投資事業，投資ファンド事業，ソフトバンク事業，アーム事業，他【海外割合】10％	
平均年齢：40.6歳	13,220千円	

【ソフトバンクグループ】業績推移

連結ベースの経営指標		第22期	第32期	第41期	第43期
会計期間		2002年3月	2012年3月	2021年3月	2023年3月
売上高	(百万円)	405,315	3,202,435	5,628,167	6,570,439
税引前利益	(百万円)	119,939	632,256	5,670,456	△469,127
親会社の所有者に帰属する純利益	(百万円)	△88,755	313,752	4,987,962	△970,144
親会社の所有者に帰属する包括利益	(百万円)	－	356,988	5,482,739	293,116
親会社の所有者に帰属する持分	(百万円)	465,326	1,435,640	10,213,093	9,029,849
総資産額	(百万円)	1,163,678	4,899,705	45,750,453	43,936,368
1株当たり親会社所有者帰属持分	(円)	1,381.31	852.69	5,588.80	5,888.94
基本的1株当たり純利益	(円)	△263.53	285.78	2,619.61	△652.37
希薄化後1株当たり純利益	(円)	－	278.75	2,437.29	△662.41
親会社所有者帰属持分比率	(%)	40	19.1	22.3	20.6
親会社所有者帰属持分純利益率	(%)	△20.0	40.3	61.9	△10.2
株価収益率	(倍)	－	8.6	3.6	－
営業活動によるキャッシュ・フロー	(百万円)	△79,123	740,227	557,250	741,292
投資活動によるキャッシュ・フロー	(百万円)	39,751	△375,655	△1,468,599	547,578
財務活動によるキャッシュ・フロー	(百万円)	1,313	△196,667	2,194,077	191,517
現金及び現金同等物の期末残高	(百万円)	119,855	1,014,558	4,662,725	6,925,153
従業員数	(名)	4,375	22,710	58,786	63,339

前で宣言したことは前述のとおりである。現在，それを見事に実現しており，起業家の事業への志や熱意がいかに重要であるかがわかる好例といえる。

　時価総額は毎期大きく増減はするが，近年は10兆円前後で推移しており，ト

ヨタやソニーやNTTなど，いわずと知れた大企業の時価総額上位陣に迫る勢いである。まだ創業者が経営している上場会社として時価総額上位に存在するのはファーストリテイリングとソフトバンクくらいで，柳井氏と孫氏は現代の起業家の2大巨頭といえる。

なお，ソフトバンクは，通信キャリアをはじめとした情報インフラ事業とビジョンファンド投資事業をコア事業として営んでいて，前者は業績が安定しているが，後者は業績が年度ごとに激しく変動する傾向がある。そのため，2021年3月期は当期利益4兆9千億円と史上最高益であったが，2023年3月期は最終損益が9千7百億円のマイナスとなっており，業績の増減が著しく激しい。

しかし，業績が最高であった2021年3月期における**キャッシュ残高**4兆6千億円よりも多額の6兆9千億円以上を2023年3月期で確保しているため，財務面は十分保全されている。このことから，メディアがネガティブに報道するほどではなく，リスクコントロールできていることが見て取れる。

要するに，孫氏は主力の情報インフラ事業で**安定的なキャッシュフロー**を確保するとともに，適時に資金調達をする財務活動をしっかり行っているのである。各年度の損益に一喜一憂せず，コア事業の1つである**投資事業のさらなる成長**，事業構想の実現を前向きに着実に目指しているものと思われる。

6　起業後に成長し続けるためのヒント

以上，著名な起業家を厳選して説明してきた。企業の寿命30年説がある中で，取り上げた企業はすべて30年以上経ても相変わらず成長を続けている。各起業家，各企業でその要因はさまざまではあるが，総じていえることを述べて本書を結びたい。

結論からいえば，パーパス，ビジョンを見据えた考え方を最も大事にするとともに，大いに積極経営，つまりは「**複合経営**」×「**PIVOT経営**」×「**事業の選択と集中**」×「**海外展開**」を行うことと思われる。

「**複合経営**」の極意は，自社にとってよさそうな事業に新規事業として取り組み，または当該事業をM&Aするなどして自社の次の事業の柱にすることで

ある。複合経営については，**第3章⑤（4）**「一本足打法からの脱却」で説明したとおり，多角化，コングロマリット化，ダボハゼ化する事業展開である。要するに，1つの事業に固執せず，2つ以上の成長分野を見出し，複合的に事業展開し，それぞれの稼ぐ力でグループ全体を安定成長させることといえる。

　そして，事業をどのように複合化させるか検討する際に，パーパス，ビジョンに適うかの否かを投資判断基準として重視したうえで，本業を太くしつつも，もう1つの柱となる本業を見出すチャレンジをする積極経営であり，前述した総花主義（**第3章②（2）**「効率的かつ効果的な経営行動」参照）の経営とはまったく異なる。どんなによい事業でも一本足打法で恒久的に安定成長するのは難しい。異なるマーケットや需給サイクルや新産業に当たる有望事業に着眼し，将来の柱に育てることでグループ全体の安定成長を模索すべきである。

　大切なのは，新たな事業として成長可能性があるか否か，当面赤字の間はグループ全体で支える体力があるか否かなどを考慮して，事業展開を複合的に勘案し，グループ全体のパフォーマンスを上げることである。

　そして，事業領域を複合経営で広げた後が肝心である。事業を成長させながら，早期の赤字脱出に向け，熱意と能力を最大限発揮し，トライ・アンド・エラーで小さな失敗と成功を繰り返し，「PIVOT経営」で軌道修正しながら成果をできるだけ早くつかみ取る。その結果，成長性や収益性をグループにもたらすか否かが見えてくるため，事業の柱に育てるか，撤退またはM&Aで他の企業に切り出すかを経営判断し，「事業の選択と集中」も迅速に行う。

　なお，「事業の選択と集中」の留意点として，撤退のし過ぎや縮小均衡に陥る愚挙は回避すべきである。悪い例としては，前経営陣を槍玉に上げ，コストカットして利益を捻出するだけで次の戦略が何もない事業展開である。

　事業の選択と集中は決して縮小均衡を目指すものではなく，グループ全体で必要に応じて撤退する事業を見極めつつも，有望な成長分野に新たにフォーカスし，多くの新分野に進出して成長を目指す試みである。そのため，現実的には過大投資を避けつつも，有望分野を見定めて成長に結びつく研究開発や先行投資を積極的に行うべきである。その際，持続可能性をいかに高められるかを判断軸にして各事業を精査すべきである。

　そして，結果として縮小均衡にならず，再構築した事業分野でグループ全体

が複合的に拡大成長することを模索すべきである。そうすることが，長期的な安定成長をグループ全体で実現できる唯一の方策といえる。

　繰り返しになるが，一本足打法で1つの事業を恒久的に行い，安泰に成長することは実際には相当難しく，いつかは景気変動，業界の環境変化，新興勢力の台頭などに対して自助努力では抗えず，業績が停滞局面に陥ることは十分ありうる。そのため，「複合経営」化していくことが，長期的な経営には不可欠といえる。その際，管理面では各事業を単一かつ分別して，それぞれの採算パフォーマンスを正しく評価すべきであり，事業別のROICや利益率をモニタリングする経営手法などを確立すべきである。

　そうしなければ，グループ内にお荷物事業を抱えることになり，複合経営のよさを打ち消す弊害（個々の事業の中に不採算事業が蔓延る，大企業病など）が目立つ組織となり，衰退に向かうリスクがあるので十分注意すべきである。

　このように，異なる景気変動の波（時間軸）や異なる業界に属する有望な事業を複数持つことで「複合経営」を実践すれば，各事業の環境変化に合わせて，撤退事業については整理したうえで，グループ業績を支える事業と今は辛抱して今後の回復成長や構造変革をする新たな事業を組み合わせることができる。そうすることで，グループ全体で長期的にサステナブルな状況を維持，強化していくことができるようになる。

　さらに，できれば「海外展開」も早い段階から視野に入れるべきである。世界全体が難しいのであれば，最低限，アジア展開を検討すべきである。国内が少子化，人口減少に向かう中で，今後の海外進出は持続可能性を高めるためには日本企業にとって必須課題に必ずなると思われる。

　本章で説明した著名起業家も，上記のほぼすべてを実践していると見受けられる。京セラの稲盛氏は，本業とは直接関係ない太陽光や通信キャリア事業に進出している。ニデックの永守氏はモーター関連ではあるが，EV事業に本格参入し始めている。また，ファーストリテイリングの柳井氏は，野菜事業への進出については撤退したが，アパレルの低価格業態に進出したGUは海外進出するところまで育った。ソフトバンクの孫氏は，数多くのトライ・アンド・エラーを繰り返し，**コア事業とノンコア事業を再定義し続けながら変化**を遂げ，現在のグループ事業に至っている。

　コア事業化に向けて新規事業に全力投球したものの，結局はノンコア事業となって撤退する場合，必ず損失になるわけでない。例えば，撤退時に他の企業への事業売却により利益を得て，その資金を次の新規事業投資に活用することも十分ある。挑戦は無駄にならない可能性も多いので，新規事業進出の失敗を恐れて何もしない愚挙だけは回避すべきである。仮に，積極的なアクションをとらずにいれば，企業は大企業病，現場軽視，事なかれ主義，減点主義，情実人事，無責任経営などの弊害が蔓延し，活力をなくし，企業30年説にピッタリはまる企業に成り下がっていくことになる。最近の日本企業は，内部留保を積み上げることに注力し，必要な投資（設備，研究，人材など）を積極的に行わないため，成長しない傾向があると多く指摘されているが，それは上記のような積極経営を完全に放棄する経営姿勢が招いていることは明らかであり，現在の日本経済の停滞は悲しいが合点のいく流れである。

　今後，積極経営を実践して持続可能性の高い企業になるか，過去の栄光や内部留保にすがって生き永らえる企業になるかは，起業家，後継者の考え方次第である。例えば，今は同じ経営状態の企業が2社あり，それぞれ積極経営と消極経営の両極で事業展開した場合，30年後には企業規模や収益性に桁外れの差が生まれる可能性が高く，そうなったときに後者の企業が事業を見直しても，前者には追いつけない状態となるだろう。同じ業界であっても，攻めを重視するか，守りを重視するかで中長期的には大きな差が生じている場合も多く見受けられる。**経営者の考え方の差は，事業展開，成長性に大きな差を生む**のである。

　本章で取り上げた著名起業家は，能力や熱意もさることながら，上述したような攻めの積極経営，すなわち「複合経営」「PIVOT経営」「事業の選択と集中」「海外展開」といった考え方を持っていたことが成功の要因であると思われる。

　最後に，上記の「複合経営」×「PIVOT経営」×「事業の選択と集中」×「海外展開」の実践および再定義による経営変革は，上場企業だけでなく，スタートアップ／ベンチャーが成長し続けるために，創業時から将来の事業拡大後にまで通ずる非常に重要な基本的な考え方であることを強調して結びとしたい。

参考文献 (本文中に記載のないもの)

- 遠藤功『経営戦略の教科書』(光文社)
- ジム・コリンズ,山岡洋一訳『ビジョナリー・カンパニー』(日経BP)
- ハロルド・ジェニーン他,田中融二訳『プロフェッショナルマネジャー』(プレジデント社)
- 東京証券取引所『新規上場ガイドブック』【プライム市場編】【スタンダード市場編】【グロース市場編】
- 新日本監査法人事業開発部『実践 事業計画書の作成手順』(中経出版)
- 新日本監査法人事業開発部『内部統制の実務がよくわかる本』(中経出版)
- 新日本有限責任監査法人『会計士が教える 会社分析のテクニック』(中央経済社)
- 新日本有限責任監査法人『会社ウォッチング―監査法人が教える会社実態の見方・考え方』(第一法規)
- 新日本有限責任監査法人『社会に期待されつづける経営』(第一法規)
- 新日本有限責任監査法人他『M&Aを成功させるデューデリジェンスのことがよくわかる本』(中経出版)
- 新日本有限責任監査法人事業開発部『金融マンのための「IPO支援」業界別ガイドブック』(中央経済社)
- 新日本有限責任監査法人事業開発部『わが社が株式上場するときの基準がわかる本』(中経出版)
- 日本IPO実務検定協会他『IPO実践ケーススタディ』(中央経済社)
- M.E.ポーター,土岐坤他訳『競争の戦略』(ダイヤモンド社)
- 三浦太『A3一枚でつくる 事業計画の教科書』(あさ出版)
- 三浦太『成功へのストーリーが見える,伝わる! 事業計画書のつくり方』(三笠書房)
- 三品和広『経営戦略を問いなおす』(筑摩書房)
- エリック・リース,井口耕二訳『リーン・スタートアップ』(日経BP)

- 公益財団法人渋沢栄一記念財団ホームページ
  https://www.shibusawa.or.jp/
- 東京商工会議所ホームページ (渋沢栄一の生涯と東京商工会議所)
  https://www.tokyo-cci.or.jp/shibusawa/history/index.html
- 稲森和夫OFFICIAL SITE
  https://www.kyocera.co.jp/inamori/
- 日本取引所グループホームページ
  上場審査基準 https://www.jpx.co.jp/equities/listing/criteria/

著者紹介

三浦　太（みうら　まさる）

1986年10月　監査法人中央会計事務所入所，公認会計士第二次試験合格
1991年 8 月　公認会計士登録
2001年 6 月　中央青山監査法人社員
2007年 8 月　新日本監査法人代表社員（現・EY新日本有限責任監査法人パートナー（現任））
2010年 8 月　同法人シニアパートナー
2011年 7 月　同法人事業推進室長（IPO責任者），日本ベンチャー学会理事
2014年 3 月　上場会社役員ガバナンスフォーラム代表世話人（現任）
2019年 7 月　日本公認会計士協会東京会役員（常任幹事）（現任）
2021年 1 月　一般社団法人日本IPO実務検定協会IPO実務検定試験試験委員（現任）

そのほか，上場会社監査，IPO支援業務をはじめ，事業計画立案，資本政策策定，利益管理，グループ管理，内部統制整備，月次決算早期化などの助言業務に従事。大手金融機関，東京証券取引所，日本監査役協会，大学・大学院，ビジネススクールなどでの講演実績多数。
また，日本公認会計士協会において，社外役員会計士協議会委員およびIPO監査推進協議会構成員，日本公認会計士協会東京会において，公認会計士たる役員支援委員会委員長および公認会計士によるIPO関連業務支援プロジェクトチーム構成員長を担当。

主な執筆書籍

『IPO実践ケーススタディ』（中央経済社・共著），『A3一枚でつくる 事業計画の教科書』（あさ出版），『実践 事業計画書の作成手順』（中経出版・共著），「成功へのストーリーが見える，伝わる！ 事業計画書のつくり方」（三笠書房），『資本政策の考え方と実務の手順』（中経出版・共著），『内部統制の実務がよくわかる本』（中経出版・共著），『いちばんわかりやすい内部統制のポイント』（中経出版），『IPO実務検定試験公式テキスト』（中央経済社・共著），『IPO実務用語辞典』（同文舘出版・共著），『わが社が株式上場するときの基準がわかる本』（中経出版・共著），『株式上場マニュアル』（税務研究会・共著），『金融マンのための「IPO支援」業界別ガイドブック』（中央経済社・共著），『プロスポーツ・ビジネス羅針盤』（税務経理協会・共著），『社会に期待されつづける経営』（第一法規・共著），『M&Aを成功させるデューデリジェンスのことがよくわかる本』（中経出版・共著）ほか多数。

スタートアップ／ベンチャーの経営強化書
持続的成長のための"次の一手"の考え方

2023年8月10日　第1版第1刷発行

著　者　三　　浦　　　　　太
発行者　山　　本　　　　　継
発行所　㈱中　央　経　済　社
発売元　㈱中央経済グループ
　　　　　パ ブ リ ッ シ ン グ

〒101-0051　東京都千代田区神田神保町1-35
電話　03 (3293) 3371 (編集代表)
　　　03 (3293) 3381 (営業代表)
https://www.chuokeizai.co.jp
印刷／三英グラフィック・アーツ㈱
製本／侑井 上 製 本 所

© 2023
Printed in Japan